Introduction to Economic Law

高等院校经济管理类新形态系列教材

经济法概论
（第3版）

□ 王子正　曲宁　主编
□ 孙艳　李谦益　副主编
□ 王松　主审

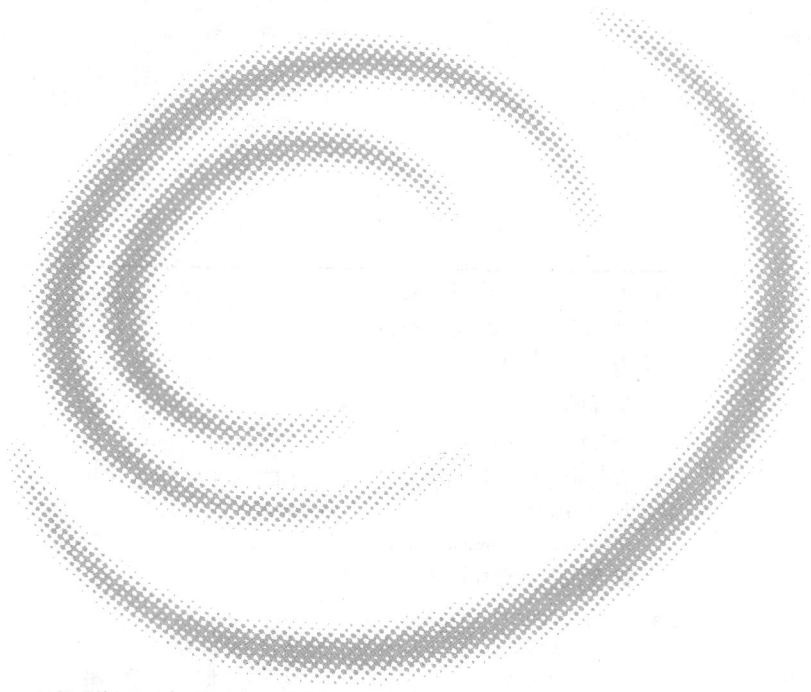

人民邮电出版社

北京

图书在版编目（CIP）数据

经济法概论 / 王子正，曲宁主编. -- 3版. -- 北京：
人民邮电出版社，2024.7
高等院校经济管理类新形态系列教材
ISBN 978-7-115-64431-2

Ⅰ．①经… Ⅱ．①王… ②曲… Ⅲ．①经济法－中国
－高等学校－教材 Ⅳ．①D922.29

中国国家版本馆CIP数据核字(2024)第095991号

内 容 提 要

本书依据新的经济法律法规及司法解释，介绍了经济活动中常用的经济主体法、经济调控法、市场交易法和市场秩序法。各章配有大量案例与解析、小知识、各种类型的课堂讨论题和课后综合练习题（二维码形式）等多样化素材，形式新颖，具有较强的实用性和可读性。

本书配有电子课件、电子教案、教学大纲、视频素材、补充案例、习题及答案、模拟试卷及答案等教学资料，下载方式请参考书末的"更新勘误表和配套资料索取示意图"（咨询 QQ：602983359）。

本书适合高等院校经济管理类专业学生使用，也可作为法学类专业的学生以及社会在职人员的培训教材或参考读物。

◆ 主　　编　王子正　曲　宁
副主编　孙　艳　李谦益
主　　审　王　松
责任编辑　万国清
责任印制　胡　南

◆ 人民邮电出版社出版发行　　北京市丰台区成寿寺路 11 号
邮编　100164　电子邮件　315@ptpress.com.cn
网址　https://www.ptpress.com.cn
北京市艺辉印刷有限公司印刷

◆ 开本：787×1092　1/16
印张：14.25　　　　　　　2024 年 7 月第 3 版
字数：397 千字　　　　　　2024 年 7 月北京第 1 次印刷

定价：56.00 元

读者服务热线：(010)81055256　印装质量热线：(010)81055316
反盗版热线：(010)81055315
广告经营许可证：京东市监广登字 20170147 号

第 3 版前言

经济法是现代市场经济国家法律体系的重要组成部分，具有规范、调整、维系市场经济秩序的重要职能。经济法学作为一门独立的学科，主要研究经济主体法、经济调控法、市场交易法和市场秩序法等。经济管理类和法学类专业的学生都应当熟悉经济法律制度，以便在今后的职业生涯中规避或解决相应的问题。

本书重点介绍了人们在生活和工作实践中经常涉及的经济法律制度。

编者在深入学习党的二十大报告的基础上，对教材内容主要做了以下几方面的改进。

（1）根据新的法律法规对相应内容进行了修改，重点对第三章、第四章、第九章、第十章的内容做了相应的调整。其中第九章和第十章变化较大。

（2）大幅更新了案例并增加了各类小栏目的密度，将知识点与实际生活相关的内容联系起来，便于学生理解和掌握。

（3）全面更新了本书的配套教学资料，完善后的配套教学资料包括电子课件、电子教案、教学大纲、视频素材、补充案例、习题及答案、模拟试卷及答案等。资料下载方式可参考书末的"更新勘误表和配套资料索取示意图"（咨询 QQ：602983359）。

本书由在高校长期从事经济法教学和科研的具有高级专业职称的教师编写，编者大多担任"经济法学"（省级精品课程）主讲教师，熟悉经济法发展变化的动态和经济法学研究前沿及热点问题，有着长期兼职律师、仲裁员的司法实践经验，能准确把握实践中以及学生在学习过程中需要了解、理解和掌握的知识点。

本次修订的具体分工为：绪论由王岩编写；第一章由王子正、王松编写；第二章由林曦编写；第三章由曲宁、赵睿编写；第四章由贾翱编写，曲宁补充修改；第五章、第六章由王子正、曲宁编写；第七章、第八章由王松编写；第九章由孙艳编写；第十章、第十一章由王子正、孙艳、李谦益编写；第十二章由曲宁编写。

在编写本书的过程中，编者参考了大量的经济法论著和教材，借鉴了其中的研究成果和有益经验，在此向相关作者表示衷心的感谢。

书中如有不当和疏漏之处，诚望读者批评指正。

编者

目　　录

绪论 经济法基础理论

学习目标

通过对本章的学习，着重理解经济法的调整对象、特征和基本原则，了解经济法与民法、商法、行政法等相关法律部门的关系和区别。

关键概念

经济法 经济法的调整对象

引导案例

M公司购进3万双凉鞋，由于凉鞋质量差销售不畅，致积压2万多双。为了推销这批凉鞋，M公司宣布凡为本公司推销100双凉鞋以上的，按销售额的20%发给推销者账外回扣。不少推销员、小商贩等为了回扣购走大量凉鞋，使劣质凉鞋充斥市场。消费者买到劣质凉鞋后，纷纷向当地市场监督管理部门投诉。当地市场监督管理部门经调查发现M公司以账外回扣的方式出售凉鞋2万多双，获利12万元。

请问： M公司用账外回扣的方式推销滞销凉鞋，是否违法？违反了什么法？

第一节 经济法的概念和调整对象

一、经济法的概念

经济法是国家进行宏观经济调控和市场规制的法律规范的总称。经济法是一个独立的法律部门，有其独特的调整对象，其产生有着深刻的社会经济根源。经济法作为我国市场经济中的一个重要的法律部门，是中国特色社会主义法律体系的重要组成部分。

1. 经济法是市场自治与国家干预的结合之法

国家对市场经济的宏观干预是经济法产生的根本原因，也是经济法的本质属性。但是国家的干预不是对社会经济活动的全面介入，而是以尊重市场配置资源的机制和规律为前提的。与完全的自由市场经济和计划经济相对立，经济法的作用就是促进和维持市场自治与国家干预之间的平衡，建立市场运行与国家干预的良性互动机制，促进资源优化配置和社会经济的持续协调稳定发展。经济法中的财政税收法律制度、固定资产投资法律制度等都是为了更好地实现国家宏观调控而制定的。例如，中国人民银行决定降息、降准，就是依法实施宏观调控的行为，以实现对利率体系的调控和监督，引导整个宏观经济的发展方向，提高货币政策传导效率。

2. 经济法是维护公平竞争之法

市场经济是竞争经济，竞争是市场资源配置的基础性机制，公平竞争是现代市场经济的基本要求。经济法强调参与市场竞争的主体通过公平竞争获取交易机会和利润。经济法中的反垄断法、反不正当竞争法等，就是为了确立并维护公平竞争秩序，为所有主体提供公平的交易机会和交易条件而制定的, 在市场竞争中发挥了良好的作用。

二、经济法的调整对象

经济法的调整对象是国家在调控经济运行过程中所发生的经济关系, 主要包括国家宏观调控经济关系和市场规制经济关系, 因而经济法包括宏观调控法和市场规制法。

1. 国家宏观调控经济关系

现代市场经济是宏观调控下的市场经济。在社会主义市场经济体制下, 既要发挥市场在资源配置上的基础性作用, 又要发挥宏观调控的作用。宏观调控是指政府为实现社会总供给和社会总需求之间的平衡, 保证国民经济持续、稳定、协调发展, 而运用经济、法律和行政手段对社会经济运行的调节和控制。宏观调控的行为需要规范, 宏观调控的各类手段需要法律保障, 宏观调控关系需要法律调整。所谓宏观调控法就是调整宏观调控关系的法律规范的总称。它是经济法的重要组成部分, 是国家管理宏观经济的主要法律手段。

宏观调控方面的法律制度包括财政税收法律制度、金融法律制度、产业结构法律制度、固定资产投资法律制度等。

2. 市场规制经济关系

在市场经济条件下, 市场调节是基础性的, 但是现代意义上的市场经济中, 市场需要国家适当干预。国家干预可以运用政治的、行政的、经济的、法律的手段, 其中运用法律手段是最为科学有效的。市场规制就是国家通过制定行为规范引导、调节、控制、监督市场主体的经济行为, 约束市场监管主体的管理行为, 从而保护消费者权益的管理系统。

市场规制法主要包括反垄断法、反不正当竞争法、消费者权益保护法、产品质量法、价格法、广告法、计量法和标准化法等。

第二节 经济法的特征和基本原则

一、经济法的特征

经济法的特征是指这一法律部门在其产生、发展及逐步完善的过程中所表现出来的最为显著的特性, 是经济法这一法律部门区别于其他法律部门的基本标准。经济法的基本特征主要包括以下几个方面。

1. 政策性

经济法的重要任务是实现一定经济体制和经济政策的要求, 这就使得经济法具有显著的政策性特征。这主要表现在经济法随时根据国家意志的需要赋予政策以法的效力, 并根据政策的变化而变化。在经济法的执法和司法力度方面, 也无不受政策的影响。首先, 经济法根源于国家对经济的自觉调控和参与, 其重要意义不在于如民法般抽象地设定和保障某种权利, 而在于根据需要及时应对复杂多变的经济生活, 以求趋利避害, 促使经济快速、平稳发展, 并提高国家及其经济的国际竞争力。其次, 经济法是落实经济政策的制度保障, 从而具有比其他任何法律部门更为显著的政策性特征。在法的调整渗透于社会关系的各个方面, 并高度专业化的今天, 经济的法律调整往往以政策先行, 之后便通过立法的形式将政策转化为具有明确性的法律制度体系。

2. 政府主导性

经济法是国家干预、从事经济活动, 参与经济关系的产物, 调整的是直接体现国家意志或公共、集体利益的经济关系，从而与政府的管理和参与有着密切关系。作为这种特殊意志性的客观要求及其在法律上的反映，经济法在强制性、授权性和法的实现方面均体现着政府主导性特征，亦可称之为行政主导性。首先，经济法多以限制或禁止性规定来规范主体作为或不作为，以此来限制或者取缔某种经济活动和某种经济关系的发生或者存在。其次，经济法还常以奖励与惩罚并用的方法来促使主体的行为符合社会经济利益的整体需要，以达到促进与支持某种经济关系的建立和发展的目的，并为处理经济纠纷提供相应的依据。

3. 综合性

经济法基于公、私法的兼顾融合，在多方面具有综合性的特点。首先，综合性是指公法因素和私法因素的综合。经济法往往以行政、刑事等"公"的手段去调整企业、合同、价格、利润、利率等"私"的关系。其次，综合性又指经济法调整是将各种法律调整手段有机结合的综合调整。这主要表现在经济法往往运用民事的、行政的、刑事的、程序的、专业及技术的手段于某一经济领域，以达到维护社会经济秩序的目的。在规范构成上，经济法既包括若干部门经济法，又包括法律、法令、条例、细则和办法等许多规范形式的经济法律规范；既包括实体法规范，又包括程序法规范；既包括强制性规范和任意性规范，又包括指导性规范和诱导性规范等。在调整范围上，经济法调整的内容既包括宏观经济领域的管理和调控关系，也包括微观经济领域的管理和协作关系，具体包括工业、农业、商贸、财政、税收、金融、统计、审计、会计、海关、物价、环保、土地等范畴。

二、经济法的基本原则

我国学界未能对经济法基本原则的问题取得共识，存在着较大分歧。"基本原则"也是在经济法基础理论中众说纷纭的一个领域，因此，本书对经济法基本原则的解读也具有一定的主观性。

1. 平衡协调原则

平衡协调原则是由经济法的社会性和公私交融性所决定的一项普遍原则，是不同社会经济制度下的经济法所共同遵循的一项主导性原则。平衡协调是一种价值体现。经济法兼顾公与私，既要保持整个社会范围内的经济秩序，实现整体社会效益的增加和国家对于经济生活的意志，又要保证民法调整范围内的意思自治。只有通过经济法的平衡协调，才能创造并维护一个使自由市场机制和民法得以发挥作用的外部环境。需要指出的是，平衡协调原则在大多数情况下未必直接适用于具体的经济法律关系和经济执法，而是作为经济管理、经济执法及司法所遵循的一个理念或宏观标准。

2. 维护公平竞争原则

维护公平竞争原则是经济法反映社会化市场经济的内在要求和理念的一项核心的、基础性的原则。维护公平竞争的要求不仅直接体现在竞争法——反垄断法和反不正当竞争法中，而且在经济法的各项制度（诸如发展计划、产业政策、财政税收、金融外汇、企业组织、经济合同等制度）和具体执法及司法过程中，都必须考虑市场主体公平竞争的问题，政府的经济管理和市场操作也应该做到公开、公平、公正，不得违背和破坏市场公平竞争的客观法则。这一原则应当作为经济法立法和执法的重要依据之一，在此意义上，国外学者把反垄断法称为"经济宪法""市场经济的基石""市场经济的大宪章"等，并认为反垄断法及反不正当竞争法在经济法中占有核心和基本的地位，是经济法的"原则法"。因此也可以说，维护公平竞争原则是资本主义经济法的根本原则。

3. 责权利效相统一原则

责权利效相统一原则，是指在经济法律关系中各管理主体和公有制经营主体所享有的权利、利益与承担的义务和职责必须相一致，不应当有脱节、错位、不平衡等现象存在。其核心是主体的责权利相一致，同时，经济效益和社会效益是一切经济工作的基本出发点和终极目的，因此，效益既是责权利的起点，又是责权利的终点，也是检验责权利的设置和制衡机制是否正确的实践标准。若效益不高或未达到预期目的，则必是责权利的某个环节出了问题，就需要及时调整。在社会主义市场经济或以公有制为主导的市场经济条件下，责权利效相统一原则是作为经济法灵魂的一项根本性原则。

4. 国家适度干预原则

国家适度干预原则强调，国家在进行宏观调控的过程中，要体现国家对经济生活的干预，这种干预应当建立在充分尊重经济自主的前提下。这种适度的干预体现在以下两个方面。首先是正当干预，即要充分行使国家的引导和调控职能，获得法律的授权，在合法的前提下干预；其次是谨慎干预，即应注重与市场机制自身作用的有机协调与整合，不能矫枉过正，否则就会限制市场自身的活力。

第三节　经济法与其他部门法的区别与联系

经济法具有自己的调整对象、调整范围、体系构造，具有不同于其他部门法的特征，并且在法律体系中具有重要、独立的地位。它与其他相关部门法之间既有区别，又有联系。对经济法外部关系的认识，有助于更好地认识经济法的共性与个性，认识运用经济法与其他法律进行综合调整的必要性。

一、经济法与民商法

在过去很长的一段时间里，经济法与民商法的关系备受关注。随着经济法理论不断发展，经济法与公共部门、公共经济的对应关系，以及民商法与私人部门、私人经济的对应关系，也都日渐清晰。由此使得两类部门法的区别更加明显，并形成了两类部门法在法律调整上的互补关系。两类部门法只有有效配合，才能更好地保障公共财产和私人财产，才能共同实现对各类复杂的社会经济关系的法律调整。

1. 经济法与民商法的区别

经济法与民商法的区别如下。

第一，民商法产生于自由竞争经济取代自然经济的时代，成熟于资本主义商品经济时期。经济法产生于国家干预经济取代自由竞争经济的时代，成熟于市场经济的发达阶段——垄断资本主义时期。第二，民商法调整的是平等主体之间的人身关系和财产关系。经济法调整的则是现代国家在进行宏观调控和市场规制时发生的法律关系。第三，民商法作用的侧重点在于对自由竞争制度的保护，目的是赋予主体更多、更自由的权利，促进市场竞争自由和活跃。经济法作用的侧重点在于维护市场经济的整体性和秩序性，避免和克服市场失灵，主要表现为对经济行为的规制，包括宏观上的调控和微观上的规制。第四，民商法的基本原则是自由、平等、自愿，以私权为本位，虽然强调公平，但其强调的是个体公平、条件公平和形式公平。经济法的基本原则是适度干预和合理竞争，以社会为本位，其最终追求的是社会公平、结果公平和实质公平。

2. 经济法与民商法的联系

经济法与民商法的联系如下：第一，在市场经济条件下，经济法与民商法对一国的市场活动与经济运行共同发挥着作用，两者缺一不可，是维护市场活力的共同保障。可以说，加强任何一方的作用，而削弱另一方的作用，都不利于市场经济的完善与发展。第二，经济法与民商法在某些领域存在着交叉，尤其是在涉及特定行业的产业政策与竞争秩序问题时，经济法在评判相关问题时需要考虑相关市场的特殊性，因此需要吸收、借鉴民商法领域的理论成果。

二、经济法与行政法

1. 经济法与行政法的区别

经济法与行政法的区别如下：第一，行政法调整的是行政主体在行使行政职权、管理社会的过程中与行政相对人、行政法制监督主体之间发生的各种关系，包括行政管理关系、行政监督关系、行政救济关系。其重心是控制和规范行政权，保护行政相对人的合法权益。行政法由行政复议法、行政处罚法、行政诉讼法、国家赔偿法、公务员法等组成。但是行政组织对具体事务的管理，则交由具体部门法来调整，而这种调整过程中所体现出的正是经济法律关系。第二，行政法的原则是行政合法、行政合理，在合法的范围内，考虑行政行为的合理性。而经济法不仅要考虑经济管理行为的合法、正当，还要关注经济发展中的效率以及市场活动中公平秩序的维护，即经济法更加侧重于效率与公平原则。第三，行政法贯彻程序正义，保障的是行政相对人的利益；经济法追求的是实质正义，保障的是社会整体利益。

2. 经济法与行政法的联系

经济法与行政法的联系如下：第一，经济法的执法主体，甚至某些情况下的立法主体，在形式上主要是行政机关。因此就产生了行政法是否包含经济法或者两者是否存在关联性的讨论。由于行政法的研究相对较早，国内外的相关法制实践也有了一定规模，因此有人认为经济法不过是行政法的一部分，还有人提出了经济法的实质就是"经济行政法"。这也表明了两者的联系。第二，行政机关作为执法机关，要执行多种类型的法，行政法只是其中的一种，并非行政机关执行的法就是行政法。随着国家经济、社会职能的日渐重要，经济法也需要行政机关作为主要的执行主体，这一现实也说明了两者的联系。第三，经济法和行政法调整的侧重点是不同的。行政法是对行政主体行使行政权力、行政程序的规范，而经济法是国家对市场的宏观调控和规制，但在这一过程中又必然会使用行政手段。

📖本章小结

经济法是国家进行宏观经济调控和市场规制的法律规范的总称，其调整对象包括国家宏观调控经济关系和市场规制经济关系；经济法具有政策性、政府主导性、综合性的特征，遵循平衡协调原则、维护公平竞争原则、责权利效相统一原则、国家适度干预原则等基本原则。作为一个独立的法律部门，它与民商法、行政法有着一定的区别和联系，共同作用于市场经济。

📖综合练习题

第一章 合伙企业法与个人独资企业法

学习目标

通过对本章的学习，了解合伙企业法的基本知识，掌握合伙企业的概念；了解合伙企业的设立、解散和清算；掌握个人独资企业的概念、特征、设立条件和程序，个人独资企业的解散和清算及相关法律责任。

关键概念

合伙　合伙企业　普通合伙企业　有限合伙企业　个人独资企业　个人独资企业法

~~~ 引导案例 ~~~

2023年2月，甲、乙、丙、丁四个自然人分别出资40万元、33万元、11万元和22万元，共同成立了一个合伙企业W，从事汽车贸易业务。合伙协议约定：甲、乙对合伙企业的债务承担无限连带责任，丙、丁对合伙企业的债务承担有限责任。但是，在合伙协议中未约定合伙期限。后来，甲、丙又与另外一个自然人戊，于2023年6月在同一个城市成立了另外一个合伙企业P，也同样从事汽车贸易业务。

请问：

（1）本案中的合伙企业 W 属于哪种类型的合伙企业？

（2）甲和丙二人成立合伙企业 P 的行为是否符合我国法律规定？

第一节 合伙企业法

一、合伙企业概述

（一）合伙企业的种类

合伙企业，是指自然人、法人和其他组织依照《合伙企业法》[①]在中国境内设立的普通合伙企业和有限合伙企业。

1. 普通合伙企业

普通合伙企业由普通合伙人组成，合伙人对合伙企业债务承担无限连带责任。《合伙企业法》对普通合伙人承担责任的形式有特别规定的，从其规定。国有独资公司、国有企业、上市公司以及公益性的事业单位、社会团体不得成为普通合伙人。

2. 有限合伙企业

有限合伙企业由普通合伙人和有限合伙人组成，普通合伙人对合伙企业债务承担无限连带责任，有限合伙人以其认缴的出资额为限对合伙企业债务承担责任。国有独资公司、国有企业、上市公司以及公益性的事业单位、社会团体可以成为有限合伙人。

---

① 简便起见，本书所涉及的机构名称以及国家颁布实施的法律均使用简称，法条中的数字均使用阿拉伯数字。

合伙企业法有广义和狭义之分。广义的合伙企业法，是指国家立法机关或者其他有权机关依法制定的、调整合伙企业合伙关系的各种法律规范的总称。狭义的合伙企业法，是指由国家最高立法机关依法制定的、规范合伙企业合伙关系的专门法律，即《合伙企业法》。

《合伙企业法》规定，非企业专业服务机构依据有关法律采取合伙制的，其合伙人承担责任的形式可以适用本法关于特殊的普通合伙企业合伙人承担责任的规定；外国企业或个人在中国境内设立合伙企业的管理办法由国务院规定。

（二）合伙企业的权利和义务

合伙协议依法由全体合伙人协商一致，以书面形式订立。订立合伙协议、设立合伙企业，应当遵循自愿、平等、公平、诚实信用原则。合伙企业的生产经营所得和其他所得，由合伙人分别缴纳所得税。

合伙企业及其合伙人的合法财产与权益受法律保护。合伙企业及其合伙人必须遵守法律、行政法规，遵守社会公德、商业道德，承担社会责任。

（三）合伙企业的设立登记

申请设立合伙企业，应当向企业登记机关提交登记申请书、合伙协议书、合伙人身份证明等文件。合伙企业的经营范围中有属于法律、行政法规规定在登记前须经批准的项目的，该项经营业务应当依法经过批准，并在登记时提交批准文件。申请人提交的登记申请材料应齐全、符合法定形式，企业登记机关能够当场登记的，应予当场登记，发给营业执照。

除上述情形外，企业登记机关应当自受理申请之日起 20 日内作出是否登记的决定。予以登记的，发给营业执照；不予登记的，应当给予书面答复，并说明理由。合伙企业的营业执照签发日期，为合伙企业成立日期。合伙企业领取营业执照前，合伙人不得以合伙企业的名义从事合伙业务。

合伙企业设立分支机构的，应当向分支机构所在地的企业登记机关申请设立登记，领取营业执照。合伙企业登记事项发生变更的，执行合伙事务的合伙人应当自作出变更决定或者发生变更事由之日起 15 日内，向企业登记机关申请办理变更登记。

二、普通合伙企业

（一）普通合伙企业的设立

设立普通合伙企业，应当具备下列条件。

1. 有两个以上合伙人

合伙人为自然人的，应当具有完全民事行为能力。

2. 有书面合伙协议

合伙协议经全体合伙人签名、盖章后生效。合伙人按照合伙协议享有权利，履行义务。修改或者补充合伙协议，应当经全体合伙人一致同意；但是，合伙协议另有约定的除外。合伙协议未约定或者约定不明确的事项，由合伙人协商决定；协商不成的，依照《合伙企业法》和其他有关法律、行政法规的规定处理。

3. 有合伙人认缴或者实际缴付的出资

合伙人可以用货币、实物、知识产权、土地使用权或者其他财产权利出资，也可以用劳务出资。合伙人以实物、知识产权、土地使用权或者其他财产权利出资，需要评估作价的，可以由全体合伙人协商确定，也可以由全体合伙人委托法定评估机构评估。合伙人以劳务出资的，其评估办法由全体合伙人协商确定，并在合伙协议中载明。合伙人应当按照合伙协议约定的出资方式、数额和缴付期限，履行出资义务。

想一想

劳务出资是指什么？劳务出资可以有哪些劳务形式？

以非货币财产出资的，依照法律、行政法规规定，需要办理财产权转移手续的，应当依法办理。

4. 有合伙企业的名称和生产经营场所

普通合伙企业名称中应当标明"普通合伙"字样。特殊的普通合伙企业应当在其名称中标明"特殊普通合伙"字样。合伙企业的名称必须和"合伙"联系起来，名称中必须有"合伙"二字。由于法律规定普通合伙人对企业债务承担无限连带责任，因此，禁止在普通合伙企业的名称中出现"有限""有限责任""股份"等字样。根据行业习惯，可在合伙企业名称中采用"厂、店、所、会、吧、中心、堂、楼"等字样，在名称后缀上标明"普通合伙""特殊普通合伙"或"有限合伙"字样。违反《合伙企业法》的规定，合伙企业未在其名称中标明"普通合伙""特殊普通合伙"或"有限合伙"字样的，由企业登记机关责令限期改正，处以 2 000 元以上 1 万元以下的罚款。

5. 法律、行政法规规定的其他条件

在现实生活中，设立一个普通合伙企业，除了应当满足上述四项必要的共同条件外，我国的其他相关法律还根据企业从事的主要行业的实际需要明确规定了一些概括性的特殊条件。但是，这种特殊条件由于无法在《合伙企业法》中一一列举，可能在其他法律、行政法规规范行业经营的相关规定中予以体现。例如，对生产型企业就比对咨询型企业所要求的特殊条件复杂得多，因此，《合伙企业法》对此只能笼统地进行规定。

【例题与解析】甲、乙、丙三人拟设立一个普通合伙企业，其共同签署的合伙协议部分内容如下。

（1）甲的出资为现金 10 万元和劳务作价 2 万元。

（2）乙的出资为注册商标使用权，作价 20 万元，于合伙企业成立后半年内缴付。

（3）丙的出资为作价 50 万元的房屋一栋，不办理财产转移手续。

（4）合伙企业的经营期限于合伙企业成立满 2 年时再协商确定。

试分析该合伙协议上述内容是否符合法律规定。

解析：

（1）甲的出资合法。合伙人可以用货币、实物等出资，也可以用劳务出资。

（2）乙的出资合法。合伙人可以先认缴出资额，等合伙企业成立后再缴付出资。

（3）丙的出资不符合法律规定。以非货币财产出资的，应当依法办理财产转移手续。

（4）未约定合伙企业经营期限符合法律规定。合伙经营期限不属于合伙协议中应当记载的事项。

（二）普通合伙企业的财产

合伙人的出资、以合伙企业名义取得的收益和依法取得的其他财产，均为合伙企业的财产。合伙人在合伙企业清算前，不得请求分割合伙企业的财产，但《合伙企业法》另有规定的除外。合伙人在合伙企业清算前私自转移或者处分合伙企业财产的，合伙企业不得以此对抗善意第三人。除合伙协议另有约定外，合伙人向合伙人以外的人转让其在合伙企业中的全部或者部分财产份额时，须经其他合伙人一致同意。合伙人之间转让在合伙企业中的全部或者部分财产份额时，应当通知其他合伙人。合伙人向合伙人以外的人转让其在合伙企业中的财产份额的，在同等条件下，其他合伙人有优先购买权；但是，合伙协议另有约定的除外。

合伙人以外的人依法受让合伙人在合伙企业中的财产份额的，经修改合伙协议即成为普通合伙企业的合伙人，依照《合伙企业法》和修改后的合伙协议享有权利、履行义务。合伙人以其在普通合伙企业中的财产份额出质的，须经其他合伙人一致同意；未经其他合伙人一致同意的，其行为无效，由此给善意第三人造成损失的，由行为人依法承担赔偿责任。

案例与解析

2022年12月5日，王军、王雨与曲宝、王章、赵田、姜明、魏长、金忠（以下简称"曲宝等六人"）一共八人共同签订了合伙养殖水产品协议，并于2023年1月8日取得了合伙企业的营业执照。2023年6月9日，在王军、王雨两人不知情的情况下，曲宝等六人签订内部转让协议，将曲宝、赵田、姜明、魏长、金忠的财产份额转让给王章。后来，曲宝等六人并未照协议实际履行，而是将六名合伙人的全部财产份额以每人175万元的价格出售给了非合伙人赵明。王军、王雨知情后不同意将合伙企业的财产份额出售给赵明，并且愿意以同等条件购买曲宝等六人的财产份额，但是始终未能与其达成一致意见。2023年7月1日，王军、王雨起诉至人民法院，请求人民法院判令以每人175万元的价格受让曲宝等六人的财产份额。

请问： 人民法院是否应当支持王军、王雨的诉讼请求？为什么？

解析： 人民法院应当支持王军、王雨的诉讼请求。根据《合伙企业法》的规定，如果合伙人向合伙人以外的人转让其在合伙企业中的财产份额的，在同等条件下，其他合伙人有优先购买权。因此，人民法院应当支持王军、王雨以同等交易条件购买曲宝等六人的财产份额的请求。

（三）普通合伙企业事务的执行

合伙人对执行合伙事务享有同等的权利。按照合伙协议的约定或者经全体合伙人决定，可以委托一个或者数个合伙人对外代表合伙企业，执行合伙事务。作为合伙人的法人、其他组织执行合伙事务的，由其委派的代表执行。依照《合伙企业法》的规定委托一个或者数个合伙人执行合伙事务的，其他合伙人不再执行合伙事务。不执行合伙事务的合伙人有权监督执行事务合伙人执行合伙事务的情况。

由一个或者数个合伙人执行合伙事务的，执行事务合伙人应当定期向其他合伙人报告事务执行情况以及合伙企业的经营和财务状况，其执行合伙事务所产生的收益归合伙企业，所产生的费用和亏损由合伙企业承担。

合伙人为了解合伙企业的经营状况和财务状况，有权查阅合伙企业会计账簿等财务资料。合伙人分别执行合伙事务的，执行事务合伙人可以对其他合伙人执行的事务提出异议；提出异议时，应当暂停该项事务的执行。如果发生争议，依照《合伙企业法》的规定作出决定；受委托执行合伙事务的合伙人不按照合伙协议或者全体合伙人的决定执行事务的，其他合伙人可以决定撤销该委托。

> **想一想**
>
> 由数个合伙人执行合伙事务有哪些好处和坏处？原因是什么？

合伙人对合伙企业有关事项作出决议，按照合伙协议约定的表决办法办理。合伙协议未约定或者约定不明确的，实行合伙人一人一票并经全体合伙人过半数通过的表决办法。《合伙企业法》对合伙企业的表决办法另有规定的，从其规定。

除合伙协议另有约定外，合伙企业的下列事项应当经全体合伙人一致同意：①改变合伙企业的名称；②改变合伙企业的经营范围、主要经营场所的地点；③处分合伙企业的不动产；④转让或者处分合伙企业的知识产权和其他财产权利；⑤以合伙企业名义为他人提供担保；⑥聘任合伙人以外的人担任合伙企业的经营管理人员。

小知识

不动产的概念和特征

不动产是指依自然性质或法律规定不可移动的财产，如土地，房屋、探矿权、采矿权等土地定着物，与土地尚未脱离的土地生成物，因自然或者人力添附于土地并不能分离的其他物。不动产的特性有：不可移动性，即地理位置固定；个别性，包括位置差异、利用程度差异、权利差异；耐久性，如土地不因使用或放置而损耗、毁灭，而且增值；数量有限性，如土地总量固定有限。

合伙人不得自营或者同他人合作经营与本合伙企业相竞争的业务；除合伙协议另有约定或者经全体合伙人一致同意外，合伙人不得同本合伙企业进行交易；合伙人不得从事损害本合伙企业利益的活动。

合伙企业的利润分配、亏损分担，按照合伙协议的约定办理；合伙协议未约定或者约定不明确的，由合伙人协商决定；协商不成的，由合伙人按照实缴出资比例分配、分担；无法确定出资比例的，由合伙人平均分配、分担。合伙协议不得约定将全部利润分配给部分合伙人或者由部分合伙人承担全部亏损。合伙人按照合伙协议的约定或者经全体合伙人决定，可以增加或者减少对合伙企业的出资。

被聘任的合伙企业的经营管理人员应当在合伙企业授权范围内履行职务，其超越合伙企业授权范围履行职务，或者在履行职务过程中因故意或者重大过失给合伙企业造成损失的，依法承担赔偿责任。合伙企业应当按照规定建立企业财务、会计制度。

【例题与解析】甲、乙、丙三人共同投资成立一个普通合伙企业，推举甲为负责人并管理合伙企业日常事务。后来甲在执行企业事务时，未经其他合伙人同意，擅自决定以3万元的价格将企业的专有技术转让给丁公司。试分析甲的行为是否合法，为什么？

解析：不合法。根据《合伙企业法》规定，转让或者处分合伙企业的知识产权和其他财产权利必须经全体合伙人一致同意。

（四）普通合伙企业与第三人

合伙企业对合伙人执行合伙事务以及对外代表合伙企业权利的限制，不得对抗善意第三人。合伙企业对其债务，应先以其全部财产进行清偿。合伙企业不能清偿到期债务的，合伙人承担无限连带责任。合伙人由于承担无限连带责任，清偿数额超过规定的其亏损分担比例的，有权向其他合伙人追偿。合伙人发生与合伙企业无关的债务，相关债权人不得以其债权抵销其对合伙企业的债务，也不得代位行使该合伙人在合伙企业中的权利。

合伙人的自有财产不足以清偿其与合伙企业无关的债务的，该合伙人可以以其从合伙企业中分取的收益用于清偿；债权人也可以依法请求人民法院强制执行该合伙人在合伙企业中的财产份额用于清偿。人民法院强制执行合伙人的财产份额时，应当通知全体合伙人，其他合伙人有优先购买权；其他合伙人未购买，又不同意将该财产份额转让给他人的，依照规定为该合伙人办理退伙结算，或者办理削减该合伙人相应财产份额的结算。

（五）普通合伙企业的入伙、退伙

1. 入伙

新合伙人入伙，除合伙协议另有约定外，应当经全体合伙人一致同意，并依法订立书面入伙协议。订立入伙协议时，原合伙人应当向新合伙人如实告知原合伙企业的经营状况和财务状况。入伙的新合伙人与原合伙人享有同等权利，承担同等责任。入伙协议另有约定的，从其约定。新合伙人对入伙前合伙企业的债务承担无限连带责任。

【例题与解析】甲、乙、丙三人各出资2万元成立一家普通合伙企业——"味美"饮食店（普通合伙）。因资金短缺，三人决定借钱。乙向其朋友丁借钱，丁声明借钱可以，但要以普通合伙人身份加入该饮食店。乙、丙都同意丁的要求，甲因出差在外，未得到通知。甲回来后坚决反对丁入伙。丁的入伙是否有效？

解析：丁的入伙无效。因为按照《合伙企业法》的规定，入伙必须经全体合伙人同意，并依法订立书面入伙协议。

2. 退伙

合伙协议约定合伙期限的，在合伙企业存续期间，有下列情形之一的，合伙人可以退伙：①合伙协议约定的退伙事由出现；②经全体合伙人一致同意；③发生合伙人难以继续参加合伙的事由；④其他合伙人严重违反合伙协议约定的义务。合伙协议未约定合伙期限的，合伙人在不给合伙企业事务执行造成不利影响的情况下，可以退伙，但应当提前30日通知其他合伙人。

合伙人违反《合伙企业法》的规定退伙的，应当赔偿由此给合伙企业造成的损失。

合伙人存在下列情形之一的，当然退伙：①作为合伙人的自然人死亡或者被依法宣告死亡；②个人丧失偿债能力；③作为合伙人的法人或者其他组织依法被吊销营业执照、责令关闭、撤销，或者被宣告破产；④法律规定或者合伙协议约定合伙人必须具有相关资格而丧失该资格；⑤合伙人在合伙企业中的全部财产份额被人民法院强制执行。

合伙人被依法认定为无民事行为能力人或者限制民事行为能力人的，经其他合伙人一致同意，可以依法转为有限合伙人，普通合伙企业依法转为有限合伙企业。其他合伙人未能一致同意的，该无民事行为能力或者限制民事行为能力的合伙人退伙。退伙事由实际发生之日为退伙生效日。

【例题与解析】下列情形中，普通合伙企业的合伙人属于当然退伙的有（　　　）。

A. 个人丧失偿债能力

B. 因故意或者重大过失给合伙企业造成损失

C. 被人民法院强制执行在合伙企业中的全部财产份额

D. 未履行出资义务

解析：正确答案是 A、C。因为 B、D 两项属于除名情形。

合伙人有下列情形之一的，经其他合伙人一致同意，可以决议将其除名：①未履行出资义务；②因故意或者重大过失给合伙企业造成损失；③执行合伙事务时有不正当行为；④发生合伙协议约定的事由。对合伙人的除名决议应当书面通知被除名人。被除名人接到除名通知之日，除名生效，被除名人退伙。被除名人对除名决议有异议的，可以自接到除名通知之日起30日内，向人民法院起诉。

【例题与解析】赵某是一普通合伙企业的合伙人，因车祸成为植物人，被人民法院依法宣告为无民事行为能力人，其他合伙人不同意将其转为有限合伙人。赵某属于哪种退伙？退伙日期是哪天？

解析：属于当然退伙，人民法院依法宣告其为无民事行为能力之日为退伙日期。

合伙人死亡或者被依法宣告死亡的，对该合伙人在合伙企业中的财产份额享有合法继承权的继承人，按照合伙协议的约定或者经全体合伙人一致同意，从继承开始之日起，取得该合伙企业的合伙人资格。

有下列情形之一的，合伙企业应当向合伙人的继承人退还被继承合伙人的财产份额：①继承人不愿意成为合伙人；②法律规定或者合伙协议约定合伙人必须具有相关资格，而该继承人未取得该资格；③合伙协议约定不能成为合伙人的其他情形。合伙人的继承人为无民事行为能力人或者限制民事行为能力人的，经全体合伙人一致同意，可以依法成为有限合伙人，普通合伙企业依法转为有限合伙企业。全体合伙人未能一致同意的，合伙企业应当将被继承合伙人的财产份额退还该继承人。

合伙人退伙，其他合伙人应当与该退伙人按照退伙时的合伙企业财产状况进行结算，退还退伙人的财产份额；退伙人对给合伙企业造成的损失负有赔偿责任的，相应扣减其应当赔偿的数额；

退伙时有未了结的合伙企业事务的，待该事务了结后进行结算；退伙人在合伙企业中财产份额的退还办法，由合伙协议约定或者由全体合伙人决定，可以退还货币，也可以退还实物；退伙人对基于其退伙前的原因发生的合伙企业债务，承担无限连带责任；合伙人退伙时，合伙企业财产少于合伙企业债务的，退伙人应当依照《合伙企业法》的规定分担亏损。

案例与解析

张某、李某、王某曾经是大学同学，在大学毕业之后决定共同创业。三人决定分别出资5万元、3万元和2万元，于2022年1月在某地共同成立了一家食品加工厂，注册为普通合伙企业，三人在合伙协议中约定按出资比例分享利润、分担亏损。2023年1月，李某在未与张某、王某商量的情况下，私自决定要退出合伙企业，并且私自从合伙企业中取走了自己最初的3万元出资。2023年5月，该食品加工厂因长期亏损解散，张某、王某分别分得价值2.5万元、1万元的货物。2023年6月，与该食品加工厂有业务往来的甲公司向当地的人民法院起诉，要求该食品加工厂偿还其所欠的2022年货款共计7万元。

请问：（1）李某拿回的3万元是否属于合伙企业的财产？是否应当用于偿还合伙企业欠甲公司的债务？

（2）张某、王某分别分得的价值2.5万元、1万元的货物是否应当用于偿还合伙债务？

解析：李某从合伙企业中私自拿回的3万元出资属于合伙企业的财产，应当用于偿还合伙企业欠甲公司的债务；张某、王某分别分得的价值2.5万元、1万元的货物应当首先用于偿还合伙债务。

（六）特殊的普通合伙企业

以专业知识和专门技能为客户提供有偿服务的专业服务机构，可以设立为特殊的普通合伙企业。特殊的普通合伙企业是指合伙人依照《合伙企业法》第57条规定承担责任的普通合伙企业。特殊的普通合伙企业名称中应当标明"特殊普通合伙"字样。

根据《合伙企业法》的规定，一个合伙人或者数个合伙人在执业活动中因故意或者重大过失造成合伙企业债务的，应当承担无限责任或者无限连带责任，其他合伙人以其在合伙企业中的财产份额为限承担责任。合伙人在执业活动中非因故意或者重大过失造成的合伙企业债务以及合伙企业的其他债务，由全体合伙人承担无限连带责任。合伙人在执业活动中因故意或者重大过失造成的合伙企业债务，以合伙企业财产对外承担责任后，该合伙人应当按照合伙协议的约定对给合伙企业造成的损失承担赔偿责任。

【例题与解析】甲、乙、丙三名注册会计师各自出资50万元，设立了会计师事务所A，标明属于特殊普通合伙，并明确合伙损益由三人平分。2022年，该会计师事务所的净资产达到300万元。2022年12月，注册会计师甲在一项受托审计业务中由于自己失误造成了重大过失，使该会计师事务所承担了500万元的对外债务。

试分析：（1）这500万元的对外债务应当如何承担？

（2）假如这500万元的对外债务并非甲故意或重大过失造成，此债务又该如何承担？

解析：

（1）先以合伙企业净资产300万元偿还，不足的200万元由甲以个人的其他财产偿还，乙、丙无须偿还。同时，甲还应当按照合伙协议的约定赔偿由此给合伙企业造成的损失。

（2）若此债务并非因甲故意或重大过失造成，则先以合伙企业的净资产300万元偿还，不足的200万元由甲、乙、丙三人承担无限连带责任，即以三人的个人其他财产负责偿还。

特殊的普通合伙企业应当建立执业风险基金、办理职业保险。执业风险基金用于偿付合伙人执业活动造成的债务。执业风险基金应当单独立户管理，具体管理办法由国务院规定。

某市兴隆会计师事务所是一个由9个合伙人设立的特殊的普通合伙企业。2023年3月，该企业合伙人宋某和张某为该市一家上市公司进行审计时，涉嫌故意提供虚假的审计报告，给投资人造成了巨大损失。于是，兴隆会计师事务所被一些投资人起诉至人民法院要求赔偿损失。

请问： 假如兴隆会计师事务所被人民法院判决赔偿投资人损失，宋某和张某与其他合伙人应当分别承担什么法律责任？为什么？

解析： 由于兴隆会计师事务所为特殊的普通合伙企业，根据《合伙企业法》的规定，特殊的普通合伙企业不能清偿到期债务的，一个合伙人或者数个合伙人在执业活动中因故意或者重大过失造成合伙企业债务的，应当承担无限责任或者无限连带责任，其他合伙人以其在合伙企业中的财产份额为限承担责任。因此，如果兴隆会计师事务所的全部资产不足以清偿债务，剩余的债务应由宋某与张某承担无限连带责任，其他合伙人只以自己在合伙企业中的财产份额为限承担责任。

三、有限合伙企业

1. 有限合伙企业的设立

有限合伙企业由 2 个以上 50 个以下合伙人设立；但是，法律另有规定的除外。有限合伙企业至少应当有一个普通合伙人。国有独资公司、国有企业、上市公司以及公益性的事业单位、社会团体不得成为普通合伙人，但是可以成为有限合伙人。有限合伙企业名称中应当标明"有限合伙"字样。

合伙协议除符合《合伙企业法》的规定外，还应当载明下列事项：①普通合伙人和有限合伙人的姓名或者名称、住所；②执行事务合伙人应具备的条件和选择程序；③执行事务合伙人的权限与违约处理办法；④执行事务合伙人的除名条件和更换程序；⑤有限合伙人入伙、退伙的条件、程序以及相关责任；⑥有限合伙人和普通合伙人相互转变程序。

有限合伙人可以用货币、实物、知识产权、土地使用权或者其他财产权利作价出资。有限合伙人不得以劳务出资。有限合伙人应当按照合伙协议的约定按期足额缴纳出资；未按期足额缴纳的，应当承担补缴义务，并对其他合伙人承担违约责任。

2. 有限合伙企业的事务执行

有限合伙企业由普通合伙人执行合伙事务。执行事务合伙人可以要求在合伙协议中确定执行事务的报酬及报酬提取方式。有限合伙人不执行合伙事务，不得对外代表有限合伙企业。有限合伙人的下列行为，不视为执行合伙事务：①参与决定普通合伙人入伙、退伙；②对企业的经营管理提出建议；③参与选择承办有限合伙企业审计业务的会计师事务所；④获取经审计的有限合伙企业财务会计报告；⑤对涉及自身利益的情况，查阅有限合伙企业财务会计账簿等财务资料；⑥在有限合伙企业中的利益受到侵害时，向有责任的合伙人主张权利或者提起诉讼；⑦执行事务合伙人怠于行使权利时，督促其行使权利或者为了本企业的利益以自己的名义提起诉讼；⑧依法为本企业提供担保。

有限合伙企业不得将全部利润分配给部分合伙人，但合伙协议另有约定的除外。有限合伙人可以同本有限合伙企业进行交易，但合伙协议另有约定的除外。有限合伙人可以自营或者同他人合作经营与本有限合伙企业相竞争的业务，但合伙协议另有约定的除外。

3. 有限合伙企业的财产出质和转让

有限合伙人可以将其在有限合伙企业中的财产份额出质，但合伙协议另有约定的除外。有限合伙人可以按照合伙协议约定向合伙人以外的人转让其在合伙企业中的财产份额，但应当提前 30 日通知其他合伙人。

═══ 案例与解析 ═══

2023年5月，甲、乙、丙、丁四个自然人欲设立一个有限合伙企业，专门从事海产品养殖。其中，甲、乙是有限合伙人，丙、丁是普通合伙人，四人在合伙协议中约定了如下内容：第一，由甲来执行合伙事务，执行事务的报酬为每年5万元；第二，由乙来对外代表有限合伙企业；第三，有限合伙企业将全部利润分配给乙、丙、丁。

请问： 上述合伙协议中约定的内容哪些符合法律规定？为什么？

解析： 根据《合伙企业法》的规定，有限合伙人不执行合伙事务，不得对外代表有限合伙企业，因此，由甲执行合伙事务而由乙来对外代表企业不符合规定。有限合伙企业不得将全部利润分配给部分合伙人，但合伙协议另有约定的除外，因此，将全部利润分配给乙、丙、丁符合法律规定。

4. 有限合伙企业的债务清偿与责任承担

有限合伙人的自有财产不足清偿其与合伙企业无关的债务的，该合伙人可以以其从有限合伙企业中分取的收益用于清偿；债权人也可以依法请求人民法院强制执行该合伙人在有限合伙企业中的财产份额用于清偿。人民法院强制执行有限合伙人的财产份额时，应当通知全体合伙人。在同等条件下，其他合伙人有优先购买权。

有限合伙企业仅剩有限合伙人的，应当解散；有限合伙企业仅剩普通合伙人的，转为普通合伙企业。第三人有理由相信有限合伙人为普通合伙人并与其交易的，该有限合伙人对该笔交易承担与普通合伙人同样的责任。

┌─────────────────┐
│ **想一想**
│
│ 在什么情况下会使
│ 第三人有理由相信一个
│ 有限合伙人是普通合伙
│ 人呢？
└─────────────────┘

有限合伙人未经授权以有限合伙企业名义与他人进行交易，给有限合伙企业或者其他合伙人造成损失的，该有限合伙人应当承担赔偿责任。

5. 有限合伙企业的入伙、退伙及合伙人转变

新入伙的有限合伙人对入伙前有限合伙企业的债务，以其认缴的出资额为限承担责任。有限合伙人有《合伙企业法》第48条所列情形之一的，当然退伙。作为有限合伙人的自然人在有限合伙企业存续期间丧失民事行为能力的，其他合伙人不得因此要求其退伙。

作为有限合伙人的自然人死亡、被依法宣告死亡或者作为有限合伙人的法人及其他组织终止时，其继承人或者权利承受人可以依法取得该有限合伙人在有限合伙企业中的资格。有限合伙人退伙后，对基于其退伙前的原因发生的有限合伙企业债务，以其退伙时从有限合伙企业中取回的财产承担责任。

除合伙协议另有约定外，普通合伙人转变为有限合伙人，或者有限合伙人转变为普通合伙人，应当经全体合伙人一致同意。有限合伙人转变为普通合伙人的，对其作为有限合伙人期间有限合伙企业发生的债务承担无限连带责任。普通合伙人转变为有限合伙人的，对其作为普通合伙人期间合伙企业发生的债务承担无限连带责任。

═══ 案例与解析 ═══

2023年3月，甲、乙、丙、丁四个具有完全民事行为能力的自然人，共同投资设立了一家专门从事服装加工的有限合伙企业。其中，甲、乙为普通合伙人，丙、丁为有限合伙人。2023年6月，四人经过协商一致同意，丙转为普通合伙人。2023年7月，该合伙企业拖欠债权人戊的债务合计30万元，这笔债务直至该合伙

企业解散时仍未能予以偿还。

请问：丙是否应当对该有限合伙企业欠戊的 30 万元债务承担无限连带责任？

解析：丙应当对有限合伙企业发生的债务 30 万元承担无限连带责任。根据《合伙企业法》的规定，有限合伙人转变为普通合伙人的，应对其作为有限合伙人期间有限合伙企业发生的债务承担无限连带责任。因此，作为普通合伙人的丙应当对该有限合伙企业欠戊的 30 万元债务承担无限连带责任。

四、合伙企业的解散和清算

1. 合伙企业的解散

合伙企业有下列情形之一的，应当解散：①合伙期限届满，合伙人决定不再经营；②合伙协议约定的解散事由出现；③全体合伙人决定解散；④合伙人已不具备法定人数满 30 天；⑤合伙协议约定的合伙目的已经实现或者无法实现；⑥依法被吊销营业执照、责令关闭或者被撤销；⑦法律、行政法规规定的其他原因。

2. 合伙企业的清算

合伙企业解散，应当由清算人进行清算。清算人由全体合伙人担任；经全体合伙人过半数同意，可以自合伙企业解散事由出现后 15 日内指定一个或者数个合伙人，或者委托第三人，担任清算人。自合伙企业解散事由出现之日起 15 日内未确定清算人的，合伙人或其他利害关系人可以申请人民法院指定清算人。

清算人在清算期间执行下列事务：①清理合伙企业财产，分别编制资产负债表和财产清单；②处理与清算有关的合伙企业未了结事务；③清缴所欠税款；④清理债权、债务；⑤处理合伙企业清偿债务后的剩余财产；⑥代表合伙企业参加诉讼或者仲裁活动。

清算人自被确定之日起 10 日内将合伙企业解散事项通知债权人，并于 60 日内在报纸上公告。债权人应当自接到通知书之日起 30 日内，未接到通知书的自公告之日起 45 日内，向清算人申报债权。清算期间，合伙企业存续，但不得开展与清算无关的经营活动。

合伙企业财产在支付清算费用和职工工资、社会保险费用、法定补偿金以及缴纳所欠税款、清偿债务后的剩余财产，依照规定进行分配。清算结束，清算人应当编制清算报告，经全体合伙人签名、盖章后，在 15 日内向企业登记机关报送清算报告，申请办理合伙企业注销登记。合伙企业注销后，原普通合伙人对合伙企业存续期间的债务仍应承担无限连带责任。合伙企业不能清偿到期债务的，债权人可以依法向人民法院提出破产清算申请，也可以要求普通合伙人清偿。合伙企业依法被宣告破产的，普通合伙人对合伙企业债务仍应承担无限连带责任。

案例与解析

王某、于某、张某、赵某四人共同出资成立了一家普通合伙企业，在企业经营的过程中，曾向当地的甲公司赊购了一批原材料，共计欠款16 000元。后来，由于合伙企业经营不善，该合伙企业被迫解散。王某、于某、张某、赵某对合伙企业经营期间发生的债权、债务进行了清算，约定该16 000元的债务全部由合伙人王某独自承担清偿责任。后来，甲公司向合伙人王某、于某、张某和赵某追索债务，但是于某、张某和赵某三人均称该笔欠款应当由合伙人王某一人独自偿还，他们对此没有清偿责任。

请问：在本案中，王某、于某、张某、赵某已经约定在合伙企业经营期间所发生的 16 000 元债务由合伙人王某独自偿还，那么，债权人甲公司还能要求其他合伙人承担连带清偿责任吗？为什么？

解析：普通合伙人对合伙企业债务应当承担无限连带责任。因此，上述四人之间的清偿约定对债权人甲公司无效，合伙企业债权人甲公司可以要求其他合伙人对 16 000 元债务承担连带清偿责任。

五、违反合伙企业法的法律责任

1. 合伙人的法律责任

违反《合伙企业法》规定，提交虚假文件或者采取其他欺骗手段，取得合伙企业登记的，由企业登记机关责令改正，处以罚款；情节严重的，撤销企业登记，并处以罚款。合伙企业登记事项发生变更，执行合伙事务的合伙人未按期申请办理变更登记的，应当赔偿由此给合伙企业、其他合伙人或者善意第三人造成的损失。

2. 清算人的法律责任

清算人未依照规定向企业登记机关报送清算报告，或者报送清算报告隐瞒重要事实，或者有重大遗漏的，由企业登记机关责令改正。由此产生的费用和损失，由清算人承担和赔偿。清算人违反规定，隐匿、转移合伙企业财产，对资产负债表或者财产清单作虚假记载，或者在未清偿债务前分配财产，损害债权人利益的，依法承担赔偿责任。

3. 相关人员的法律责任

有关行政管理机关的工作人员违反《合伙企业法》的规定，滥用职权、徇私舞弊、收受贿赂、侵害合伙企业合法权益的，依法给予行政处分。

案例与解析

汪某、钱某、潘某、刘某共同投资成立了一个有限合伙企业，其中汪某、钱某为普通合伙人，潘某、刘某为有限合伙人，后因企业资产不足以清偿到期债务，依照法律规定进行了清算。但在清算之后，债权人发现在清算过程中，清算人汪某隐藏了合伙企业的一台车辆，而钱某则在财产清单上对企业的一套生产设备未作登记，导致债权人没有分得上述车辆和生产设备。

请问： 汪某和钱某的上述行为是否合法？为什么？

解析： 根据《合伙企业法》的规定，清算人违反规定，隐匿、转移合伙企业财产，对资产负债表或财产清单作虚假记载，损害债权人利益的，依法承担赔偿责任，因此，汪某和钱某应承担赔偿责任。

第二节　个人独资企业法

个人独资企业，是指依法在中国境内设立，由一个自然人投资，财产为投资人个人所有，投资人以其个人财产对企业债务承担无限责任的经营实体。

个人独资企业具有以下特征：第一，个人独资企业的投资人为一个具有中国国籍的自然人；第二，投资人以个人财产出资的，则以投资人个人的财产对企业债务承担无限责任，投资人以其家庭共有财产作为个人出资的，应当依法以家庭共有财产对企业债务承担无限责任；第三，个人独资企业的财产为投资人一人所有，投资人对企业的财产享有完全的所有权。

个人独资企业法，是指确认个人独资企业的法律地位，调整个人独资企业权利义务关系的法律规范的总称。为了规范个人独资企业的行为，保护个人独资企业投资人和债权人的合法权益，维护社会经济秩序，促进社会主义市场经济的发展，于1999年8月30日第九届全国人民代表大会常务委员会第十一次会议通过了《中华人民共和国个人独资企业法》，并于2000年1月1日起施行。

个人独资企业为什么没有独立人格?

个人独资企业在法律上不具有独立或相对独立的人格,其出资者为自然人,二者属同一主体。同时,自然人的法律主体资格是与生俱来的,除了个别禁止性规定,其经商的权利能力也是普遍的。所以,个人独资企业并无企业关系可供法律调整,也不必为其经营而专门拟制任何法律人格。

一、个人独资企业的设立

1. 个人独资企业的设立条件

根据《个人独资企业法》的规定,设立个人独资企业应当具备下列条件:①投资人为一个自然人,且只能是中国公民。投资人应当具有完全民事行为能力。②有合法的企业名称。个人独资企业的名称中不得使用"有限""有限责任"等字样。个人独资企业的名称可以叫厂、店、部、中心、工作室等。③有投资人申报的出资。《个人独资企业法》对设立个人独资企业的出资额没有限制。设立个人独资企业可以用货币出资,也可以用实物、土地使用权、知识产权或者其他财产权利出资。以家庭共有财产作为个人出资的,应当在设立申请中予以注明。④有固定的生产经营场所和必要的生产经营条件。⑤有必要的从业人员。

2. 个人独资企业的设立程序

个人独资企业的设立程序具体如下。

（1）提出申请。申请设立个人独资企业,应当由投资人或者其委托的代理人向个人独资企业所在地的登记机关提交设立申请书、投资人身份证明、生产经营场所使用证明等文件。委托代理人申请设立登记时,应当出具投资人的委托书和代理人的合法证明。个人独资企业设立申请书应当载明:企业的名称和住所;投资人的姓名和居所;投资人的出资额和出资方式;经营范围。从事法律、行政法规规定须报经有关部门审批的业务,应当在申请设立登记时提交有关部门的批准文件。

（2）工商登记。登记机关应当在收到设立申请文件之日起 15 日内,对符合《个人独资企业法》规定条件的,予以登记,发给营业执照;对不符合本法规定条件的,不予登记,并应当给予书面答复,说明理由。个人独资企业的营业执照的签发日期,为个人独资企业成立日期。在领取个人独资企业营业执照前,投资人不得以个人独资企业名义从事经营活动。

个人独资企业设立分支机构,应当由投资人或者其委托的代理人向分支机构所在地的登记机关申请登记,领取营业执照。分支机构的民事责任由设立该分支机构的个人独资企业承担。个人独资企业存续期间登记事项发生变更的,应当在作出变更决定之日起的15 日内依法向登记机关申请办理变更登记。

二、个人独资企业的投资人及事务管理

1. 个人独资企业的投资人

个人独资企业的投资人为一个具有中国国籍的自然人,但法律、行政法规禁止从事营利性活动的人,不得作为投资人申请设立个人独资企业。国家公务员、党政机关领导干部、警官、法官、检察官、商业银行工作人员等人员,不得作为投资人申请设立个人独资企业。

个人独资企业投资人对本企业的财产依法享有所有权,其有关权利可以依法进行转让或继承。

2. 个人独资企业的事务管理

个人独资企业投资人可以自行管理企业事务,也可以委托或者聘用其他具有民事行为能力的人

负责企业的事务管理。投资人委托或者聘用他人管理个人独资企业事务，应当与受托人或者被聘用的人签订书面合同，明确委托的具体内容和授予的权利范围。受托人或者被聘用的人员应当履行诚信、勤勉义务，按照与投资人签订的合同负责个人独资企业的事务管理。投资人对受托人或者被聘用的人员职权的限制，不得对抗善意第三人。

【例题与解析】张某开办了一家个人独资企业，聘用李某为企业负责人，并且规定只要李某对外签订 5 000 元以上的合同，必须经张某同意。但是 1 个月后，李某未经张某同意，便以企业名义与善意第三人签订了合同，购进了总价 1 万元的货物。李某超越权限签订的合同是否有效？为什么？

解析：签订的合同有效。根据法律规定，个人独资企业投资人对被聘用人员职权的限制，不得对抗善意第三人。尽管李某超越了权限，但第三人是善意的。因此，该合同有效。

根据《个人独资企业法》的规定，投资人委托或者聘用的管理个人独资企业事务的人员不得有下列行为：①利用职务上的便利，索取或者收受贿赂；②利用职务或者工作上的便利侵占企业财产；③挪用企业的资金归个人使用或者借贷给他人；④擅自将企业资金以个人名义或者以他人名义开立账户储存；⑤擅自以企业财产提供担保；⑥未经投资人同意，从事与本企业相竞争的业务；⑦未经投资人同意，同本企业订立合同或者进行交易；⑧未经投资人同意，擅自将企业商标或者其他知识产权转让给他人使用；⑨泄露本企业的商业秘密；⑩法律、行政法规禁止的其他行为。

【例题与解析】甲设立了一家个人独资企业并聘请乙负责管理企业的事务。后来，企业急需资金，乙擅自将企业的商标转让给丙企业使用，甲得知后坚决反对。丙企业在得知甲反对后，仍然继续使用该企业的商标。试分析乙与丙之间签订的转让合同是否有效，为什么？

解析：无效。因为受聘人员不得擅自将企业知识产权转让给他人使用。

~~~ 案例与解析 ~~~

2023年6月，某甲因要到国外度假一段时间，于是便将自己的个人独资企业委托给亲戚某乙代为管理。现在假设某乙在受托期间实施了下列各项行为，其中哪些行为明显违反了《个人独资企业法》的规定，应当属于无效的行为？（　　　）（多选题）

A. 未经某甲同意，与某企业签订了30万元的买卖合同

B. 未经某甲同意，将企业的注册商标转让给某丙使用

C. 未经某甲同意，将自己的一台汽车低价卖给本企业

D. 未经某甲同意，聘用自己的亲妹妹作为其个人助理

解析：在以上选项中，选项 A 中，某乙虽然未经某甲的同意，与某企业签订了交易总额为 30 万元的买卖合同，但是，由于其已经取得授权负责经营企业，所以该合同仍然有效。选项 D 中，某乙虽然未经某甲同意，聘用了自己的亲妹妹作为其个人助理，但是，这也属于其职权范围之内的事务，也是有效的。选项 B 中，某乙未经某甲同意，将企业的注册商标转让给某丙使用，这属于"未经投资人同意，擅自将企业商标或者其他知识产权转让给他人使用"的行为，明显违反了《个人独资企业法》的规定，应属无效。选项 C 中，某乙未经某甲同意，将自己的一台汽车低价卖给本企业，这是属于"未经投资人同意，同本企业订立合同或者进行交易"的行为，也是违反了《个人独资企业法》的规定，应属无效。因此，本题应当选择 B 和 C。

三、个人独资企业的权利和义务

1. 个人独资企业的权利

个人独资企业可以依法申请贷款、取得土地使用权，并享有法律规定的其他权利。任何单位

和个人不得违反法律规定，以任何方式强制个人独资企业提供财力、物力、人力。对于上述违法强制行为，个人独资企业有权拒绝。

2. 个人独资企业的义务

个人独资企业应当依法设置会计账簿，进行会计核算。个人独资企业招用职工的，应当依法与职工签订劳动合同，保障职工的劳动安全，按时、足额发放职工工资。个人独资企业应当按照国家规定参加社会保险，为职工缴纳社会保险费。

案例与解析

2023年6月，某地的税务局对某个人独资企业进行税务检查时，发现该企业存在着逃避纳税义务的行为，于是，责令其限期缴纳应纳税款。但是，由于该个人独资企业不能提供适当的纳税担保，于是，税务局书面通知银行冻结了该企业的银行账户，但是账户内无资金，于是税务局又冻结了该企业投资人李某的银行存款。投资人李某认为税务局这一做法侵害了其合法权益，于是，李某向当地人民法院提起了行政诉讼。

请问：在本案中，个人独资企业的投资人李某是否应当对该企业的债务承担无限责任？为什么？

解析：该企业确实存在逃避纳税义务的行为，而且，鉴于这个人独资企业账户上无资金，企业与投资人的财产不分，投资人李某依法应当对企业债务承担无限责任，税务局可申请冻结李某的存款。

四、个人独资企业的解散和清算

1. 个人独资企业的解散

《个人独资企业法》规定，个人独资企业有下列情形之一时，应当解散：①投资人决定解散；②投资人死亡或者被宣告死亡，无继承人或者继承人决定放弃继承；③被依法吊销营业执照；④法律、行政法规规定的其他情形。

2. 个人独资企业的清算

个人独资企业解散，由投资人自行清算或者由债权人申请人民法院指定清算人进行清算。投资人自行清算的，应当在清算前15日内书面通知债权人；无法通知的，应当予以公告。债权人应当在接到通知之日起30日内，未接到通知的应当在公告之日起60日内，向投资人申报其债权。

想一想

个人独资企业的解散与合伙企业的解散有何异同？

个人独资企业解散后，原投资人对个人独资企业存续期间的债务仍应承担偿还责任，但债权人在5年内未向债务人提出偿债请求的，该责任消灭。个人独资企业解散的，财产应当按照下列顺序清偿：①所欠职工工资和社会保险费用；②所欠税款；③其他债务。

清算期间，个人独资企业不得开展与清算目的无关的经营活动。在按规定清偿债务前，投资人不得转移、隐匿财产。个人独资企业财产不足以清偿债务的，投资人应当以其个人的其他财产予以清偿。个人独资企业清算结束后，投资人或者人民法院指定的清算人应当编制清算报告，并于15日内到登记机关办理注销登记。

五、违反个人独资企业法的法律责任

1. 投资人对其违法行为应承担的法律责任

根据《个人独资企业法》规定，个人独资企业的投资人如果有违法行为，应当承担以下法律责任：①投资人提交虚假文件或采取其他欺骗手段，取得企业登记的，责令改正，处以5 000元以下的罚款；情节严重的，并处吊销营业执照。②个人独资企业使用的名称与其在登记机关登记的名称不相符合的，责令限期改正，处以2 000元以下的罚款。③涂改、出租、转让营业执照的，责令改正，没收违法所得，处以3 000元以下的罚款；情节严重的，吊销营业执照。伪造营业执照的，责令停业，没收违法所得，处以 5 000 元以下的罚款。构成犯罪的，依法追究刑事责任。④个人独资企业成立后无正当理由超过 6 个月未开业的，或者开业后自行停业连续 6 个月以上的，吊销营业执照。⑤违反《个人独资企业法》规定，未领取营业执照，以个人独资企业名义从事经营活动的，责令停止经营活动，处以 3 000 元以下的罚款。个人独资企业登记事项发生变更时，未按《个人独资企业法》规定办理有关变更登记的，责令限期办理变更登记；逾期不办理的，处以 2 000 元以下的罚款。⑥个人独资企业违反规定，侵犯职工合法权益，未保障职工劳动安全，不缴纳社会保险费用的，按照有关法律、行政法规予以处罚，并追究有关责任人员的责任。⑦个人独资企业及其投资人在清算前或清算期间隐匿或转移财产、逃避债务的，依法追回其财产，并按照有关规定予以处罚；构成犯罪的，依法追究刑事责任。

2. 管理人员因其违法行为应承担的法律责任

投资人委托或者聘用的人员管理个人独资企业事务时违反双方订立的合同，给投资人造成损害的，应承担民事赔偿责任。投资人委托或聘用的人员侵犯个人独资企业财产权益的，责令退还侵占的财产；给企业造成损失的，依法承担赔偿责任；有违法所得的，没收违法所得；构成犯罪的，依法追究刑事责任。

3. 登记机关及有关人员的法律责任

登记机关对不符合法定条件的个人独资企业予以登记，或对符合法定条件的企业不予登记的，对直接责任人员依法给予行政处分；构成犯罪的，依法追究刑事责任。

本章小结

合伙企业是指自然人、法人和其他组织依照《合伙企业法》的规定，在中国境内设立的普通合伙企业和有限合伙企业。虽然不同类型的合伙企业在设立条件、财产分配、经营管理、损益承担、内外关系等方面都有所不同，但是，合伙企业的合伙人都应当按照《合伙企业法》的法律规定，依法经营，否则，就要承担相应的法律责任。个人独资企业是由一个自然人投资，财产为投资人个人所有，投资人以其个人财产对企业债务承担无限责任的经营实体。个人投资企业的投资人为一个自然人，且只能是中国公民。个人独资企业要有合法的企业名称，还要有投资人申报的出资和必要的从业人员。个人独资企业的投资人可以自行管理企业事务，也可以委托或者聘用其他具有民事行为能力的人负责企业的事务管理。个人独资企业依法享有法律规定的各项权利，同时也应当承担相应的义务，企业解散和清算要按照《个人独资企业法》的规定来进行，否则就要承担法律责任。

综合练习题

第二章 公司法

学习目标

通过对本章的学习，了解公司法的基本知识，掌握公司与公司法的基本概念和特征，了解公司股东的权利与义务；掌握有限责任公司与股份有限公司的设立和组织机构、股权与股份转让的方式。

关键概念

公司　有限责任公司　股份有限公司　上市公司　股东会　董事会　监事会　股份　股票

引导案例

王某是某服装有限责任公司（下称"服装公司"）的股东，认购了服装公司90%的出资额。2021年7月，服装公司先后与美丽服装厂签订了两份购销合同，合同价款共计20万元，美丽服装厂依约履行了合同。2021年10月，服装公司因经营状况不佳、资金紧张，与王某达成协议，向其借款10万元。至2023年5月，服装公司虽经多方筹措，只能偿付美丽服装厂10万元贷款。鉴于经营状况不景气，同年6月，服装公司召开股东会，作出解散公司的决议。在清理债权债务时，美丽服装厂等债权人主张，王某是服装公司最大的股东，服装公司相当于他的一人公司，如服装公司财产不足以清偿债务，王某应以其个人财产负清偿责任。

请问：

（1）美丽服装厂和其他债权人能否要求王某以个人财产对服装公司的债务承担赔偿责任？为什么？

（2）如果有证据证明王某有滥用服装公司独立人格和股东有限责任逃避债务的情形，债权人可否要求王某承担服装公司债务责任呢？

第一节　公司与公司法概述

公司是依照公司法设立的，以营利为目的的企业法人。它是适应市场经济社会化大生产的需要而形成的一种企业组织形式。

一、公司的特征

（1）公司以营利为目的。公司必须是以获取最大利润为目的的经济组织。那些不从事生产经营活动的事业单位、行政机关，或者不以获取最大利润为目的的生产经营单位，均不属于公司的范畴。

（2）公司具有法人资格。我国公司法明确规定：公司是企业法人，有独立的法人财产，享有法人财产权。公司以其全部财产对公司的债务承担责任。

（3）公司依照公司法而设立。这里所指的公司，必须依照《公司法》规定的条件和程序而设立。那些依据其他法律设立的法人企业或公司，都不是《公司法》中所说的公司。根据《公司法》的规定：设立公司应当依法制定公司章程。公司章程对公司、股东、董事、监事、高级管理人员具有约束力。公司应当有自己的名称。公司名称应当符合国家有关规定。公司的名称权受法律保护。公司以其

> **想一想**
> 公司与合伙企业有什么区别？

主要办事机构所在地为住所。公司的经营范围由公司章程规定。公司可以修改公司章程，变更经营范围。公司的经营范围中属于法律、行政法规规定须经批准的项目，应当依法经过批准。

此外，传统的公司法理论还强调公司的社团性特征，即公司是股东共同出资的集合体。然而随着公司法理论的发展，现代西方各国对一人公司大多采取了认可的态度。我国《公司法》也允许成立一人公司。

二、公司的种类

公司可以从不同角度划分其类型。

从世界各国公司法的规定来看，依据股东承担责任形式的不同，公司可分为无限公司、两合公司、有限责任公司、股份有限公司。《公司法》仅规定了有限责任公司和股份有限公司两种形式。

想一想
子公司与分公司有什么区别？

根据一公司对另一公司的控制与依附关系不同，公司可分为母公司和子公司。《公司法》规定：公司可以设立子公司。子公司具有法人资格，依法独立承担民事责任。

根据公司的管辖系统不同，公司可分为本公司和分公司。《公司法》规定：公司可以设立分公司。分公司不具有法人资格，其民事责任由公司承担。同时，《公司法》中对国家出资公司进行了特别规定。国家出资公司，是指国家出资的国有独资公司、国有资本控股公司，包括国家出资的有限责任公司、股份有限公司。

案例与解析

A公司的债权人向法院申请对A公司进行强制执行。经调查，A公司占有B公司75%的股权，C公司占有B公司25%的股权。同时，在C公司的股权结构中，A公司占有90%的股权，D公司占有10%的股权。在D公司的股权结构中，A公司占有90%的股权，E公司占有10%的股权。在E公司的股权结构中，A公司占有87.5%的股权，B公司占有12.5%的股权。法院为准确界定A公司的财产范围，欲将B公司追加为被执行人。

请问： 法院可否将B公司追加为被执行人？为什么？

解析： 判断可否将B公司追加为被执行人的关键在于认定B公司与A公司之间的法律关系。本案中B公司实际上几乎为A公司的全资子公司，但是依照《公司法》的规定，母公司和子公司各自具有独立的法人资格，二者分别以其各自的财产对自身债务承担责任。因此，不应追加B公司为本案的被执行人。

三、公司法的概念和特征

公司法是调整公司在设立、组织、活动和解散过程中所发生的对内对外关系的法律规范的总称。

公司法有形式意义上的公司法和实质意义上的公司法之分。形式意义上的公司法是指经国家立法机关制定，并以公司法名称命名的单项法规。我国的《公司法》就是形式意义上的公司法，现在世界上大多数国家都有这种形式意义上的公司法。实质意义上的公司法是指有关公司规定的一切法律规范的总称。各类法律、法规中涉及公司内容的部分都属于实质意义上的公司法。公司法主要有如下几个特征。

1. 公司法是组织法和行为法相结合的法律

公司作为企业组织形式中的一种最主要的形式，以其作为调整对象的公司法，毫无疑问属于组织法。公司法同时也对公司所进行的股票发行与交易、公司债券发行与转让等与公司组织特点密切联系的活动关系进行规制和调节。因此，组织法是第一位的，行为法是第二位的。

小知识

公法与私法的划分

公法与私法的划分，最早是由古罗马法学家提出的。按照乌尔比安的解释，公法是以保护国家（公共）利益为目的的法律，私法是以保护私人利益为目的的法律。

2. 公司法是公法化的私法

公司法在传统上属于私法的范畴，强调的是商主体的意思自治和营利性。为了保障交易安全，防止因公司的发展和经营不当影响正常经济秩序，各国都对公司加强了干预，如对登记和公告程序的严格要求等，现代公司法已经逐渐具有了某些公法的特征。

3. 公司法是强制性规范和任意性规范相结合的法律

从公司法的法律规范上看，公司法规范既有强制性规范又有任意性规范，以强制性规范为主。

4. 公司法是具有一定国际性的国内法

由于公司对一国经济和社会的重要作用，各国都非常重视对公司的立法，公司法本质上是国内法。同时各国在制定公司法的时候，往往要使本国的公司法既要符合本国国情，又要尽量和国际接轨，以保证国际商事活动的顺利进行。因此，公司法又具有一定的国际性。

四、公司登记

设立公司，应当依法向登记机关申请设立登记。法律、行政法规规定设立公司必须报经批准的，应当在公司登记前依法办理批准手续。

（1）设立登记。申请设立公司，应当提交设立登记申请书、公司章程等文件，提交的相关材料应当真实、合法和有效。依法设立的公司，由公司登记机关发给公司营业执照。公司营业执照签发日期为公司成立日期。公司营业执照应当载明公司的名称、住所、注册资本、经营范围、法定代表人姓名等事项。公司登记机关可以发给电子营业执照。电子营业执照与纸质营业执照具有同等法律效力。

（2）变更登记。公司登记事项发生变更的，应当依法办理变更登记。公司登记事项未经登记或者未经变更登记，不得对抗善意相对人。

（3）注销登记。公司因解散、被宣告破产或者其他法定事由需要终止的，应当依法向公司登记机关申请注销登记，由公司登记机关公告公司终止。

（4）分公司登记。公司设立分公司，应当向公司登记机关申请登记，领取营业执照。

第二节　股东的权利和义务

一、股东的权利

1. 表决权

股东表决权，是指股东按其持有的股份对公司事务进行表决的权利。股东表决权是股东的一项重要权利，它体现的是股东参与公司重大决策的权利和选择管理者的权利。股东表决权是股东的固有权利，原则上不受剥夺或限制，但在特定情形下也有例外，如：公司持有的本公司股份没有表决权；公司为公司股东或者实际控制人提供担保的，有关的股东或受实际控制人支配的股东不得参加该事项的表决。股东的表决权可以亲自行使，也可以委托他人代为行使。

2. 转让权

股东有按照《公司法》及公司章程的规定转让股权或股份的权利。一般而言，有限责任公司的股东向股东以外的人转让股权的限制较多，而股份有限公司的股东转让股份的限制较少。

3. 知情权

股东的知情权是指公司股东了解公司信息的权利。

有限责任公司股东有权查阅、复制公司章程、股东名册、股东会会议记录、董事会会议决议、监事会会议决议和财务会计报告。股东可以要求查阅公司会计账簿、会计凭证。股份有限公司股东有权查阅、复制公司章程、股东名册、股东会会议记录、董事会会议决议、监事会会议决议、财务会计报告，对公司的经营提出建议或者质询。连续 180 日以上单独或者合计持有公司 3%以上股份的股东可以要求查阅公司的会计账簿、会计凭证，公司章程对持股比例有较低规定的，从其规定。

有限责任公司的股东，股份有限公司连续 180 日以上单独或者合计持有公司 3%以上股份的股东要求查阅公司会计账簿、会计凭证的，应当向公司提出书面请求，说明目的。公司有合理根据认为股东查阅会计账簿、会计凭证有不正当目的，可能损害公司合法利益的，可以拒绝提供查阅，并应当自股东提出书面请求之日起 15 日内书面答复股东并说明理由。公司拒绝提供查阅的，股东可以请求人民法院要求公司提供查阅。

股东查阅上述规定的材料，可以委托会计师事务所、律师事务所等中介机构进行。股东及其委托的会计师事务所、律师事务所等中介机构查阅、复制有关材料，应当遵守有关保护国家秘密、商业秘密、个人隐私、个人信息等法律、行政法规的规定。

股东要求查阅、复制公司全资子公司相关材料的，适用上述规定。

上市公司股东查阅、复制相关材料的，应当遵守《证券法》等法律、行政法规的规定。

4. 分配请求权

分配请求权包括盈余分配请求权和剩余财产分配请求权。

公司弥补亏损和提取公积金后所余税后利润，有限责任公司按照股东实缴的出资比例分配利润，全体股东约定不按照出资比例分配利润的除外；股份有限公司按照股东所持有的股份比例分配利润，公司章程另有规定的除外。公司持有的本公司股份不得分配利润。

剩余财产分配请求权是指股东在公司清算时，就公司的剩余财产所享有的请求分配的权利。公司财产在分别支付清算费用、职工的工资、社会保险费用和法定补偿金，缴纳所欠税款，清偿公司债务后的剩余财产，有限责任公司按照股东的出资比例分配，股份有限公司按照股东持有的股份比例分配。

5. 优先受让和认购新股权

《公司法》赋予了有限责任公司的股东优先受让和认购新股权。

有限责任公司股东向股东以外的人转让股权的，应当将股权转让的数量、价格、支付方式和期限等事项书面通知其他股东，其他股东在同等条件下有优先购买权。

有限责任公司增加注册资本时，股东在同等条件下有权优先按照实缴的出资比例认缴出资。但是，全体股东约定不按照出资比例优先认缴出资的除外。股份有限公司为增加注册资本发行新股时，股东不享有优先认购权，公司章程另有规定或者股东会决议决定股东享有优先认购权的除外。

想一想

股东派生诉讼与股东直接诉讼有什么区别？

6. 股东诉权

股东诉权是指股东对损害股东利益和公司利益的行为向人民法院提起诉讼的权利。股东诉讼分为直接诉讼和派生诉讼。股东直接诉讼是指股东在作为公司成员所享有的个人性权利受到侵害时所提起的诉讼。股东派生诉讼，又称股东传来诉讼或股东代表诉讼，是指当公司的合法权益受到不法侵害而公司却怠于起诉时，符合法定条件的股东有权为了公司的利益以自己的名义直接向人民法院提起的诉讼。

《公司法》规定：董事、高级管理人员执行公司职务时违反法律、行政法规或者公司章程的规定，给公司造成损失的，有限责任公司的股东、股份有限公司连续180日以上单独或者合计持有公司1%以上股份的股东，可以书面请求监事会向人民法院提起诉讼；监事有上述情形的，前述股东可以书面请求董事会向人民法院提起诉讼。监事会或者董事会收到前述股东书面请求后拒绝提起诉讼，或者自收到请求之日起30日内未提起诉讼，或者情况紧急、不立即提起诉讼将会使公司利益受到难以弥补的损害的，前述股东有权为了公司的利益以自己的名义直接向人民法院提起诉讼。他人侵犯公司合法权益，给公司造成损失的，前述股东可以依照上述规定向人民法院提起诉讼。公司全资子公司的董事、监事、高级管理人员有前述情形，或者他人侵犯公司全资子公司合法权益造成损失的，有限责任公司的股东、股份有限公司连续180日以上单独或者合计持有公司1%以上股份的股东，可以依照上述规定书面请求全资子公司的监事会、董事会向人民法院提起诉讼或者以自己的名义直接向人民法院提起诉讼。

案例与解析

王雄为甲有限责任公司（以下简称甲公司）经理，该公司设有董事会和监事会。王雄利用职务之便为其妻丁心经营的乙公司牟取到本来属于甲公司的商业机会，导致甲公司损失50万元。甲公司小股东甄理欲通过诉讼维护公司利益。

请问：甄理可以直接起诉王雄吗？甄理应当如何保护公司和自己的合法利益？

解析：不可以。甄理必须先书面请求甲公司监事会对王雄提起诉讼，只有当监事会收到甄理的书面请求后拒绝提起诉讼或收到请求30日后还未提起诉讼时，甄理才可以自己的名义代表公司对王雄提起诉讼。

7. 法律和章程赋予的其他权利

股东除了上述权利外，还享有更广泛的权利，如：选举或被选举为公司董事或者监事的权利；代表1/10以上表决权的有限责任公司股东、单独或合计持有公司10%以上股份的股份有限公司股东有请求召开临时股东会会议的权利；代表1/10以上表决权的股份有限公司股东有请求召开临时董事会会议的权利；在董事会和监事会不召集和主持股东会时，有限责任公司代表1/10以上表决权的股东，股份有限公司连续90日以上单独或者合计持有公司10%以上股份的股东有自行召集和主持股东会会议的权利；单独或合计持有公司1%以上股份的股份有限公司的股东，可以在股东会会议召开10日前书面向董事会提出临时提案的权利；要求董事、监事、高级管理人员列席股东会接受股东质询的权利。此外，股东还可享有公司章程赋予的各项权利。

二、股东的义务

1. 保证公司资本确定和充实的义务

为了维护公司、广大债权人的利益，公司的资本必须保持确定和充实。

有限责任公司股东应当按期足额缴纳公司章程规定的各自所认缴的出资额。股东以货币出资的，应当将货币出资足额存入有限责任公司在银行开设的账户；以非货币财产出资的，应当依法办理其财产权的转移手续。股东未按期足额缴纳出资的，除应当向公司足额缴纳外，还应当向已按期足额缴纳出资的股东承担违约责任。有限责任公司设立时，股东未按照公司章程规定实际缴纳出资，或者实际出资的非货币财产的实际价额显著低于所认缴的出资额的，设立时的其他股东与该股东在出资不足的范围内承担连带责任。

股份有限公司的发起人应当在公司成立前按照其认购的股份全额缴纳股款。股东以货币出资的，应当将货币出资足额存入股份有限公司在银行开设的账户；以非货币财产出资的，应当依法办理其财产权的转移手续。发起人不按照其认购的股份缴纳股款，或者作为出资的非货币财产的实际价额显著低于所认购的股份的，其他发起人与该发起人在出资不足的范围内承担连带责任。

发起人向社会公开募集股份，认股人应当按照所认购股份足额缴纳股款。

有限责任公司成立后，董事会应当对股东的出资情况进行核查，发现股东未按期足额缴纳公司章程规定的出资的，应当由公司向该股东发出书面催缴书，催缴出资。未及时履行催缴义务，给公司造成损失的，负有责任的董事应当承担赔偿责任。股东未按照公司章程规定的出资日期缴纳出资，公司依照前述规定发出书面催缴书催缴出资的，可以载明缴纳出资的宽限期；宽限期自公司发出催缴书之日起，不得少于60日。宽限期届满，股东仍未履行出资义务的，公司经董事会决议可以向该股东发出失权通知，通知应当以书面形式发出。自通知发出之日起，该股东丧失其未缴纳出资的股权。该丧失的股权应当依法转让，或者相应减少注册资本并注销该股权；6个月内未转让或者注销的，由公司其他股东按照其出资比例足额缴纳相应出资。股东对失权有异议的，应当自接到失权通知之日起30日内，向人民法院提起诉讼。

《公司法》还规定了股东具有不得抽逃出资的义务。公司成立后，股东不得抽逃出资。股东抽逃出资的，应当返还抽逃的出资；给公司造成损失的，负有责任的董事、监事、高级管理人员应当与该股东承担连带赔偿责任。公司不能清偿到期债务的，公司或者已到期债权的债权人有权要求已认缴出资但未届出资期限的股东提前缴纳出资。

案例与解析

甲、乙、丙三人共同组建一有限责任公司。公司成立后，甲将其20%股权中的5%转让给丁，丁通过受让股权成为公司股东。甲、乙均按期足额缴纳出资，但发现丙出资的机器设备的实际价额明显低于公司章程所确定的数额。

请问：本案中相应法律责任应如何承担？

解析：甲、乙与丙对差额承担连带责任。《公司法》对非货币财产出资不实规定了相应的法律责任，即设立时的其他股东与该股东在出资不足的范围内承担连带责任。公司设立后通过受让公司股权加入公司的股东不承担责任。

2. 依法行使股东权的义务

公司股东应当遵守法律、行政法规和公司章程，依法行使股东权利，不得滥用股东权利损害公司或者其他股东的利益。公司股东滥用股东权利给公司或者其他股东造成损失的，应当承担赔偿责任。公司的控股股东、实际控制人、董事、监事、高级管理人员不得利用关联关系损害公司利益。违反以上规定，给公司造成损失的，应当承担赔偿责任。

公司股东滥用公司法人独立地位和股东有限责任，逃避债务，严重损害公司债权人利益的，应当对公司债务承担连带责任。股东利用其控制的两个以上公司实施上述行为的，各公司应当对任一公司的债务承担连带责任。只有一个股东的公司，股东不能证明公司财产独立于股东自己的财产的，应当对公司债务承担连带责任。

3. 公司章程规定的其他义务

公司章程是公司的自治宪章，对股东具有约束力，只要公司章程规定的义务不违背法律的规定，股东就应该依照公司章程承担义务。因此，遵守公司章程是股东最基本的义务。

第三节　有限责任公司

有限责任公司是指由1个以上50个以下股东出资设立的，股东以其所认缴的出资额为限对公司承担责任，公司以其全部财产对其债务承担责任的企业法人。

一、有限责任公司的特征

（1）股东责任的有限性。有限责任公司各股东对公司所负责任，仅以其出资额为限，对公司债权人不负直接责任。

（2）股东出资的非股份性。有限责任公司股东出资不以股份为单位计算，直接以出资额计算。证明股东出资的凭证是向股东签发的出资证明书。

（3）公司资本的封闭性。有限责任公司的资本只能由全体股东认缴，不能向社会公开募集股份，不能发行股票。出资证明书只是一种权利证书，不能在证券市场上流通转让。

想一想
有限责任公司有何优缺点？

（4）公司设立的简便性。有限责任公司的设立程序相对简便，只有发起设立，而无募集设立。

（5）资合与人合的统一性。有限责任公司的股东仅以出资额为限承担有限责任，公司以其全部财产对其债务承担责任。因此，公司对外信用的基础在于公司的信用，而不在于股东的信用，具有资合性特征。为了保证股东之间较强的人身依赖关系，各国立法对有限责任公司的股东人数一般都有上限的规定，同时对股东向股东以外的人转让股权等可能破坏公司人合因素的情形作出一定的制度安排，具有人合性特征。

想一想
哪些非货币财产可以用来出资呢？

二、有限责任公司的设立

1. 有限责任公司的设立责任

有限责任公司设立时的股东可以签订设立协议，明确各自在公司设立过程中的权利和义务。

有限责任公司设立时的股东为设立公司从事的民事活动，其法律后果由公司承受。公司未成立的，其法律后果由公司设立时的股东承受；设立时的股东为 2 人以上的，享有连带债权，承担连带债务。设立时的股东为设立公司以自己的名义从事民事活动产生的民事责任，第三人有权选择请求公司或者公司设立时的股东承担。设立时的股东因履行公司设立职责造成他人损害的，公司或者无过错的股东承担赔偿责任后，可以向有过错的股东追偿。

2. 有限责任公司章程

设立有限责任公司，应当由股东共同制定公司章程。股东应当在公司章程上签名或者盖章。公司章程应当载明下列事项：①公司名称和住所；②公司经营范围；③公司注册资本；④股东的姓名或者名称；⑤股东的出资额、出资方式和出资日期；⑥公司的机构及其产生办法、职权、议事规则；⑦公司法定代表人的产生、变更办法；⑧股东会认为需要规定的其他事项。

3. 有限责任公司的资本

有限责任公司的注册资本为在公司登记机关登记的全体股东认缴的出资额。全体股东认缴的出资额由股东按照公司章程的规定自公司成立之日起 5 年内缴足。法律、行政法规以及国务院决定对有限责任公司注册资本实缴、注册资本最低限额、股东出资期限另有规定的，从其规定。股东可以用货币出资，也可以用实物、知识产权、土地使用权、股权、债权等可以用货币估价并可以依法转让的非货币财产作价出资；但是，法律、行政法规规定不得作为出资的财产除外。对作为出资的非货币财产应当评估作价，核实财产，不得高估或者低估作价。法律、行政法规对评估作价有规定的，从其规定。

案例与解析

张某与潘某欲共同设立一家有限责任公司。二人对将设立的公司进行了一些设想：①张某、潘某签订发起人协议代替制订公司章程；②公司的注册资本约定为1万元人民币；③公司以张某姓名作为公司名称；④二人约定以潘某住所作为公司住所。

请问： 这些设想合法吗？为什么？

解析： ①不合法。公司章程是公司设立的必备条件。②合法。对于一般的有限责任公司，注册资本额可以由股东自行约定。③合法。公司以张某姓名作为名称，法律并无禁止性规定。④合法。目前《公司法》对公司住所选址没有特别的禁止性规定。

4. 出资证明书与股东名册

出资证明书，又称股单，是证明投资人已经依法履行缴付出资义务，成为有限责任公司股东的法律文件，是股东对公司享有权利、承担责任的重要依据。有限责任公司成立后，应当向股东签发出资证明书，记载下列事项：①公司名称；②公司成立日期；③公司注册资本；④股东的姓名或者名称、认缴和实缴的出资额、出资方式和出资日期；⑤出资证明书的编号和核发日期。出资证明书由法定代表人签名，并由公司盖章。

股东名册，是指由公司置备的，记载股东个人信息和股权信息的法定簿册。有限责任公司应当置备股东名册，记载下列事项：①股东的姓名或者名称及住所；②股东认缴和实缴的出资额、出资方式和出资日期；③出资证明书编号；④取得和丧失股东资格的日期。记载于股东名册的股东，可以依股东名册主张行使股东权利。

案例与解析

甲、乙、丙共同出资50万元成立了一家有限责任公司，在其设置的股东名册中记载了甲、乙、丙三人的姓名与出资额等事项，但在办理公司登记时遗漏了丙，使得公司登记的文件中股东只有甲、乙二人。当年年底分红，公司以公司登记文件中没有丙，丙不是公司股东为由不给丙分红。

请问： 丙能否参与公司的分红？为什么？

解析： 丙可以参与公司的分红，因为股东名册具有权利推定的效力。在公司登记机关进行登记不是股东资格取得的要件，但是未经登记的，不能对抗善意相对人。本案中丙的姓名已于股东名册中记载，可以依股东名册主张行使股东权利，参与公司分红。

三、有限责任公司的组织机构

（一）股东会

1. 股东会的性质和职权

有限责任公司股东会是指由全体股东组成的公司权力机构，是股东在公司内部行使股东权的法定组织。

股东会行使下列职权：①选举和更换董事、监事，决定有关董事、监事的报酬事项；②审议批准董事会的报告；③审议批准监事会的报告；④审议批准公司的利润分配方案和弥补亏损方案；⑤对公司增加或者减少注册资本作出决议；⑥对发行公司债券作出决议；⑦对公司合并、分立、解散、清算或者变更公司形式作出决议；⑧修改公司章程；⑨公司章程规定的其他职权。股东会可以授权董事会对发行公司债券作出决议。对上述事项，股东以书面形式一致表示同意的，可以不召开股东会会议，直接作出决定，并由全体股东在决定文件上签名或者盖章。只有一个股东的有限责任公司不设股东会。股东作出上述事项的决定时，应当采用书面形式，并由股东签名或者盖章后置备于公司。

【例题与解析】 下列选项中，不属于有限责任公司股东会职权的有（　　　）。

A. 决定公司的经营计划和投资方案　　　B. 选举和更换由职工代表担任的董事

C. 对发行公司债券作出决议　　　D. 决定公司内部管理机构的设置

解析： 正确答案是A、B、D。A、D是董事会的职权，B是职工代表大会的职权。

2. 股东会会议和议事规则

股东会会议分为定期会议和临时会议。定期会议应当按照公司章程的规定按时召开。代表1/10以上表决权的股东、1/3以上的董事或者监事会提议召开临时会议的，应当召开临时会议。首次股东会会议由出资最多的股东召集和主持。除首次会议外，股东会会议由董事会召集，董事长主持；董事长不能履行职务或者不履行职务的，由副董事长主持；副董事长不能履行职务或者不履行职务的，由过半数的董事共同推举一名董事主持。董事会不能履行或者不履行召集股东会会议职责的，由监事会召集和主持；监事会不召集和主持的，代表1/10以上表决权的股东可以自行召集和主持。

案例与解析

甲、乙、丙、丁四人拟共同出资设立紫衣科技有限责任公司，其中，甲出资10万元，乙出资20万元，丙出资20万元，丁出资50万元。在设立公司的过程中，四人分别提出了下列看法：甲认为，因公司股东人数较少，为降低运营成本，可以不设股东会；乙认为，公司应设股东会，如设股东会的话，自己有权提议召开临时股东会会议；丙认为，公司的首次股东会会议应由自己召集和主持；丁认为，股东会就是个摆设，即使设股东会也不用开会，一切决策由董事长看着办。

请问：他们四人的看法正确吗？

解析：甲的看法不正确，股东会是公司必设机构；乙的看法正确，按照《公司法》的规定，有限责任公司代表1/10以上表决权的股东可以提议召开临时股东会会议；丙的看法不正确，公司的首次股东会会议应由出资最多的股东召集和主持；丁的看法不正确，股东会有法律规定的职权，不能由其他机构和个人行使。

股东会会议由股东按照出资比例行使表决权；但是，公司章程另有规定的除外。股东的议事方式和表决程序，除《公司法》有规定的外，由公司章程规定。股东会作出决议，应当经代表过半数表决权的股东通过。股东会作出修改公司章程、增加或者减少注册资本的决议，以及公司合并、分立、解散或者变更公司形式的决议，应当经代表2/3以上表决权的股东通过。

3. 股东会决议的无效、可撤销与不成立

公司股东会、董事会的决议内容违反法律、行政法规的无效。

公司股东会、董事会的会议召集程序、表决方式违反法律、行政法规或者公司章程，或者决议内容违反公司章程的，股东自决议作出之日起60日内，可以请求人民法院撤销。但是，股东会、董事会的会议召集程序或者表决方式仅有轻微瑕疵，对决议未产生实质影响的除外。未被通知参加股东会会议的股东自知道或者应当知道股东会决议作出之日起60日内，可以请求人民法院撤销；自决议作出之日起1年内没有行使撤销权的，撤销权消灭。

有下列情形之一的，公司股东会、董事会的决议不成立：①未召开股东会、董事会会议作出决议；②股东会、董事会会议未对决议事项进行表决；③出席会议的人数或者所持表决权数未达到本法或者公司章程规定的人数或者所持表决权数；④同意决议事项的人数或者所持表决权数未达到本法或者公司章程规定的人数或者所持表决权数。

股东会、董事会决议被人民法院宣告无效、撤销或者确认不成立的，公司根据该决议与善意相对人形成的民事法律关系不受影响。

【例题与解析】公司股东会、董事会的决议内容违反公司章程的，该决议无效。这一说法正确吗？

解析：不正确。决议内容违反法律、行政法规的无效。决议内容违反公司章程，或股东会、董事会召集程序、表决方式违反法律法规的，其决议可以请求人民法院撤销。

（二）董事会和经理

1. 董事会的性质和职权

董事会是由全体董事组成的行使经营决策和管理权的必设集体业务执行机关。

董事会行使下列职权：①召集股东会会议，并向股东会报告工作；②执行股东会的决议；③决定公司的经营计划和投资方案；④制订公司的利润分配方案和弥补亏损方案；⑤制订公司增加或者减少注册资本以及发行公司债券的方案；⑥制订公司合并、分立、解散或者变更公司形式的方案；⑦决定公司内部管理机构的设置；⑧决定聘任或者解聘公司经理及其报酬事项，并根据经理的提名决定聘任或者解聘公司副经理、财务负责人及其报酬事项；⑨制定公司的基本管理制度；⑩公司章程规定或者股东会授予的其他职权。公司章程对董事会职权的限制不得对抗善意相对人。

案例与解析

快程有限责任公司是一家物流公司，注册资本为100万元。为了扩大经营范围、提高公司决策效率，经董事会决定，即日起实施如下方案：①公司章程经全体董事会成员同意可以修改；②为了彰显公司实力、谋求公司上市，决定变更公司形式为股份有限公司；③制订将公司注册资本增加为1 000万元的方案，请股东会表决。

请问： 快程有限责任公司董事会决定的上述方案是否合法？

解析： ①②不合法，因为根据《公司法》的规定，修改公司章程、变更公司形式属于股东会的职权，董事会无权决议。③合法，因为根据《公司法》的规定，制订增资方案属于董事会的职权。

2. 董事会的组成和董事的任期

有限责任公司董事会成员为3人以上，其成员中可以有公司职工代表。职工人数300人以上的有限责任公司，除依法设监事会并有公司职工代表的外，其董事会成员中应当有公司职工代表。董事会中的职工代表由公司职工通过职工代表大会、职工大会或者其他形式民主选举产生。董事会设董事长1人，可以设副董事长。董事长、副董事长的产生办法由公司章程规定。有限责任公司可以按照公司章程的规定在董事会中设置由董事组成的审计委员会，行使本法规定的监事会的职权，不设监事会或者监事。公司董事会成员中的职工代表可以成为审计委员会成员。规模较小或者股东人数较少的有限责任公司，可以不设董事会，设1名董事，行使《公司法》规定的董事会的职权。该董事可以兼任公司经理。

董事任期由公司章程规定，但每届任期不得超过3年。董事任期届满，连选可以连任。董事任期届满未及时改选，或者董事在任期内辞职导致董事会成员低于法定人数的，在改选出的董事就任前，原董事仍应当依照法律、行政法规和公司章程的规定，履行董事职务。董事辞任的，应当以书面形式通知公司，公司收到通知之日辞任生效，但存在前述由于辞职导致董事会成员低于法定人数的情形时，董事应当继续履行职务。股东会可以决议解任董事，决议作出之日解任生效。无正当理由，在任期届满前解任董事的，该董事可以要求公司予以赔偿。

3. 董事会会议

董事会会议由董事长召集和主持；董事长不能履行职务或者不履行职务的，由副董事长召集和主持；副董事长不能履行职务或者不履行职务的，由过半数董事共同推举1名董事召集和主持。董事会的议事方式和表决程序，除《公司法》有规定外，由公司章程规定。董事会会议应当有过半数的董事出席方可举行。董事会作出决议，应当经全体董事的过半数通过。董事会决议的表决，应当一人一票。董事会应当对所议事项的决定作成会议记录，出席会议的董事应当在会议记录上签名。

4. 经理

经理是指由董事会聘任的负责公司日常经营活动的公司负责人。有限责任公司可以设经理，由董事会聘任或者解聘。经理对董事会负责，根据公司章程的规定或者董事会的授权行使职权。经理列席董事会会议。

公司的法定代表人按照公司章程的规定，由代表公司执行公司事务的董事或者经理担任。

（三）监事会

1. 监事会的性质与职权

监事会是指由监事组成的对公司的业务活动进行监督和检查的机构。

监事会行使下列职权：①检查公司财务；②对董事、高级管理人员执行职务的行为进行监督，对违反法律、行政法规、公司章程或者股东会决议的董事、高级管理人员提出解任的建议；③当董事、高级管理人员的行为损害公司的利益时，要求董事、高级管理人员予以纠正；④提议召开临时股东会会议，在董事会不履行《公司法》规定的召集和主持股东会会议职责时召集和主持股东会会议；⑤向股东会会议提出提案；⑥依照《公司法》的规定，对董事、高级管理人员提起诉讼；⑦公司章程规定的其他职权。除此之外，监事会发现公司经营情况异常，可以进行调查；必要时，可以聘请会计师事务所等协助其工作，费用由公司承担。监事可以列席董事会会议，并对董事会决议事项提出质询或者建议。监事会可以要求董事、高级管理人员提交执行职务的报告。

2. 监事会的组成和监事任期

有限责任公司的监事会成员为 3 人以上。监事会成员应当包括股东代表和适当比例的公司职工代表，其中职工代表的比例不得低于 1/3，具体比例由公司章程规定。监事会中的职工代表由公司职工通过职工代表大会、职工大会或者其他形式民主选举产生。监事会设主席 1 人，由全体监事过半数选举产生。董事、高级管理人员不得兼任监事。

规模较小或者股东人数较少的有限责任公司，可以不设监事会，设 1 名监事，行使《公司法》规定的监事会的职权；经全体股东一致同意，也可以不设监事。有限责任公司按照公司章程的规定在董事会中设置由董事组成的审计委员会行使《公司法》规定的监事会职权的，不设监事会或者监事。

监事的任期每届为 3 年。监事任期届满，连选可以连任。监事任期届满未及时改选，或者监事在任期内辞职导致监事会成员低于法定人数的，在改选出的监事就任前，原监事仍应当依照法律、行政法规和公司章程的规定，履行监事职务。

【例题与解析】甲、乙、丙三人共同出资 80 万元设立了纬东有限责任公司，其中甲出资 40 万元，乙出资 25 万元，丙出资 15 万元。公司章程中规定的下列事项，符合《公司法》规定的有（　　）。

A. 由出资最多的人担任公司董事长

B. 由董事长担任公司的法定代表人

C. 公司只设 1 名监事，任期为 3 年

D. 公司经理可以签署 50 万元以内的合同

解析：正确答案为 A、B、C、D。①有限责任公司董事长、副董事长的产生办法由公司章程规定；②公司的法定代表人按照公司章程的规定，由代表公司执行公司事务的董事或者经理担任；③规模较小或者股东人数较少的有限责任公司，可以不设监事会，设 1 名监事，监事的任期每届为 3 年；④经理根据公司章程的规定或者董事会的授权行使职权。

3. 监事会会议

监事会主席召集和主持监事会会议；监事会主席不能履行职务或者不履行职务的，由过半数的监事共同推举1名监事召集和主持监事会会议。

监事会每年度至少召开一次会议，监事可以提议召开临时监事会会议。监事会的议事方式和表决程序，除《公司法》规定外，由公司章程规定。监事会决议应当经全体监事的过半数通过。监事会决议的表决，应当一人一票。监事会应当对所议事项的决定作成会议记录，出席会议的监事应当在会议记录上签名。

（四）董事、监事、高级管理人员的任职资格和义务

1. 对董事、监事、高级管理人员任职资格的限制

有下列情形之一的，不得担任公司的董事、监事、高级管理人员：①无民事行为能力或者限制民事行为能力；②因贪污、贿赂、侵占财产、挪用财产或者破坏社会主义市场经济秩序，被判处刑罚，或者因犯罪被剥夺政治权利，执行期满未逾5年，被宣告缓刑的，自缓刑考验期满之日起未逾2年；③担任破产清算的公司、企业的董事或者厂长、经理，对该公司、企业的破产负有个人责任的，自该公司、企业破产清算完结之日起未逾3年；④担任因违法被吊销营业执照、责令关闭的公司、企业的法定代表人，并负有个人责任的，自该公司、企业被吊销营业执照、责令关闭之日起未逾3年；⑤个人因所负数额较大债务到期未清偿被人民法院列为失信被执行人。除此之外，公司违反上述规定选举、委派董事、监事或者聘任高级管理人员的，该选举、委派或者聘任无效。董事、监事、高级管理人员在任职期间出现上述所列情形的，公司应当解除其职务。

案例与解析

开圆公司于2022年7月依法成立，现有数名推荐的董事人选：甲，因担任企业负责人犯重大责任事故罪于2013年6月被判处3年有期徒刑，2016年刑满释放；乙，与他人共同投资设立一家有限责任公司，持股75%，该公司长期经营不善，负债累累，于2018年被宣告破产；丙，2015年向他人借款1 000万元，为期2年，但因资金被股市套住至今未清偿，被人民法院列为失信被执行人；丁，曾任某音像公司董事长兼法定代表人，该公司因未经著作权人许可大量复制音像制品于2022年5月被市场监督管理部门吊销营业执照，丁负有个人责任。

请问： 上述哪些人员不能担任公司董事？为什么？

解析： 丙、丁不能担任。甲所犯之罪为重大责任事故罪，不属于禁止担任董事的犯罪类型，因此甲可以担任公司董事；乙可以，因为根据案例描述乙为股东，并未给出乙是董事的条件，更没给出乙对公司破产负个人责任的条件，因此也不属于禁止之列；丙不可以，因为其个人负数额较大的债务到期未清偿，被人民法院列为失信被执行人；丁不可以，因为其担任因违法被吊销营业执照的公司的法定代表人，并负有个人责任，自该公司、企业被吊销营业执照之日起未逾3年。

2. 董事、监事、高级管理人员的义务

董事、监事、高级管理人员应当遵守法律、行政法规和公司章程。董事、监事、高级管理人员对公司负有忠实义务，应当采取措施避免自身利益与公司利益冲突，不得利用职权牟取不正当利益。董事、监事、高级管理人员对公司负有勤勉义务，执行职务应当为公司的最大利益尽到管理者通常应有的合理注意。公司的控股股东、实际控制人不担任公司董事但实际执行公司事务的，适用上述规定。

董事、监事、高级管理人员不得有下列行为：①侵占公司财产、挪用公司资金；②将公司资金以个人名义或者以其他个人名义开立账户存储；③利用职权贿赂或者收受其他非法收入；④接受他人与公司交易的佣金归为已有；⑤擅自披露公司秘密；⑥违反对公司忠实义务的其他行为。

董事、监事、高级管理人员，直接或者间接与本公司订立合同或者进行交易，应当就与订立合同或者进行交易有关的事项向董事会或者股东会报告，并按照公司章程的规定经董事会或者股东会决议通过。董事、监事、高级管理人员的近亲属，董事、监事、高级管理人员或者其近亲属直接或者间接控制的企业，以及与董事、监事、高级管理人员有其他关联关系的关联人，与公司订立合同或者进行交易，适用上述规定。

董事、监事、高级管理人员，不得利用职务便利为自己或者他人谋取属于公司的商业机会。但是，有下列情形之一的除外：①向董事会或者股东会报告，并按照公司章程的规定经董事会或者股东会决议通过；②根据法律、行政法规或者公司章程的规定，公司不能利用该商业机会。

董事、监事、高级管理人员未向董事会或者股东会报告，并按照公司章程的规定经董事会或者股东会决议通过，不得自营或者为他人经营与其任职公司同类的业务。

董事、高级管理人员违反上述规定所得的收入应当归公司所有。

董事、监事、高级管理人员执行公司职务时违反法律、行政法规或者公司章程的规定，给公司造成损失的，应当承担赔偿责任。董事、高级管理人员执行职务，给他人造成损害的，公司应当承担赔偿责任；董事、高级管理人员存在故意或者重大过失的，也应当承担赔偿责任。公司的控股股东、实际控制人指示董事、高级管理人员从事损害公司或者股东利益的行为的，与该董事、高级管理人员承担连带责任。

四、有限责任公司的股权转让

想一想

如何理解股东优先购买权行使中的"同等条件"呢？

1. 股权转让的一般规定

有限责任公司的股东之间可以相互转让其全部或者部分股权。股东向股东以外的人转让股权，应当将股权转让的数量、价格、支付方式和期限等事项书面通知其他股东，其他股东在同等条件下有优先购买权。股东自接到书面通知之日起满 30 日未答复的，视为弃优先购买权。两个以上股东行使优先购买权的，协商确定各自的购买比例；协商不成的，按照转让时各自的出资比例行使优先购买权。公司章程对股权转让另有规定的，从其规定。

股东转让股权的，应当书面通知公司，请求变更股东名册；需要办理变更登记的，并请求公司向公司登记机关办理变更登记。公司拒绝或者在合理期限内不予答复的，转让人、受让人可以依法向人民法院提起诉讼。股权转让的，受让人自记载于股东名册时起可以向公司主张行使股东权利。

案例与解析

甲、乙、丙是某有限责任公司的股东，各占52%、22%和26%的股份。乙欲对外转让其所拥有的股份，与丁签订了一份股权转让协议，约定丁一次性将股权转让款支付给乙。此时甲表示愿以同等价格购买，只是要求分期付款。

请问： 甲是否享有优先购买权呢？

解析： 股东向股东以外的人转让股权，其他股东在同等条件下有优先购买权。本案中，甲虽表示愿以同等价格购买，但要求分期付款，不符合"同等条件"的要求，因此不能行使优先购买权，乙可以将股权转让给丁。

2. 股权转让的特殊规定

（1）在人民法院强制执行中的股权转让。人民法院依照法律规定的强制执行程序转让股东的股权时，应当通知公司及全体股东，其他股东在同等条件下有优先购买权。其他股东自人民法院通知之日起满 20 日不行使优先购买权的，视为放弃优先购买权。

（2）未届期股权和瑕疵股权的转让责任。股东转让已认缴出资但未届出资期限的股权的，由受让人承担缴纳该出资的义务；受让人未按期足额缴纳出资的，转让人对受让人未按期缴纳的出资承担补充责任。未按照公司章程规定的出资日期缴纳出资或者作为出资的非货币财产的实际价额显著低于所认缴的出资额的股东转让股权的，转让人与受让人在出资不足的范围内承担连带责任；受让人不知道且不应当知道存在上述情形的，由转让人承担责任。

（3）异议股东的回购请求权。有下列情形之一的，对股东会该项决议投反对票的股东可以请求公司按照合理的价格收购其股权：①公司连续5年不向股东分配利润，而公司该5年连续盈利，并且符合《公司法》规定的分配利润条件。②公司合并、分立、转让主要财产。③公司章程规定的营业期限届满或者章程规定的其他解散事由出现，股东会通过决议修改章程使公司存续。自股东会决议作出之日起60日内，股东与公司不能达成股权收购协议的，股东可以自股东会决议作出之日起90日内向人民法院提起诉讼。公司的控股股东滥用股东权利，严重损害公司或者其他股东利益的，其他股东有权请求公司按照合理的价格收购其股权。收购的本公司股权，应当在6个月内依法转让或者注销。④股东资格的继承取得。自然人股东死亡后，其合法继承人可以继承股东资格；但是，公司章程另有规定的除外。

3. 股权转让的记载

股东转让股权后，公司应当及时注销原股东的出资证明书，向新股东签发出资证明书，并相应修改公司章程和股东名册中有关股东及其出资额的记载。对公司章程的该项修改不需再由股东会表决。

第四节　股份有限公司

股份有限公司又称股份公司，是指公司全部资本分为等额股份，股东以其所认购股份为限对公司承担责任，公司以其全部财产对公司债务承担责任的公司。

一、股份有限公司特征

（1）股东责任的有限性。同有限责任公司相似，股份有限公司的股东仅以其所认购的股份为限对公司负责。

（2）公司资本的股份性。这是股份有限公司区别于有限责任公司的主要特征之一。股东通过认购股份（其表现形式是股票）出资，股东的出资额以股份为单位计算。

🤔想一想

股份有限公司有何优缺点？

（3）公司资本的开放性。股份有限公司在设立时既可以选择发起设立，也可以选择募集设立，公司成立后，还可以通过增资扩股等方式向广大社会公众募集资金。正因如此，各国公司法对股份有限公司的股东人数均无最高人数限制。股份有限公司的股份转让是自由的，一般不受限制。

（4）公司设立的复杂性。股份有限公司，尤其是采取募集方式设立的股份有限公司，因需对外招募股份，所以其设立程序较为复杂。

（5）公司组织浓厚的资合性。股份有限公司股东以其认购的股份为限对公司承担责任，公司信用的基础在于公司本身而不在于股东，而且通常由于公司股东人数众多，股东间并无人身信赖关系，是典型的资合公司。

二、股份有限公司的设立

1. 股份有限公司的设立方式

设立股份有限公司，可以采取发起设立或者募集设立的方式。发起设立，是指由发起人认购设立公司时应发行的全部股份而设立公司。募集设立，是指由发起人认购设立公司时应发行股份的一部分，其余股份向特定对象募集或者向社会公开募集而设立公司。以发起设立方式设立股份有限公司的，发起人应当认足公司章程规定的公司设立时应发行的股份。以募集设立方式设立股份有限公司的，发起人认购的股份不得少于公司章程规定的公司设立时应发行股份总数的35%；但是，法律、行政法规另有规定的，从其规定。募集设立股份有限公司的发起人应当自公司设立时应发行股份的股款缴足之日起30日内召开公司成立大会。发起人应当在成立大会召开15日前将会议日期通知各认股人或者予以公告。成立大会应当有持有表决权过半数的认股人出席，方可举行。以发起设立方式设立股份有限公司成立大会的召开和表决程序由公司章程或者发起人协议规定。

想一想

发起设立与募集设立有什么不同？

2. 股份有限公司的发起人

股份有限公司的发起人，是指按照《公司法》规定，制订公司章程，积极筹办公司事务，向公司认购股份，并在公司章程上签名或者盖章的人。股份有限公司发起人承担公司筹办事务。设立股份有限公司，应当有1人以上200人以下为发起人，其中应当有半数以上的发起人在中华人民共和国境内有住所。发起人应当签订发起人协议，明确各自在公司设立过程中的权利和义务。

有限责任公司设立时的责任，适用于股份有限公司。

公司设立时应发行的股份未募足，或者发行股份的股款缴足后，发起人在30日内未召开成立大会的，认股人可以按照所缴股款并加算银行同期存款利息，要求发起人返还。

3. 股份有限公司章程

设立股份有限公司，应当由发起人共同制订公司章程。股份有限公司章程应当载明下列事项：①公司名称和住所；②公司经营范围；③公司设立方式；④公司注册资本、已发行的股份数和设立时发行的股份数，面额股的每股金额；⑤发行类别股的，每一类别股的股份数及其权利和义务；⑥发起人的姓名或者名称、认购的股份数、出资方式；⑦董事会的组成、职权和议事规则；⑧公司法定代表人的产生、变更办法；⑨监事会的组成、职权和议事规则；⑩公司利润分配办法；⑪公司的解散事由与清算办法；⑫公司的通知和公告办法；⑬股东会认为需要规定的其他事项。采用募集方式设立的股份有限公司，由成立大会通过公司章程。

小知识

《最高人民法院关于适用〈中华人民共和国公司法〉若干问题的规定（三）》第1条规定："为设立公司而签署公司章程、向公司认购出资或者股份并履行公司设立职责的人，应当认定为公司的发起人，包括有限责任公司设立时的股东。"

4. 股份有限公司的资本

股份有限公司的注册资本为在公司登记机关登记的已发行股份的股本总额。在发起人认购的股份缴足前，不得向他人募集股份。法律、行政法规以及国务院决定对股份有限公司注册资本最低限额另有规定的，从其规定。

公司章程或者股东会可以授权董事会在3年内决定发行不超过已发行股份50%的股份。但以非货币财产作价出资的应当经股东会决议。董事会依照上述规定决定发行股份导致公司注册资本、已发行股份数发生变化的，对公司章程该项记载事项的修改不需再由股东会表决。公司章程或者股东会授权董事会决定发行新股的，董事会决议应当经全体董事2/3以上通过。

有限责任公司关于股东可以用于出资财产的规定适用于股份有限公司。

~~~ 案例与解析 ~~~

李加和赵飞欲作为发起人募集设立一家股份有限公司，其拟订的基本构想包括以下内容：①为了方便公司国际化，5个发起人中的3个住所地在境外；②公司的注册资本为3 000万元，其中5个发起人认购1 000万元，其余的2 000万元向社会公开募集；③如果公司不能成立，由发起人和认股人共同承担相应的法律责任。

请问：李加和赵飞的基本构想中哪些不符合法律规定？为什么？

解析：①不合法，因为《公司法》要求须有半数以上的发起人在中华人民共和国境内有住所；②不合法，因为《公司法》要求以募集设立方式设立股份有限公司的，发起人认购的股份不得少于公司股份总数的 35%；③不合法，如果公司不能成立，由发起人承担相应法律责任。

三、股份有限公司的组织机构

（一）股东会

1. 股东会的性质和职权

股份有限公司股东会由全体股东组成。股东会是公司的权力机构，依照《公司法》的规定行使职权。只有一个股东的股份有限公司不设股东会。关于有限责任公司股东会职权的规定，适用于股份有限公司股东会。

2. 股东会会议和议事规则

股东会应当每年召开一次年会。有下列情形之一的，应当在 2 个月内召开临时股东会会议：①董事人数不足法定的人数或公司章程所定人数的 2/3 时；②公司未弥补的亏损达股本总额 1/3 时；③单独或者合计持公司股份 10%以上的股东请求时；④董事会认为必要时；⑤监事会提议召开时；⑥公司章程规定的其他情形。

【例题与解析】某股份有限公司，股本总额为 5 000 万元，董事会有 5 名成员，下列哪种情形下该公司应在 2 个月内召开临时股东会？（　　　　）

A. 董事会人数减至 4 人时　　　　　　B. 未弥补亏损达 1 500 万元时

C. 监事会提议召开时　　　　　　　　D. 持有该公司 8%股份的股东请求时

解析：正确答案是 C。董事人数为 4 人，符合《公司法》的最低要求，所以 A 不符；公司未弥补亏损 1 500 万元未达股本总额的 1/3，B 不符；C 符合法定条件；D 不够 10%以上股份。

股东会会议由董事会召集，董事长主持；董事长不能履行职务或者不履行职务的，由副董事长主持；副董事长不能履行职务或者不履行职务的，由过半数的董事共同推举一名董事主持。董事会不能履行或者不履行召集股东会会议职责的，监事会应当及时召集和主持；监事会不召集和主持的，连续 90 日以上单独或者合计持有公司 10%以上股份的股东可以自行召集和主持。单独或者合计持有公司 10%以上股份的股东请求召开临时股东会会议的，董事会、监事会应当在收到请求之日起 10 日内作出是否召开临时股东会会议的决定，并书面答复股东。

召开股东会会议，应当将会议召开的时间、地点和审议的事项于会议召开 20 日前通知各股东；临时股东会会议应当于会议召开 15 日前通知各股东。股东会不得对通知中未列明的事项作出决议。

【例题与解析】甲股份有限公司董事会于 5 月 10 日发出通知，定于 6 月 1 日召开临时股东会会议，审议发行公司债券及中期利润分配事宜。在如期举行的股东会会议上，通过了上述两项决议，会上还根据大股东 A 的提议，表决通过了增加一名董事的决议。试分析该临时股东会会议的三项决议是否合法，为什么？

解析：关于通过发生公司债券与中期利润分配方案的决议合法。但通过增加一名董事的决议不合法，临时股东会会议不得对通知中未列明的事项作出决议。

股东出席股东会会议，所持每一股份有一表决权，类别股股东除外。公司持有的本公司股份没有表决权。股东会作出决议，应当经出席会议的股东所持表决权过半数通过。股东会作出修改公司章程、增加或者减少注册资本的决议，以及公司合并、分立、解散或者变更公司形式的决议，应当经出席会议的股东所持表决权的 2/3 以上通过。股东会选举董事、监事，可以按照公司章程的规定或者股东会的决议，实行累积投票制。所谓累积投票制，是指股东会选举董事或者监事时，每一股份拥有与应选董事或者监事人数相同的表决权，股东拥有的表决权可以集中使用。

股东委托代理人出席股东会会议的，应当明确代理人代理的事项、权限和期限；代理人应当向公司提交股东授权委托书，并在授权范围内行使表决权。股东会应当对所议事项的决定作成会议记录，主持人、出席会议的董事应当在会议记录上签名。会议记录应当与出席股东的签名册及代理出席的委托书一并保存。

股份有限公司股东会、董事会决议无效、可撤销与不成立的规则与有限责任公司相同。

（二）董事会和经理

1. 董事会的性质和职权

股份有限公司的董事会是公司经营决策和业务执行机构。关于有限责任公司董事会职权的规定，适用于股份有限公司董事会。

2. 董事会的组成与董事的任期

股份有限公司设董事会。董事会成员为 3 人以上。规模较小或者股东人数较少的股份有限公司，可以不设董事会，设 1 名董事，行使《公司法》规定的董事会的职权。该董事可以兼任公司经理。股份有限公司可以按照公司章程的规定在董事会中设置由董事组成的审计委员会，行使《公司法》规定的监事会的职权，不设监事会或者监事。审计委员会成员为 3 名以上，过半数成员不得在公司担任除董事以外的其他职务，且不得与公司存在任何可能影响其独立客观判断的关系。公司董事会成员中的职工代表可以成为审计委员会成员。审计委员会作出决议，应当经审计委员会成员的过半数通过。审计委员会决议的表决，应当一人一票。审计委员会的议事方式和表决程序，除《公司法》有规定的外，由公司章程规定。公司可以按照公司章程的规定在董事会中设置其他委员会。有限责任公司董事会中职工董事设置的规定适用于股份有限公司。董事会设董事长 1 人，可以设副董事长。董事长和副董事长由董事会以全体董事的过半数选举产生。董事长召集和主持董事会会议，检查董事会决议的实施情况。副董事长协助董事长工作，董事长不能履行职务或者不履行职务的，由副董事长履行职务；副董事长不能履行职务或者不履行职务的，由过半数的董事共同推举一名董事履行职务。关于有限责任公司董事任期的规定，适用于股份有限公司。

3. 董事会会议

董事会会议分定期会议和临时会议。

董事会定期会议每年度至少召开两次，每次会议应当于会议召开 10 日前通知全体董事和监事。

代表 1/10 以上表决权的股东、1/3 以上的董事或者监事会，可以提议召开临时董事会会议。董事长应当自接到提议后 10 日内，召集和主持董事会会议。董事会召开临时会议，可以另定召集董事会的通知方式和通知时限。

董事会会议应有过半数的董事出席方可举行。董事会作出决议，应当经全体董事的过半数通过。董事会决议的表决，应当一人一票。董事会应当对所议事项的决定作成会议记录，出席会议的董事应当在会议记录上签名。董事会会议，应由董事本人出席；董事因故不能出席，可以书面委托其他董事代为出席，委托书应当载明授权范围。董事应当对董事会的决议承担责任。董事会的决议违反法律、行政法规或者公司章程、股东会决议，给公司造成严重损失的，参与决议的董事对公司负赔偿责任；经证明在表决时曾表明异议并记载于会议记录的，该董事可以免除责任。

【例题与解析】某股份有限公司董事会有 11 名董事，下列情形中，哪些决议可以通过？
（   ）

A. 5 名董事出席会议，一致同意 B. 7 名董事出席会议，4 名同意

C. 10 名董事出席会议，7 名同意 D. 6 名董事出席会议，一致同意

解析：正确答案是 C、D。董事会会议决议，必须经全体董事的过半数通过而非出席董事的过半数通过。

4. 经理

股份有限公司设经理，由董事会决定聘任或者解聘。经理对董事会负责，根据公司章程的规定或董事会的授权行使职权。经理列席董事会会议。公司董事会可以决定由董事会成员兼任经理。

（三）监事会

1. 监事会的性质与职权

监事会是公司的监督机构。关于有限责任公司监事会职权的规定，适用于股份有限公司监事会。监事会行使职权所必需的费用，由公司承担。

2. 监事会的组成及监事的任期

股份有限公司设监事会，监事会成员为 3 人以上。监事会成员应当包括股东代表和适当比例的公司职工代表，其中职工代表的比例不得低于 1/3，具体比例由公司章程规定。监事会中的职工代表由公司职工通过职工代表大会、职工大会或者其他形式民主选举产生。规模较小或者股东人数较少的股份有限公司，可以不设监事会，设 1 名监事，行使《公司法》规定的监事会的职权。股份有限公司可以按照公司章程的规定在董事会中设置由董事组成的审计委员会，行使本法规定的监事会的职权，不设监事会或者监事。

监事会设主席 1 人，可以设副主席。监事会主席和副主席由全体监事过半数选举产生。董事、高级管理人员不得兼任监事。

关于有限责任公司监事任期的规定，适用于股份有限公司监事。

3. 监事会会议

监事会主席召集和主持监事会会议；监事会主席不能履行职务或者不履行职务的，由监事会副主席召集和主持监事会会议；监事会副主席不能履行职务或者不履行职务的，由过半数的监事共同推举一名监事召集和主持监事会会议。

监事会每 6 个月至少召开一次会议。监事可以提议召开临时监事会会议。监事会的议事方式和表决程序，除《公司法》有规定的外，由公司章程规定。监事会决议应当经全体监事的过半数通过。监事会决议的表决，应当一人一票。监事会应当对所议事项的决定作成会议记录，出席会议的监事应当在会议记录上签名。

股份有限公司的董事、监事、高级管理人员的任职资格和义务，与有限责任公司相同。

（四）上市公司组织机构的特殊规定

上市公司，是指其股票在证券交易所上市交易的股份有限公司。《公司法》关于上市公司组织机构的特别规定主要体现在以下几个方面。

（1）独立董事。所谓独立董事是指不在公司担任除董事外的其他职务，并与其所受聘的上市公司及其主要股东不存在可能妨碍其进行独立客观判断的关系的董事。上市公司设独立董事，具体管理办法由国务院证券监督管理机构规定。

（2）审计委员会。上市公司在董事会中设置审计委员会的，董事会对下列事项作出决议前应当经审计委员会全体成员过半数通过：①聘用、解聘承办公司审计业务的会计师事务所；②聘任、

解聘财务负责人；③披露财务会计报告；④国务院证券监督管理机构规定的其他事项。

（3）董事会秘书。上市公司设董事会秘书，负责公司股东会和董事会会议的筹备、文件保管以及公司股东资料的管理，办理信息披露事务等事宜。

（4）上市公司章程。上市公司的公司章程除载明《公司法》第 95 条规定的事项外，还应当依照法律、行政法规的规定载明董事会专门委员会的组成、职权以及董事、监事、高级管理人员薪酬考核机制等事项。

（5）特殊决议规则。上市公司在 1 年内购买、出售重大资产或者向他人提供担保的金额超过公司资产总额 30% 的，应当由股东会作出决议，并经出席会议的股东所持表决权的 2/3 以上通过。上市公司董事与董事会会议决议事项所涉及的企业或者个人有关联关系的，该董事应当及时向董事会书面报告。有关联关系的董事不得对该项决议行使表决权，也不得代理其他董事行使表决权。该董事会会议由过半数的无关联关系董事出席即可举行，董事会会议所作决议须经无关联关系董事过半数通过。出席董事会会议的无关联关系董事人数不足 3 人的，应当将该事项提交上市公司股东会审议。

（6）母子公司交叉持股的限制。上市公司控股子公司不得取得该上市公司的股份。上市公司控股子公司因公司合并、质权行使等原因持有上市公司股份的，不得行使所持股份对应的表决权，并应当及时处分相关上市公司股份。

此外，上市公司应当依法披露股东、实际控制人的信息，相关信息应当真实、准确、完整。禁止违反法律、行政法规的规定代持上市公司股票。

四、股份发行和转让

1. 股份与股票

公司的资本划分为股份。股份是股份有限公司资本构成的最小单位，全部股份的总和即为公司资本的总额。公司的股份采取股票的形式。股票是公司签发的证明股东所持股份的凭证。公司发行的股票，应当为记名股票。

公司的全部股份，根据公司章程的规定择一采用面额股或者无面额股。采用面额股的，每一股的金额相等。公司可以根据公司章程的规定将已发行的面额股全部转换为无面额股或者将无面额股全部转换为面额股。采用无面额股的，应当将发行股份所得股款的 1/2 以上计入注册资本。

公司可以按照公司章程的规定发行下列与普通股权利不同的类别股：①优先或者劣后分配利润或者剩余财产的股份；②每一股的表决权数多于或者少于普通股的股份；③转让须经公司同意等转让受限的股份；④国务院规定的其他类别股。

公开发行股份的公司不得发行前述第②项、第③项规定的类别股；公开发行前已发行的除外。公司发行第②项的类别股的，对于监事或者审计委员会成员的选举和更换，类别股与普通股每一股的表决权数相同。

2. 股份发行

股份的发行，实行公平、公正的原则，同类别的每一股份应当具有同等权利。同次发行的同类别股份，每股的发行条件和价格应当相同；认购人所认购的股份，每股应当支付相同价额。面额股股票发行价格可以按票面金额，也可以超过票面金额，但不得低于票面金额。股票采用纸面形式或者国务院证券监督管理机构规定的其他形式。

〜⌇案例与解析 ⌇〜

甲股份有限公司是一家上市公司，该公司拟以增发股票的方式从市场融资，票面金额每股 10 元。公司董事会在讨论股票发行价格时出现了不同意见：董事甲认为当前股市行情低迷，应以低于票面金额的价格发行，便于快速募集资金；董事乙认为现公司股票的市场价格为15元，可在票面金额与15元之间定价，投资者易于接受；董事丙认为超过票面金额发行股票怕市场难以接受，应以票面金额10元作为发行价格；董事丁认为以高于票面金额的市场价格定价更有利于公司融资，故应争取以市场价格15元发行。

请问：上述意见中是否有不符合《公司法》规定的？

解析：董事甲的意见不合法。按照《公司法》的规定，面额股股票发行价格可以按票面金额，也可以超过票面金额，但不得低于票面金额。

公司发行新股，可以根据公司经营情况和财务状况，确定其作价方案。发起人向社会公开募集股份，应当公告招股说明书，并制作认股书。认股书应当载明法律规定的所列事项，由认股人填写认购股数、金额、住所，并签名或者盖章。认股人应当按照所认购股份缴纳股款。向社会公开募集股份的股款缴足后，应当经依法设立的验资机构验资并出具证明。公司向社会公开募集股份，应当由依法设立的证券公司承销，签订承销协议；应当同银行签订代收股款协议。公司发行股份募足股款后，应予公告。

3. 股份转让

股份转让是指股份有限公司的股份持有人依法自愿将自己的股份转让给他人，使他人取得股份成为股东的法律行为。股份有限公司的股东持有的股份可以向其他股东转让，也可以向股东以外的人转让；公司章程对股份转让有限制的，其转让按照公司章程的规定进行。

（1）转让场所。股东转让其股份，应当在依法设立的证券交易场所进行或者按照国务院规定的其他方式进行。

（2）转让方式。股票的转让，由股东以背书方式或者法律、行政法规规定的其他方式进行；转让后由公司将受让人的姓名或者名称及住所记载于股东名册。股东会会议召开前20日内或者公司决定分配股利的基准日前5日内，不得变更股东名册。法律、行政法规或者国务院证券监督管理机构对上市公司股东名册变更登记另有规定的，从其规定。

（3）转让限制。公司公开发行股份前已发行的股份，自公司股票在证券交易所上市交易之日起1年内不得转让。法律、行政法规或者国务院证券监督管理机构对上市公司的股东、实际控制人转让其所持有的本公司股份另有规定的，从其规定。公司董事、监事、高级管理人员应当向公司申报所持有的本公司的股份及其变动情况，在就任时确定的任职期间每年转让的股份不得超过其所持有本公司股份总数的25%；所持本公司股份自公司股票上市交易之日起1年内不得转让。上述人员离职后半年内，不得转让其所持有的本公司股份。公司章程可以对公司董事、监事、高级管理人员转让其所持有的本公司股份作出其他限制性规定。股份在法律、行政法规规定的限制转让期限内出质的，质权人不得在限制转让期限内行使质权。

（4）异议股东回购请求权。有下列情形之一的，对股东会该项决议投反对票的股东可以请求公司按照合理的价格收购其股份，公开发行股份的公司除外：①公司连续5年不向股东分配利润，而公司该5年连续盈利，并且符合本法规定的分配利润条件；②公司转让主要财产；③公司章程规定的营业期限届满或者章程规定的其他解散事由出现，股东会通过决议修改章程使公司存续。自股东会决议作出之日起60日内，股东与公司不能达成股份收购协议的，股东可以自股东会决议作出之日起90日内向人民法院提起诉讼。公司因法定情形收购的本公司股份，应当在6个月内依法转让或者注销。

（5）公司股份回购。股份有限公司不得收购本公司股份，但是，有下列情形之一的除外：①减少公司注册资本；②与持有本公司股份的其他公司合并；③将股份用于员工持股计划或者股权激励；④股东因对股东会作出的公司合并、分立决议持异议，要求公司收购其股份；⑤将股份用于转换公司发行的可转换为股票的公司债券；⑥上市公司为维护公司价值及股东权益所必需。公司因①②项规定的情形收购本公司股份的，应当经股东会决议；公司因③⑤⑥项规定的情形收购本公司股份的，可以依照公司章程的规定或者股东会的授权，经 2/3 以上董事出席的董事会会议决议。公司收购本公司股份后属于①项情形的，应当自收购之日起 10 日内注销；属于②④项情形的，应当在 6 个月内转让或者注销；属于③⑤⑥项情形的，公司合计持有的本公司股份数不得超过本公司已发行股份总额的 10%，并应当在 3 年内转让或者注销。上市公司收购本公司股份的，应当依照《证券法》的规定履行信息披露义务。上市公司因③⑤⑥规定的情形收购本公司股份的，应当通过公开的集中交易方式进行。公司不得接受本公司的股份作为质权的标的。

（6）财务资助的禁止及例外。公司不得为他人取得本公司或者其母公司的股份提供赠与、借款、担保以及其他财务资助，公司实施员工持股计划的除外。为公司利益，经股东会决议，或者董事会按照公司章程或者股东会的授权作出决议，公司可以为他人取得本公司或者其母公司的股份提供财务资助，但财务资助的累计总额不得超过已发行股本总额的 10%。董事会作出决议应当经全体董事的 2/3 以上通过。违反上述规定，给公司造成损失的，负有责任的董事、监事、高级管理人员应当承担赔偿责任。

（7）股东资格的继承。自然人股东死亡后，其合法继承人可以继承股东资格；但是，股份转让受限的股份有限公司的章程另有规定的除外。

📖 本章小结

公司是依照公司法设立的，以营利为目的的企业法人。公司具有营利性、法人性、法定性等特征。《公司法》承认的公司基本形态是有限责任公司和股份有限公司。《公司法》调整公司的全部组织关系和公司的部分经营关系。公司的设立、组织、活动和解散都要严格按照《公司法》的规定进行。

📖 综合练习题

第三章 税 法

学习目标

通过对本章的学习，了解税法的概念和特征；了解税收法律关系和税法的构成要素；了解增值税、消费税、企业所得税以及个人所得税等重要税种。

关键概念

税收　税法　纳税义务人　税率　征税对象　增值税　消费税　企业所得税　个人所得税

引导案例

北京某广告公司已被认定为增值税一般纳税人，该公司取得广告制作费800万元（含税），支付给山西某媒体广告发布费400万元（不含税），取得增值税专用发票。此外，当期该广告公司可抵扣的进项税额为15万元，则该公司该月的增值税为多少万元？

解：广告公司适用的增值税税率为6%，根据以下公式计算应纳税额。

应纳税额=当期销项税额-当期进项税额

销项税额(含税)=(不含税)销售额×税率

销项税额(不含税)=(含税)销售额÷(1+税率)×税率

则，

应纳税额=800÷(1+6%)×6%-400×6%-15=6.28（万元）

第一节　税 法 概 述

税法是税收制度的法律表现形式，税法确定的具体内容就是税收。因此，要在理解税收的基础上，掌握税法知识。

一、税收的特征

税收是国家为了满足社会公共利益的需要，依靠公共权力，按照法定标准和程序强制、无偿地取得财政收入，参与国民收入分配的一种方式。

税收的概念表明：①税收是国家取得财政收入的重要工具，体现了一种分配关系；②税收是国家筹集财政收入的主要形式，国家征税的目的是满足国家提供公共产品的需要；③税收必须按照法律规定的标准和程序进行。

税收的特征也是指税收的形式特征，是税收分配形式区别于其他缴纳形式的质的规定性。税收具有以下特征。

（1）强制性。税收是国家通过政治权力，对社会产品通过法律形式进行的强制性分配，而不是纳税人自愿缴纳的。纳税人必须依法按时、足额纳税，否则会受到法律制裁。

（2）无偿性。无偿性是指在具体征税过程中，国家征税后税款即为国家所有，不再归还给纳税人。

（3）固定性。国家用法律的形式，将每个税种的征税对象、纳税主体、税率、纳税期限等预先确定下来，以便税务机关和纳税人共同遵守。

以上三个特征是有机统一的：强制性是实现税收无偿征收的保障，无偿性是税收特殊分配方式的体现，固定性是无偿性和强制性的必然要求。

二、税法的税收法律关系

税法是国家制定的，用以调整国家与纳税人之间在征纳税方面的权利与义务关系的法律规范的总称。

税法是义务性法规，以规定纳税人义务为主，纳税人的权利是建立在纳税义务的基础上的。这也是由税收的无偿性和强制性特征决定的。税法是综合性法规，是由一系列单行税收法律法规及行政规章制度组成的体系。

税收法律关系，是指税法确认和调整的国家与纳税人之间在税收分配过程中形成的权利与义务关系。税收法律关系的特点为：①主体的一方只能是国家，体现国家单方面意志。②权利义务不对等。国家享有权利较多，承担义务较少；纳税人则相反。③财产转移具有单方面性、无偿性和连续性等特点。

税收法律关系是由权利主体、权利客体和内容三方面构成的。

（1）权利主体。在我国税收法律关系中，权利主体一方是税务行政执法机关，包括各级税务机关、海关和财政部门等；另一方是负有缴税义务的单位和个人，包括自然人、法人和其他组织等。

（2）权利客体。权利客体是税收法律关系主体的权利义务共同指向的对象，包括货币、实物和行为等。

（3）税收法律关系的内容。税收法律关系的内容是权利主体所享有权利和应承担的义务，如果违反了这些规定，必须承担相应的法律责任。

三、税法的构成要素

税法的构成要素是构成税法的必要因素，是税法必不可少的内容。

1. 纳税义务人

纳税义务人又称纳税主体，是税法规定直接负有纳税义务的自然人、法人和其他组织。任何一个税种都要解决对谁征税的问题，所以纳税义务人是最基本的税法构成要素。

小知识

与纳税义务人紧密联系的概念

与纳税义务人紧密联系的概念有如下两个。

（1）代扣代缴义务人，指虽不承担纳税义务，但依照规定，在向纳税人支付收入、结算货款、收取费用时有义务代扣代缴其应纳税款的单位和个人。例如，出版社代扣作者稿酬所得的个人所得税，出版社即为代扣代缴义务人。

（2）代收代缴义务人，指虽不承担纳税义务，但是按照规定，在向纳税人收取商品或者劳务收入时，有义务代收代缴其应纳税款的单位和个人。例如，委托加工的应税消费品，由受托方在向委托方交货时代收代缴委托方应该缴纳的消费税，受托方即为代收代缴义务人。

2. 征税对象

征税对象，是征税的直接对象或者标的，即税法规定对什么征税。征税对象是一个税种区别于另一个税种的重要标志。征税对象十分广泛，包括商品、劳务所得、财产、资源、行为等。我国现行税收法律中，每一税种都有自己特定的征税对象。

3. 税目

税目是税法对征税对象分类规定的具体的征税项目。税法中对税目的规定，明确了具体的征税范围。比如消费税具体规定了烟、酒、高档化妆品等 15 个税目；个人所得税设置了工资、薪金所得等 9 个税目。

4. 税率

税率是对征税对象的征收比例或征收额度，是计算应纳税额的尺度，也是衡量税负轻重的标志。我国现行税率分为四类。

（1）比例税率。比例税率是指对同一征税对象，不论数额大小，均按照同一比例计算应纳税额的税率。比如增值税，我国增值税的基本税率是 13%，而境内单位和个人跨境销售国务院规定范围内的服务、无形资产，税率为零。

（2）累进税率。累进税率是指随着征税对象的数额由低到高逐渐累进，税率也逐级提高。累进税率可以分为全额累进税率、超额累进税率、超率累进税率等。因全额累进税率违背公平原则，故一般不予采用。①超额累进税率，是将同一征税对象划分为若干等级，每个等级规定相应的税率，分别计算税额，然后将计算结果相加，得出应纳税款数额的税率。②超率累进税率，是将征税对象数额的相对比率划分成若干等级，分别规定相应的差别税率。一定数量的征税对象可以同时适用几个等级部分的税率，比如我国的土地增值税。

（3）定额税率。定额税率是指根据按征税对象确定的计算单位，直接规定一个固定的税额。车船税、城镇土地使用税就是这种税率。

（4）特殊税率。在税法的实施过程中，还有一些特殊税率。比如零税率，是指对某种征税对象或某个特定环节上的征税对象，以零表示的税率。零税率不是不征税，也不是免税，而是征税后实际负担的税额为零。我国现行增值税对出口货物实行的即是零税率。

5. 纳税环节

纳税环节是指应税商品在整个流转过程中，税法规定应当缴纳税款的环节。一般地，商品从生产到消费要经过多个环节，在税收上只选择其中一个或者几个环节作为缴纳税款的环节。比如增值税就是在货物生产、批发和零售等环节征税的。

6. 其他要素

税法的其他要素具体如下。

（1）纳税期限。纳税期限即税法规定的缴纳税款的具体期限。这是税收强制性、固定性在时间上的体现。超过期限未缴税的，属于欠税，应依法加收滞纳金。

（2）纳税地点。一般根据各个税种纳税对象的纳税环节和有利于税款控制的原则，规定纳税人具体纳税的地点。

（3）减免税。减税是减征部分税额，免税是免征全部应税税额。减免税是对特定的纳税对象或纳税人给予的鼓励和照顾的优惠措施。

（4）法律责任。纳税人违反税法时应承担否定性后果，或受到法律制裁。

另外，在实际工作中，要考虑具体时间、具体地区的税收政策。

第二节　增　值　税

一、增值税的特征

增值税是以商品在流转过程中产生的增值额为计税依据而征收的一种流转税。增值额是企业在生产经营过程中新创造的那部分价值。增值税具有以下几个特征。

1. 体现中性税收的特点

增值税只对增值额征税，对以前环节中已经征过税的那部分不再征税。这样就可以使企业按照最佳效益的原则进行生产要素的优化组合，调整生产经营结构。由此可见，增值税是中性税种，避免了按照销售全额计税带来的重叠征税的弊端。

小知识

我们可以把苹果罐头的生产过程简单分为以下三个步骤：种植苹果、加工罐头和包装销售。假定苹果罐头是最终的产品，而种植苹果和加工包装为中间生产过程，每个过程增值 100 元。因此，罐头生产过程中每一阶段的价值为

种植苹果的价值=100（元）

加工罐头后的价值=100+100=200（元）

包装销售后的价值=100+100+100=300（元）

在营业税改征增值税之前，我国实施营业税，对每一环节的产品价值征税。假定营业税税率是 16%，那么：

种植苹果应当缴纳营业税=100×16%=16（元）

加工罐头应当缴纳营业税=200×16%=32（元）

包装销售应当缴纳营业税=300×16%=48（元）

总共征收产品税=16+32+48=96（元）

因此营业税存在着重复征税的情况。

如果把营业税改为增值税，即只对增值额征税。假定增值税税率是 13%，那么：

种植苹果应当缴纳增值税=100×13%=13（元）

加工罐头应当缴纳增值税=100×13%=13（元）

包装销售应当缴纳增值税=100×13%=13（元）

总共征收增值税=13+13+13=39（元）

2. 多环节征税扣税

凡是进行生产经营的单位和个人，只要经营中产生了增值额，就要缴纳相应税金，同时还实行税款抵扣制度，在逐环节征税的同时，实行逐环节扣税。可见，增值税既有普遍性又有即时性。

3. 加强税收管理，堵塞税收漏洞

增值税采取间接计算法，按照销货发票上注明的税款进行扣税，一个纳税人扣除的税额，是上一环节纳税人供应商品或者劳务时已经缴纳的税额，这就使购销关系的当事人形成相互牵制的关系。纳税人要在销货发票上注明税款，如果不注明，购入其商品或者劳务的纳税人就没有税款可以扣除，税负就转嫁到了后一个纳税人身上，从而每个纳税人都形成了相互牵制、相互监督的关系。

4. 最终消费者是全部税款的承担者

增值税各环节的经营者作为纳税人只是把从买方收取的税款转交给政府，经营者本身实际上没有承担增值税税款，经营者在出售货物的同时也出售了该货物所承担的增值税，直到货物最终卖给消费者，货物在以前环节已经缴纳的税款连同本环节的税款一同转嫁给最终消费者。

二、征税范围、纳税义务人和税率

（一）征税范围

增值税的征税范围包括销售货物、提供应税劳务、进口货物。

1. 销售货物

货物，是指除土地、房屋和其他建筑物等不动产之外的有形动产，包括电力、热力在内。

（1）一般销售货物。一般销售货物是指境内有偿转让货物的所有权。有偿，是指从购买方取得货币、货物或者其他经济利益。

（2）视同销售货物。视同销售货物包括以下情形：①将货物交付其他单位或者个人代销；②销售代销货物；③设有两个以上机构并实行统一核算的纳税人，将货物从一个机构移送其他机构用于销售，但相关机构设在同一县（市）的除外；④将自产或者委托加工的货物用于非增值税应税项目；⑤将自产、委托加工的货物用于集体福利或者个人消费；⑥将自产、委托加工或者购进的货物作为投资，提供给其他单位或者个体工商户；⑦将自产、委托加工或者购进的货物分配给股东或者投资者；⑧将自产、委托加工或者购进的货物无偿赠送给其他单位或者个人。

2. 提供应税劳务

提供应税劳务主要有提供加工、修理修配劳务两类。

加工，是指受托加工货物，即委托方提供原料及主要材料，受托方按照委托方的要求，制造货物并收取加工费的业务；修理修配，是指受托对损伤和丧失功能的货物进行修复，使其恢复原状和功能的业务。单位或者个体工商户聘用的员工为本单位或者雇主提供加工、修理修配劳务的，不包括在内。

3. 进口货物

进口货物，是指进入中国境内的货物。对于进口货物，除依法征收关税外，还应在进口环节征收增值税。

4. 属于征税范围内的特殊项目

属于增值税征税范围内的特殊项目具体如下：①货物期货（包括商品期货和贵金属期货），应当征收增值税，在期货的实物交割环节征税；②银行销售金银的业务，应当征收增值税；③典当业的死当物品销售业务和寄售业代委托人销售寄售物品的业务，均应征收增值税；④集邮商品（如邮票、首日封等）的生产以及邮政部门以外的其他单位和个人销售的，均应征收增值税。

5. 对兼营和混合销售行为的特殊规定

增值税兼营和混合销售行为的区别为：①销售行为从属关系不同。兼营是指纳税人经营的业务中包括两项或多项销售行为，但是这两项或多项销售行为没有直接的关联和从属关系，业务的发生互相独立。混合销售是一项销售行为，虽然涉及货物、服务等，但二者之间有直接关联或互为从属关系。②实务处理不同。混合销售行为强调的是在同一项销售行为（同一业务）中存在两者的混合且价款难以分清。兼营行为强调的是在纳税人的经营活动中存在着两类不同性质的应税项目，即不是在同一销售行为（同一业务）中发生或不同时发生在同一个购买者（客户）身上。③货物和劳务关系不同。混合销售和兼营行为的判定标准，主要是看其销售货物的行为与提供劳务的行为是否同时发生在同一业务中，如果是则为混合销售行为，如果不是则为兼营行为。

（二）纳税义务人

1. 纳税人

在我国境内销售货物或者提供加工、修理修配劳务以及进口货物的单位和个人，为增值税的纳税人。单位租赁或者承包给其他单位或者个人经营的，以承租人或者承包人为纳税人。报关进口货物的纳税人是进口货物收货人或报关进口单位。代理进口的，以海关完税凭证（专用缴款书）上的纳税人为增值税的纳税人。

2. 扣缴义务人

我国境外的单位或者个人在境内提供应税劳务，在境内未设有经营机构的，以其境内代理人为扣缴义务人；在境内没有代理人的，以购买方为扣缴义务人。

（三）税率

增值税的税率一般有以下四种类型。

1. 基本税率

纳税人提供加工、修理修配劳务，销售或进口货物，以及提供有形动产租赁服务的，税率为13%。

2. 低税率

（1）税率 9%。纳税人经营粮食等农产品、食用植物油、食用盐；自来水、暖气、冷气、热水、煤气、石油液化气、天然气、二甲醚、沼气、居民用煤炭制品；图书、报纸、杂志、音像制品、电子出版物；饲料、化肥、农药、农机、农膜；国务院规定的其他货物的，税率为 9%。转让土地使用权、销售不动产、提供不动产租赁服务、提供建筑服务、提供交通运输服务、提供邮政服务、提供基础电信服务的，税率也为 9%。

（2）税率 6%。纳税人从事金融服务、增值电信服务、现代服务（租赁服务除外），提供生活服务，销售无形资产，税率为 6%。

3. 零税率

我国对纳税人出口货物（国务院另有规定的除外），跨境销售国务院规定范围内服务、无形资产，实行零税率。

4. 征收率

征收率为 3% 的情形包括：小规模纳税人销售货物或者提供加工、修理修配劳务，提供应税服务、销售无形资产；一般纳税人发生按规定适用或者可以选择适用简易计税方法计税的特定应税行为，但适用 5% 征收率的除外。

对销售不动产、不动产经营租赁等实行 5% 的征收率。

三、应纳税额的计算

增值税应纳税额的计算，有三种情况：一是一般纳税人应纳税额的计算；二是小规模纳税人应纳税额的计算；三是进口货物应纳税额的计算。

（一）一般纳税人应纳税额的计算

一般纳税人计算本月应纳增值税额的基本公式为

$$应纳增值税额=当期销项税额-当期进项税额$$

1. 销项税额

销项税额是指增值税纳税人销售货物，提供加工、修理修配劳务，销售应税服务、无形资产或者不动产，按照销售额和适用税率计算并向购买方收取的增值税税额。

在销项税额的计算中，销售额包括不含税和含税两种，所以分为以下两种情况：

$$销项税额=(不含税)销售额×税率$$
$$销项税额=(含税)销售额÷(1+税率)×税率$$

【例题与解析】某钢铁公司向某机械公司出售一批钢材，出厂价格为 1 000 万元（不含税），增值税适用税率为13%。

2. 进项税额

进项税额是指纳税人购进货物，加工、修理修配劳务，服务，无形资产或者不动产，支付或者负担的增值税额。在企业缴税时，销项税额扣减进项税额后的数字，才是应缴纳的增值税。因此进项税额的大小直接关系到纳税额的多少。

（1）准予从销项税额中抵扣的进项税额，包括：①纳税人购进货物或应税劳务，从销货方取得增值税专用发票上注明的增值税额；②从海关取得的海关进口增值税专用缴款书上注明的增值税额；③取得农产品销售发票或者收购发票的，以农产品销售发票或收购发票上注明的农产品买价和9%的扣除率计算进项税额；④自境外单位或者个人购进劳务、服务、无形资产或者境内不动产，从税务机关或者扣缴义务人取得的代扣代缴税款的完税凭证上面注明的增值税额。

【例题与解析】某粮油厂向某农场购进粮食（适用税率9%），收购发票上的金额为6000元，请计算准予抵扣的进项税额。

解析：

$$准予抵扣的进项税额 = 6\,000 \times 9\% = 540（元）$$

> **🔖 小知识**
>
> 不得从销项税额中抵扣的进项税额是个难点。一般地，当购进货物或者应税劳务不能伴随生产经营过程转化为产成品产生销项税额时，其进项税额不得抵扣。

（2）不得从销项税额中抵扣的进项税额，包括：①用于简易计税方法计税项目、免征增值税项目、集体福利或者个人消费的购进货物、劳务服务、无形资产和不动产；②非正常损失的购进货物及相关的劳务和交通运输服务；③非正常损失的在产品、产成品所耗用的购进货物（不包括固定资产）、劳务和交通运输服务；④国务院规定的其他项目。

（二）小规模纳税人应纳税额的计算

对月销售额10万元以下（含本数）的增值税小规模纳税人，免征增值税。

增值税小规模纳税人适用3%征收率的应税销售收入，减按1%征收率征收增值税；适用3%预征率的预缴增值税项目，减按1%预征率预缴增值税。

应纳税额的计算公式：

$$应纳税额 = (不含税)销售额 \times 征收率$$

含税销售额的换算：

$$不含税销售额 = 含税销售额 \div (1 + 征收率)$$

（三）进口货物应纳税额的计算

$$应纳税额 = 组成计税价格 \times 税率$$
$$组成计税价格 = 关税完税价格 + 关税 + 消费税$$
$$= 关税完税价格 \times (1 + 关税率) + 消费税$$
$$= 关税完税价格 \times (1 + 关税率) \div (1 - 消费税率)$$

【例题与解析】某单位本月从国外购入一批货物，货物到岸的完税价格为800万元，经计算缴纳关税100万元，消费税100万元，计算该批货物应当缴纳的增值税额。

解析：

$$组成计税价格 = 800 + 100 + 100 = 1\,000（万元）$$
$$应纳增值税额 = 1\,000 \times 13\% = 130（万元）$$

四、增值税的征税管理

1. 增值税的纳税义务发生时间

（1）纳税人发生应税行为并收讫销售款项或者取得索取销售款项凭据的当天为纳税义务发生时间；先开具发票的，为开具发票的当天。收讫销售款项，是指纳税人销售服务、无形资产、不动产过程中或者完成后收到款项。取得索取销售款项凭据的当天，是指书面合同确定的付款日期；未签订书面合同或者书面合同未确定付款日期的，为服务、无形资产转让完成的当天或者不动产权属变更的当天。

（2）纳税人提供建筑服务、租赁服务采取预收款方式的，其纳税义务发生时间为收到预收款的当天。

（3）纳税人从事金融商品转让的，纳税义务发生时间为金融商品所有权转移的当天。

（4）除公益行为外，纳税人向其他单位、个人无偿提供服务或无偿转让无形资产或不动产，应视为发生应税行为，纳税义务发生时间为服务、无形资产转让完成的当天或不动产权属变更当天。

（5）增值税扣缴义务发生时间为纳税人增值税纳税义务发生的当天。

2. 增值税的纳税期限

增值税的纳税期限分别为1日、3日、5日、10日、15日、1个月或1个季度。纳税人的具体纳税期限，由主管税务机关根据纳税人应纳税额的大小分别核定。以1个季度为纳税期限的规定适用于小规模纳税人、银行、财务公司、信托投资公司、信用社，以及财政部和国家税务总局规定的其他纳税人。不能按照固定期限纳税的，可以按次纳税。

纳税人以1个月或者1个季度为1个纳税期的，自期满之日起15日内申报纳税；以1日、3日、5日、10日或15日为1个纳税期的，自期满之日起5日内预缴税款，于次月1日起15日内申报纳税并结清上月应纳税款。

扣缴义务人解缴税款的期限，按照上述规定执行。

3. 增值税的纳税地点

（1）固定业户应当向其机构所在地或者居住地主管税务机关申报纳税。总机构和分支机构不在同一县（市）的，应当分别向各自所在地的主管税务机关申报纳税；经财政部和国家税务总局或者其授权的财政和税务机关批准，可以由总机构汇总向总机构所在地的主管税务机关申报纳税。

（2）非固定业户应当向应税行为发生地主管税务机关申报纳税；未申报纳税的，由其机构所在地或者居住地主管税务机关补征税款。

（3）其他个人提供建筑服务、销售或者租赁不动产、转让自然资源使用权的，应向建筑服务发生地、不动产所在地、自然资源所在地主管税务机关申报纳税。

（4）扣缴义务人应当向其机构所在地或者居住地主管税务机关申报缴纳扣缴的税款。

第三节　消　费　税

消费税是对我国境内从事生产、委托加工和进口应税消费品的单位和个人就其销售额或销售数量，在特定环节征收的一种流转税。

消费税实行价内税，只在应税消费品的生产、委托加工和进口环节缴纳，在以后的批发、零售等环节，由于价款中已包含消费税，因此不用再

> **想一想**
>
> 消费税和增值税的不同点有哪些？

缴纳消费税。税款最终由消费者承担。

一、消费税的特征

消费税具有如下特征。

（1）消费税以税法规定的特定产品为征税对象。目前税法明确列举了 15 个税目，除此之外，其他商品不征收消费税。

（2）消费税只在生产（进口）、流通或者消费的某一环节征收一次税负。

（3）消费税征收的方法具有多样性。

（4）消费税是国家运用税收杠杆对某些消费品或消费行为进行特殊调节的税种。

二、纳税义务人

消费税的纳税义务人是指在中华人民共和国境内生产、委托加工和进口应税消费品的单位和个人，以及《消费税暂行条例》规定的消费品的其他单位和个人，应当依照《消费税暂行条例》缴纳消费税。单位，是指企业、行政单位、事业单位、军事单位、社会团体及其他企业；个人，是指个体工商户及其他个人；在中华人民共和国境内，是指生产、委托加工和进口属于应当缴纳消费税的消费品的起运地或者所在地在我国境内。

三、应纳税额的计算

（一）生产销售环节应纳消费税的计算

1. 实行从量定额计征办法的计税依据

我国消费税对黄酒、啤酒、汽油、柴油等实行定额税率，采用从量定额的办法征税，其计税依据是纳税人销售应税消费品的数量。其计税公式为

$$应纳税额 = 销售数量 \times 定额税率$$

【例题与解析】某酒厂销售甲类啤酒 1 000 吨，单位税额为 250 元/吨。试计算当月该酒厂应纳的消费税税额。

解析：

$$应纳税额 = 1\,000 \times 250 = 250\,000（元）$$

2. 实行从价定率计征办法的计税依据

实行从价定率办法征税的应税消费品，消费税的计税依据为应税消费品的销售额。应纳税额的计算公式为

$$应纳税额 = 应税消费品的销售额 \times 比例税率$$

【例题与解析】甲企业向 A 企业销售一批烟丝，含税销售额为 113 万元，消费税税率为 30%，增值税税率为 13%，计算应纳消费税和增值税。

解析：

$$不含税的销售额 = 113 \div (1+13\%) = 100（万元）$$
$$应纳消费税 = 100 \times 30\% = 30（万元）$$
$$应纳增值税 = 100 \times 13\% = 13（万元）$$

（二）自产自用应税消费品应纳税额的计算

纳税人自产自用的应税消费品，凡用于其他方面，应当纳税。具体分为以下两种情况。

（1）有同类消费品的销售价格的，按照纳税人生产的同类消费品的销售价格计算应纳税额。

$$应纳税额 = 同类消费品销售价格 \times 自产自用数量 \times 适用税率$$

（2）没有同类消费品销售价格的，应按组成计税价格计算应纳税额。组成计税价格计算公式为

$$组成计税价格=(成本+利润)\div(1-消费税税率)$$
$$=[成本\times(1+成本利润率)]\div(1-消费税税率)$$
$$应纳税额=组成计税价格\times适用税率$$

上式中的"成本"是指应税消费品的产品生产成本；"利润"是指根据应税消费品的全国平均成本利润率计算的利润。应税消费品全国平均成本利润率由国家税务总局确定。

【例题与解析】某酒类股份有限公司为增值税一般纳税人，为某企业特制一批白酒，用自产原浆白酒 250 千克勾兑白酒 490 千克，无同类白酒的销售价格，白酒生产成本为 480 元/千克。已知：白酒的利润率为 10%，消费税税率为 20%，定额税率为 1 元/千克，白酒消费税计税价格核定比例为 60%。请计算该批白酒应缴纳的消费税。

解析：

应缴纳消费税=[490×480×(1+10%)+490×1]/(1-20%)×20%+490×1=65 292.5（元）

销售自产应税消费品，无同类白酒的销售价格的，按照组成计税价格计税，实行复合计税法计算纳税的，组成计税价格=(成本+利润+自产自用数量×定额税率)/(1-消费税的比例税率)。

（三）委托加工应税消费品应纳税额的计算

1. 委托加工应税消费品的确定

委托加工的应税消费品，是指由委托方提供原料和主要材料，受托方只收取加工费和代垫部分辅助材料进行加工的应税消费品。

2. 委托加工应税消费品组成计税价格的计算

（1）委托加工的应税消费品，按照受托方的同类消费品的销售价格计算应纳税额。

$$应纳税额=同类消费品销售价格\times委托加工数量\times适用税率$$

（2）没有同类消费品销售价格的，按照组成计税价格计算应纳税额。组成计税价格计算公式为

$$组成计税价格=(材料成本+加工费)\div(1-消费税税率)$$
$$应纳税额=组成计税价格\times适用税率$$

【例题与解析】甲企业为增值税一般纳税人，4 月接受某烟厂委托加工烟丝，甲企业自行提供烟叶的成本为 35 000 元，代垫辅助材料 2 000 元（不含税），发生加工支出 4 000 元（不含税），烟丝的成本利润率为 5%，适用的消费税税率为 30%。计算甲企业应纳消费税。

解析：

组成计税价格=(35 000+2 000+4 000)÷(1-30%)=58 571.4（元）

应纳消费税税额=58 571.4×30%=17 571.4（元）

（四）进口应税消费品应纳税额的计算

（1）实行从价定率办法计算应纳税额的，按照组成计税价格计算应纳税额。组成计税价格计算公式为

$$组成计税价格=(关税完税价格+关税)\div(1-消费税税率)$$
$$应纳税额=组成计税价格\times适用税率$$

（2）实行从量定额办法的应税消费品的应纳税额的计算公式为

$$应纳税额=应税消费品数量\times定额税率$$

四、消费税的征税管理

1. 消费税纳税义务发生时间

（1）纳税人销售应税消费品的，其纳税义务发生时间为：①纳税人采取赊销和分期收款结算方式的，其纳税义务发生时间为销售合同规定的收款日期的当天；②纳税人采取预收货款结算方式的，其纳税义务发生时间为发出应税消费品的当天；③纳税人采取托收承付结算方式的，其纳税义务发生时间为发出应税消费品并办妥托收手续的当天；④纳税人采取其他结算方式的，其纳税义务发生时间为收讫销售款或者取得索取销售款凭据的当天。

（2）纳税人自产自用应税消费品的，其纳税义务发生时间为移送使用的当天。

（3）纳税人委托加工应税消费品的，其纳税义务发生时间为纳税人提货的当天。

（4）纳税人进口应税消费品的，其纳税义务发生时间为报关进口的当天。

2. 消费税纳税义务发生地点

纳税人销售应税消费品以及自产自用应税消费品，除国务院财政、税务主管部门另有规定外，应当向纳税人机构所在地或者居住地的主管税务机关申报纳税。

委托加工的应税消费品，除委托个人加工以外，由受托方向所在地或居住地的主管税务机关代收代缴消费税税款。委托个人加工的应税消费品，由委托方向其机构所在地或者居住地主管税务机关申报纳税。

进口的应税消费品，由进口人或者其代理人向报关地海关申报纳税。

纳税人到外县（市）销售或者委托外县（市）代销自产应税消费品的，于应税消费品销售后，向机构所在地或者居住地主管税务机关申报纳税。

纳税人的总分支机构不在同一县（市），但在同一省（自治区、直辖市）范围内的，经省（自治区、直辖市）财政厅（局）、国家税务总局审批同意，可以由总机构汇总向总机构所在地的主管税务机关申报纳税。

第四节　企业所得税

一、企业所得税的特征

企业所得税是对我国境内企业和其他取得收入的组织的生产经营所得和其他所得征收的一种税收。

企业分为居民企业和非居民企业。居民企业是指依照中国法律、法规在中国境内成立，或者依照外国（地区）法律成立但实际管理机构在中国境内的企业。非居民企业是指依照外国（地区）法律、法规成立且实际管理机构不在中国境内，但在中国境内设立机构、场所的，或者在中国境内未设立机构、场所，但有来源于中国境内所得的企业。例如，国外企业在我国设立的代表处及其他分支机构等。非居民企业当中所谓的机构、场所包括：①管理机构、营业机构、办事机构；②工厂、农场、开采自然资源的场所；③提供劳务的场所；④从事建筑、安装、装配、修理、勘探等工程作业的场所；⑤其他从事生产经营活动的机构、场所。

企业所得税具有以下特征：①将企业划分为居民企业和非居民企业。②征税对象为应纳所得税额。企业应纳所得税额是企业在一个纳税年度的应税收入总额扣除各项成本、费用、税金和损失后的余额，而不是依据会计制度的规定计算出来的利润总额。③征税以量能负担为原则。所得多的多缴税，所得少的少缴税，没有所得的不缴税。④实行按年计征、分期预缴的办法。

二、征税对象、纳税义务人和税率

（一）企业所得税的征税对象

1. 居民企业的征税对象

居民企业承担无限纳税义务，就来源于中国境内、境外的全部所得纳税。

2. 非居民企业的征税对象

非居民企业在中国境内设立机构、场所的，应当就其所设机构、场所取得的收入缴纳企业所得税；非居民企业在中国境内未设立机构、场所的，或者虽设立机构、场所但取得的所得与其所设机构、场所没有实际联系的，应当就其来源于中国境内的所得缴纳企业所得税。企业所得来源地的确定方法如表 3.1 所示。

表 3.1　企业所得来源地的确定方法

所得类型	所得来源地的确定
销售货物所得	按照交易活动发生地确定
提供劳务所得	按照劳务发生地确定
不动产转让所得	按照不动产所在地确定
动产转让所得	按照转让动产的企业或者机构、场所所在地确定
权益性投资资产转让所得	按照被投资企业所在地确定（不是权益性投资所得）
股息、红利等权益性投资所得	按照分配所得的企业所在地确定
利息所得、租金所得、特许权使用费所得	按照负担、支付所得的企业或者机构、场所所在地确定，或者按照负担、支付所得的个人的住所地确定
其他所得	由国务院财政、税务主管部门确定

（二）纳税义务人

企业所得税纳税义务人包括各类企业、事业单位、社会团体、民办非企业单位和从事经营活动的其他组织。

（三）税率

居民企业和在中国境内设立机构、场所且所得与其所设机构、场所有实际联系的非居民企业，应当就其来源于中国境内、境外的所得缴纳企业所得税，适用的税率为 25%。

非居民企业在中国境内未设立机构、场所的，或者虽设立机构、场所，但取得的所得与其所设机构、场所没有实际联系的，应当就其来源于中国境内的所得缴纳企业所得税，适用的税率为 20%。

另外税法规定，凡符合条件的小型微利企业，减按 20% 的税率征收企业所得税；对国家需要重点扶持的高新技术企业和经认定的技术先进型服务企业，减按 15% 的税率征收企业所得税；国家鼓励的重点集成电路设计企业和软件企业，自获利年度起，第 1 年至第 5 年免征企业所得税，接续年度减按 10%的税率征收企业所得税。

三、应纳税所得额的确定

企业所得税的计税依据是应纳税所得额，即企业每一纳税年度的收入总额，减除不征税收入、免税收入、各项扣除以及允许弥补的以前年度亏损后的余额。应纳税所得额的计算公式为

应纳税所得额=收入总额-不征税收入-免税收入-各项扣除-允许弥补的以前年度亏损

1. 收入总额

企业收入总额是指以货币形式和非货币形式从各种来源取得的收入，包括销售货物收入，提供劳务收入，转让财产收入，股息、红利等权益性投资收益，利息收入，租金收入，特许权使用费收入，接受捐赠收入以及其他收入。

2. 不征税收入

不征税收入主要包括财政拨款，依法收取并纳入财政管理的行政事业性收费、政府性基金，国务院规定的其他不征税收入。

3. 准予扣除项目

企业实际发生的与取得收入有关的、合理的支出，包括成本、费用、税金、损失和其他支出，准予在计算应纳税所得额时扣除。

成本是指企业在生产经营活动中发生的销售成本、销货成本、业务支出以及其他耗费，即企业销售商品（产品、材料、下脚料、肥料、废旧物资）、提供劳务、转让固定资产与无形资产的成本。

费用是指企业在生产经营活动中发生的销售费用、管理费用和财务费用。已计入成本的有关费用除外。

税金是指企业发生的除企业所得税和允许抵扣的增值税以外的企业缴纳的各项税金及其附加。

损失是指企业在生产经营活动中发生的固定资产和存货的盘亏、毁损、报废损失，转让财产损失，呆账损失，因自然灾害等不可抗力因素造成的损失和其他损失。

其他支出是指除成本、费用、税金、损失以外，企业在生产经营活动中发生的与生产经营活动有关的、合理的支出。

4. 不得扣除项目

不得扣除项目主要包括：①向投资者支付的股息、红利等权益性投资收益款项；②企业所得税税款；③税收滞纳金；④罚金、罚款和被没收财物的损失；⑤《企业所得税法》规定以外的捐赠支出；⑥赞助支出；⑦未经核定的准备金支出；⑧与取得收入无关的其他支出。

5. 亏损弥补

企业某一纳税年度发生的亏损可以用下一年度的所得弥补，下一年度的所得不足以弥补的，可以逐年延续弥补，但最长不得超过 5 年。企业在汇总计算缴纳企业所得税时，其境外营业机构的亏损不得抵减境内营业机构的盈利。

四、应纳税额的计算

企业所得税应纳税额的计算公式为

应纳税额=应纳税所得额×适用税率-减免税额-抵免税额

（一）居民企业应纳税所得额的计算

在实际纳税过程中，应纳税所得额的计算一般有两种方法。

直接计算法：

$$应纳税所得额=收入总额-不征税收入-免税收入-各项扣除-允许弥补的以前年度亏损$$

间接计算法：

$$应纳税所得额=会计利润总额±纳税调整项目金额$$

（二）境外所得抵扣税额的计算

企业取得的下列所得已在境外缴纳的所得税税额，可以从其当期应纳税额中抵免，抵免限额为该项所得依照《企业所得税法》规定计算的应纳税额；超过抵免限额的部分，可以在以后5个年度内，用每年度抵免限额抵免当年应抵税额后的余额进行抵补：①居民企业来源于中国境外的应税所得；②非居民企业在中国境内设立机构、场所，取得发生在中国境外但与该机构、场所有实际联系的应税所得。

抵免限额，是指企业来源于中国境外的所得，依照《企业所得税法》的规定计算的应纳税额。除国务院财政、税务主管部门另有规定外，该抵免限额应当分国（地区）不分项计算。计算公式如下：

$$抵免限额=\begin{array}{c}中国境内、境外所得依照《企业所得\\税法》的规定计算的应纳税额总额\end{array}\times\frac{来源于某国（地区）的应纳税所得额}{中国境内、境外应纳税所得总额}$$

（三）居民企业核定征收应纳税额的计算

1. 核定征收企业所得税的范围

纳税人具有下列情形之一的，核定征收企业所得税：①依照法律、行政法规的规定可以不设置账簿的；②依照法律、行政法规的规定应当设置但未设置账簿的；③擅自销毁账簿或者拒不提供纳税资料的；④虽设置账簿，但账目混乱或者成本资料、收入凭证、费用凭证残缺不全，难以查账的；⑤发生纳税义务，未按照规定的期限办理纳税申报，经税务机关责令限期申报，逾期仍不申报的；⑥申报的计税依据明显偏低，又无正当理由的。

2. 核定征收办法

核定征收的计算公式如下：

$$应纳税所得额=应税收入额×应税所得率$$

或，

$$应纳税所得额=\frac{成本（费用）支出额}{（1-应税所得率）}×应税所得率$$

$$应纳所得税额=应纳税所得额×适用税率$$

~ 案例与解析 ~~~~~~

某工业企业为居民企业，年度发生的经营业务如下：全年取得产品销售收入5 600万元，发生产品销售成本4 000万元；其他业务收入800万元，其他业务成本694万元，取得购买国债的利息收入40万元；缴纳非增值税销售税金及附加300万元；发生管理费用760万元，其中新技术的研究开发费用60万元、业务招待费用70万元；发生财务费用200万元；取得直接投资其他居民企业的权益性收益34万元（已在投资方所在地按15%的税率缴纳了企业所得税）；取得营业外收入100万元，发生营业外支出250万元（其中含公益捐赠38万元）。

请计算该企业该年度应缴纳的企业所得税。

解析：

$$利润总额=5 600+800+40+34+100-4 000-694-300-760-200-250=370（万元）$$

国债利息收入免征企业所得税，应调减所得额 40 万元。

技术开发费调减所得额=60×50%=30（万元）

业务招待费按实际发生额的 60% 计算=70×60%=42（万元）

按照规定，税前扣除限额应按销售收入的 5‰ 计算=(5 600+800)×5‰=32（万元）

实际应调增应纳税所得额=70-32=38（万元）

取得直接投资其他居民企业的权益性收益属于免税收入，应调减应纳税所得额 34 万元。

捐赠扣除标准=370×12%=44.4（万元）

实际捐赠额为 38 万元，小于扣除标准 44.4 万元，可按实捐数扣除，不进行纳税调整。

应纳税所得额=370-40-30+38-34=304（万元）

该企业年度应缴纳企业所得税=304×25%=76（万元）

（四）非居民企业应纳税额的计算

非居民企业在中国境内未设立机构、场所的，或者虽设立机构、场所但取得的所得与其所设机构、场所没有实际联系的，应当就其来源于中国境内的所得缴纳企业所得税。其应纳税所得额按照下列方法计算。

（1）股息、红利等权益性投资收益和利息、租金、特许权使用费所得，以收入全额为应纳税所得额。

（2）转让财产所得，以收入全额减除财产净值后的余额为应纳税所得额。

（3）其他所得，参照前两项规定的方法计算应纳税所得额。

企业所得税应纳税额=应纳税所得额×适用税率

（五）非居民企业所得税核定征收办法

非居民企业因会计账簿不健全，资料残缺难以查账，或者其他原因不能准确计算并据实申报其应纳税所得额的，税务机关有权采取一定方法核定其应纳税所得额。

1. 按收入总额核定应纳税所得额

此方法适用于能够正确核算收入或通过合理方法推定收入总额，但不能正确核算成本费用的非居民企业。

应纳税所得额=收入总额×经税务机关核定的利润率

2. 按成本费用核定应纳税所得额

此方法适用于能够正确核算成本费用，但不能正确核算收入总额的非居民企业。

应纳税所得额=成本费用总额÷(1-经税务机关核定的利润率)×经税务机关核定的利润率

除上述两种外，还可以按经费支出换算收入核定应纳税所得额。

五、企业所得税的缴纳

1. 纳税地点

除税收法律、行政法规另有规定外，居民企业以企业登记注册地为纳税地点；登记注册地在境外的，以实际管理机构所在地为纳税地点。

居民企业在中国境内设立不具有法人资格的营业机构的，应当汇总计算并缴纳企业所得税。

非居民企业在中国境内设立机构、场所的，以机构、场所所在地为纳税地点；在中国境内设立两个或者两个以上机构、场所的，经税务机关审核批准，可以选择由其主要机构、场所汇总缴纳企业所得税。

非居民企业在中国境内未设立机构、场所的，或者虽设立机构、场所但取得的所得与其所设机构、场所没有实际联系的所得，以扣缴义务人所在地为纳税地点。

2. 纳税期限

企业所得税按年计征，纳税年度自公历 1 月 1 日起至 12 月 31 日止。企业在一个纳税年度的中间开业，或者终止经营活动，使该纳税年度的实际经营期不足 12 个月的，应当以其实际经营期为一个纳税年度。企业依法清算时，应当以清算期间作为一个纳税年度。

企业所得税分月或者分季预缴的，企业应当自月份或者季度终了之日起 15 日内，向税务机关报送预缴企业所得税纳税申报表，并预缴税款。企业应当自年度终了之日起 5 个月内，向税务机关报送年度企业所得税纳税申报表，并汇算清缴，结清应缴应退税款。

企业应当在办理注销登记前，就其清算所得向税务机关申报并依法缴纳企业所得税。

第五节　个人所得税

个人所得税（简称"个税"）是国家对本国公民、居住在本国境内的个人的所得和境外个人来源于本国的所得征收的一种所得税。

最早设立个人所得税的国家是英国，英国于 1799 年设立个人所得税。个人所得税现在已经成为各国普遍开征的税种，是经济的"内在调节器"和"社会减压阀"。

一、征税对象、纳税义务人和税率

（一）个人所得税的征税对象

个人所得税的征税对象是个人取得的应税所得。我国把个人取得的应税所得分为 9 类，即 9 个税目。

1. 工资、薪金所得

（1）应征税的项目。除工资、薪金外，奖金、年终加薪、劳动分红、津贴、补贴也按"工资、薪金所得"项目计征个人所得税。

（2）不予征税或免税的项目。不予征税或免税的项目有：独生子女补贴；执行公务员工资制度未纳入基本工资总额的补贴、津贴差额和家属成员的副食品补贴；托儿补助费；差旅费津贴、误餐补助；远洋运输船员的伙食补贴等。

（3）专项扣除项目。除了基本减除费用和"五险一金"等专项扣除外，还有专项附加扣除项目。专项附加扣除，包括子女教育、继续教育、大病医疗、住房贷款利息或者住房租金、赡养老人以及 3 岁以下婴幼儿照护等支出。

（4）特殊规定。①实行内部退养的个人在办理内部退养手续后至法定离退休年龄之间从原任职单位取得的工资、薪金，按"工资、薪金所得"项目计征个人所得税。办理内退手续后从原单位取得的一次性收入应按办理内退手续后至法定离退休年龄之间的所属月份进行平均，并与领取当月的工资、薪金所得合并后减除当月费用扣除标准，以余额为基数确定适用的税率，再将当月工资、薪金加上取得的一次性收入，减去费用扣除标准，按适用税率计征个人所得税；办理内退手续后至法定离退休年龄之间重新就业取得的工资、薪金所得，应与其从原单位取得的同一月份的工资、薪金所得合并，并依法自行向主管税务机关申报个人所得税。②退休人员再任职取得的收入，在减除按税法规定的扣除标准后，按"工资、薪金所得"项目计征个人所得税。③公司职工取得的用于购买国有股权的劳动分红按"工资、薪金所得"项目计征个人所得税。④单车承包或承租方式运营，出租车驾驶员从事客货营运取得的收入按"工资、薪金所得"项目计征个人所得税。⑤企业和单位对营销业绩突出的雇员以培训班、研讨会、工作考察等名义组织旅游活动，通过免收差旅费、旅游费对个人实行的营销业绩奖励（包括实物、有价证券等），全额并入营销人员当期的工资、薪金，按"工资、薪金所得"项目计征个人所得税。

2. 经营所得

（1）个体工商户从事生产、经营活动取得的所得，个人独资企业投资人、合伙企业的个人合伙人来源于境内注册的个人独资企业、合伙企业生产、经营的所得。

（2）个人依法从事办学、医疗、咨询以及其他有偿服务活动取得的所得。

（3）个人对企业、事业单位承包经营、承租经营以及转包、转租取得的所得。

（4）个人从事其他生产、经营活动取得的所得。

（5）特殊规定：①出租汽车经营单位对出租车驾驶员采取单车承包或承租方式运营，出租车驾驶员从事客货运营取得的收入，按"工资、薪金所得"项目征税；②从事个体出租车运营的出租车驾驶员取得的收入，按"个体工商户的生产、经营所得"项目缴纳个人所得税；③出租车属个人所有，但挂靠出租汽车经营单位或企事业单位，驾驶员向挂靠单位缴纳管理费的，或出租汽车经营单位将出租车所有权转移给驾驶员的，出租车驾驶员从事客货运营取得的收入，比照"个体工商户的生产、经营所得"项目征税；④个人因从事彩票代销业务而取得所得，应按"个体工商户的生产、经营所得"项目计征个人所得税；⑤个体工商户、从事生产经营的个人、个人独资和合伙企业的投资者取得的与生产经营活动无关的其他各项应税所得，应分别按照其他应税项目的有关规定，计算缴纳个人所得税。

3. 利息、股息、红利所得

（1）除个人独资企业、合伙企业以外的其他企业的个人投资者，以企业资金为本人、家庭成员及其相关人员支付与企业生产经营无关的消费性支出及购买汽车、住房等财产性支出，视为企业对个人投资者的红利分配，依照"利息、股息、红利所得"项目征税。

（2）纳税年度内个人投资者从其投资的企业（个人独资企业、合伙企业除外）借款，在该纳税年度终了后既不归还，又未用于企业生产经营的，其未归还的借款可视为企业对个人投资者的红利分配，依照"利息、股息、红利所得"项目征税。

4. 劳务报酬所得

是否存在雇佣关系是区分劳务报酬所得和工资、薪金所得的重要标准。

（1）个人担任董事、监事职务所取得的董事费、监事费收入分为两种情形：①个人担任公司董事、监事，且不在公司任职、受雇，属于劳务报酬性质的，按"劳务报酬所得"项目征税；②个人在公司（包括关联公司）任职、受雇，同时兼任董事、监事的，应将董事费、监事费与个人工资收入合并，统一按"工资、薪金所得"项目计征个人所得税。

（2）在校学生因勤工俭学活动取得属于应税所得项目的所得，应依法计征个人所得税。

（3）企业和单位对营销业绩突出的非雇员以培训班、研讨会、工作考察等名义组织旅游活动，通过免收差旅费、旅游费对个人实行的营销业绩奖励（包括实物、有价证券等），应以所发生费用的全额作为该营销人员当期的劳务收入，按"劳务报酬所得"项目征收个人所得税。

5. 稿酬所得

稿酬所得是指个人因其作品以图书、报刊形式出版、发表而取得的所得。这里所说的作品，包括文学作品、书画作品、摄影作品以及其他作品。作者去世后，财产继承人取得的遗作稿酬，亦应征收个人所得税。

（1）任职、受雇于报刊等单位的记者、编辑等专业人员，在本单位的报纸、杂志上发表作品取得的所得，应与其当月工资收入合并按"工资、薪金所得"项目征收个人所得税；其他人员在本单位的报纸、杂志上发表作品取得的所得，应按"稿酬所得"项目征收个人所得税。

（2）出版社的专业作者的作品，由本社以图书形式出版取得的稿费收入按"稿酬所得"项目征收个人所得税。

6. 特许权使用费所得

特许权使用费所得是指个人提供专利权、商标权、著作权、非专利技术及其他特许权的使用权取得的所得。

提供著作权的使用权取得的所得，不包括稿酬所得。作者将自己的文字作品手稿原件或复印件公开拍卖（竞价）取得的所得，属于提供著作权的使用所得，故应按"特许权使用费所得"项目征收个人所得税。

个人取得特许权的经济赔偿收入，应按"特许权使用费所得"项目计征个人所得税，税款由支付赔款的单位或个人代扣代缴。

编剧从电视剧制作单位取得的剧本使用费，不区分剧本的使用方是否为其任职单位，统一按"特许权使用费所得"项目征收个人所得税。

7. 财产租赁所得

财产租赁所得是指个人出租不动产、机器设备、车船以及其他财产取得的所得。

个人取得的财产转租收入，属于"财产租赁所得"项目的征税范围。

8. 财产转让所得

财产转让所得是指个人转让有价证券、股权、合伙企业中的财产份额、不动产、机器设备、车船以及其他财产取得的所得。有关具体规定如下。

（1）对股票转让所得暂不征收个人所得税。

（2）量化资产股份转让所得。集体所有制企业在改制为股份合作制企业时，对职工个人以股份形式取得的拥有所有权的企业量化资产，暂缓征收个人所得税；待个人将股份转让时，就其转让收入额，减除个人取得该股份时实际支付的费用支出和合理转让费用后的余额，按"财产转让所得"项目计征个人所得税。

（3）个人出售自有住房所得。个人出售自有住房所得按财产转让所得征税。个人出售自有住房包括：①个人出售除公有住房以外的其他自有住房，其应纳税所得额按照个人所得税法的有关规定确定。即按照转让财产的收入额减除财产原值和合理费用后的余额缴纳20%的个人所得税，合理费用指卖出财产时支付的有关费用。②个人出售已购公有住房，其应纳税所得额为个人出售已购公有住房的销售价，减除住房面积标准的经济适用房价款、原支付超过住房面积标准的房价款、向财政或原产权单位缴纳的所得收益以及税法规定的合理费用后的余额。③职工以成本价（或标准价）出资的集资合作建房、安居工程住房、经济适用住房以及拆迁安置住房，比照已购公有住房确定应纳税所得额。④对个人转让自用5年以上并且是家庭唯一生活用房取得的所得，免征个人所得税。⑤个人出售现住房后1年内重新购房的，按照购房金额大小相应退还纳税保证金。购房金额大于或等于原住房销售（原住房为已购公有住房的，原住房销售额应扣除已按规定向财政或原产权单位缴纳的所得收益）的，全部退还纳税保证金；购房金额小于原住房销售额的，按照购房金额占原住房销售额的比例退还纳税保证金，余额作为个人所得税缴入国库。⑥个人出售现住房后1年内未重新购房的，所缴纳的纳税保证金全部作为个人所得税缴入国库。

9. 偶然所得

偶然所得是指个人得奖、中奖、中彩以及其他偶然性质的所得。

个人因参加企业的有奖销售活动而取得的赠品所得，应按"偶然所得"项目计征个人所得税。

（二）个人所得税的纳税义务人

根据我国现行税法，个人所得税的纳税义务人包括：在中国境内有住所，或者虽无住所而在境内居住满1年，并从中国境内和境外取得所得的个人；在中国境内无住所又不居住或者无住所而在境内居住不满1年，但从中国境内取得所得的个人。另外，只要一个纳税年度内，在中国境内居住累计满183天即为纳税居民，其取得的来源于中国境内和境外的所得都要纳税。

个人所得税的纳税义务人包括中国公民、个体工商户、个人独资企业、合伙企业投资者、在中国境内（不包括港、澳、台地区）有所得的外籍个人（包括无国籍人员），以及港、澳、台同胞等，但不包括法人或其他组织。需要注意的是，我国纳税义务人分为两类：居民纳税义务人和非居民纳税义务人。个人所得税以所得人为纳税义务人，以支付所得的单位或个人为扣缴义务人。

（三）个人所得税的税率

我国个人所得税采用超额累进税率和比例税率两种形式，按照应税所得项目的不同而分别适用。

1. 免征额

个人所得税的免征额为5 000元，即月工资在5 000元以下的不需要缴纳个人所得税。

2. 超额累进税率

工薪、资金，劳务报酬，稿酬和特许权使用费四项适用七级超额累进税率，见表3.2和表3.3。

个体工商户的生产、经营所得和对企事业单位的承包经营、承租经营所得，适用五级超额累进税率（见表3.4）。

表3.2 工资、薪金所得按月换算后的综合所得税税率表

级数	含税级距（全月应纳税所得额）	税率（%）	速算扣除数
1	不超过3 000元的部分	3	0
2	超过3 000元至12 000元的部分	10	210
3	超过12 000元至25 000元的部分	20	1 410
4	超过25 000元至35 000元的部分	25	2 660
5	超过35 000元至55 000元的部分	30	4 410
6	超过55 000元至80 000元的部分	35	7 160
7	超过80 000元的部分	45	15 160

表3.3 年度预扣预缴个人所得税税率表（按60 000元起征点——综合所得适用）

级数	含税级距（全年应纳税所得额）	税率（%）	速算扣除数
1	不超过36 000元的部分	3	0
2	超过36 000元至144 000元的部分	10	2 520
3	超过144 000元至300 000元的部分	20	16 920
4	超过300 000元至420 000元的部分	25	31 920
5	超过420 000元至660 000元的部分	30	52 920
6	超过660 000元至960 000元的部分	35	85 920
7	超过960 000元的部分	45	181 920

注：①本表含税级距中所称的全年应纳税所得额是指居民个人取得综合所得以每一纳税年度收入额减除费用60 000元以及专项扣除、专项附加扣除和依法确定的其他扣除后的余额；②非居民个人取得工资、薪金所得，劳务报酬所得，稿酬所得和特许权使用费所得，依照本表按月换算后计算应纳税额。

表 3.4 经营所得个人所得税税率表

级数	全年应纳税所得额	税率（%）	速算扣除数
1	不超过30 000元的部分	5	0
2	超过30 000元至90 000元的部分	10	1 500
3	超过90 000元至300 000元的部分	20	10 500
4	超过300 000元至500 000元的部分	30	40 500
5	超过500 000元的部分	35	65 500

3. 比例税率

除上述所得外，利息、股息、红利所得，财产租赁所得，财产转让所得和偶然所得，适用比例税率，税率为20%。

由纳税人负担税款的劳务报酬所得个人所得税税率，见表3.5，其中含税级距、不含税级距，均为按照税法规定减除有关费用后的所得额。

表 3.5 劳务报酬所得（含税级距）个人所得税税率表

级数	含税级距	税率（%）	速算扣除数
1	不超过20 000元的部分	20	0
2	超过20 000元至50 000元的部分	30	2 000
3	超过50 000元的部分	40	7 000

二、应纳税额的计算

1. 工资、薪金所得应纳税额的计算

工资、薪金所得实行按月计征的办法。工资、薪金所得以每月收入额减除费用 5 000 元后的余额为应纳税所得额。其计算公式为

应纳税所得额=年度收入-60 000元（起征点）-专项扣除-专项附加扣除-依法确定的其他扣除

由于每个人收入状况不同，适用的税率不一样，可以享受的专项附加扣除也不一致，因此，每个人的减税情况并不相同。以月收入 10 000 元（均为工资、薪金所得）为例，假设"五险一金"专项扣除为 2 000 元，不考虑专项附加扣除，那么，在以前起征点为 3 500 元的情况下，每月需缴纳 345 元个人所得税；现在起征点为 5 000 元，每月只需缴纳 90[(10 000-5 000-2 000)×3%]元个人所得税。即每月可以少缴纳 255 元个人所得税，降幅超过 26%。

2. 劳务报酬等所得应纳税额的计算

劳务报酬所得是指个人从事设计、装潢、安装、制图、化验、测试、医疗、法律、会计、咨询、讲学、翻译、审稿、书画、雕刻、影视、录音、录像、演出、表演、广告、展览、技术服务、介绍服务、经纪服务、代办服务以及其他劳务取得的所得。其应纳税额的计算方法如下。

（1）每次收入≤4 000 元：

应纳税额=(每次收入-800)×20%

（2）4 000 元<每次收入≤20 000 元：

应纳税额=每次收入×(1-20%)×20%

（3）每次收入>20 000 元：

应纳税额=每次收入×(1-20%)×适用税率-速算扣除数（有加成征收）

稿酬所得是指个人因其作品以图书、报刊等形式出版、发表而取得的所得。这里所说的"作

品"，是指包括中外文字、图片、乐谱等能以图书、报刊等形式出版、发表的作品；"个人作品"包括本人的著作、翻译的作品等。个人取得遗作稿酬，应按"稿酬所得"项目计税。

稿酬所得（减征30%，实际税率为14%）应纳税额的计算方法如下。

（1）每次收入≤4 000元：

$$应纳税额=(每次收入-800)×20\%×(1-30\%)$$

（2）每次收入>4 000元：

$$应纳税额=每次收入×(1-20\%)×20\%×(1-30\%)$$

特许权使用费所得是指个人提供专利权、商标权、著作权、非专利技术以及其他特许权的使用权取得的所得。提供著作权的使用权取得的所得，不包括稿酬所得。特许权使用费所得应纳税额的计算方法如下。

（1）每次收入≤4 000元：

$$应纳税额=(每次收入-800)×20\%$$

（2）每次收入>4 000元：

$$应纳税额=每次收入×(1-20\%)×20\%$$

3. 利息、股息、红利所得应纳税额的计算

利息、股息、红利所得是指个人拥有债权、股权而取得的利息、股息、红利所得。利息、股息、红利所得以每次收入额为应纳税额，适用比例税率，税率为20%。其应纳税额的计算公式为

$$应纳税额=收入×20\%$$

4. 财产租赁所得应纳税额的计算

财产租赁所得是指个人出租不动产、机器设备、车船以及其他财产取得的所得。

个人取得的财产转租收入，属于"财产租赁所得"的征税范围，由财产转租人缴纳个人所得税。在确认纳税义务人时，应以产权凭证为依据；对无产权凭证的，由主管税务机关根据实际情况确定。产权所有人死亡，在未办理产权继承手续期间，该财产出租而有租金收入的，以领取租金的个人为纳税义务人。

财产租赁所得一般以个人每次取得的收入，按定额或定率减除规定费用后的余额为应纳税所得额。每次收入不超过4 000元，定额减除费用800元；每次收入在4 000元以上，定率减除20%的费用。财产租赁所得以1个月内取得的收入为一次。

（1）每次（月）收入不超过4 000元的：

$$应纳税额=[每次(月)收入额-准予扣除项目-修缮费用（以800元为限）-800]×20\%（出租住房10\%）$$

（2）每次（月）收入在4 000元以上的：

$$应纳税额=[每次（月）收入额-准予扣除项目-修缮费用（以800元为限）]×(1-20\%)×20\%（出租住房10\%）$$

5. 财产转让所得应纳税额的计算

财产转让所得，是指个人转让有价证券、股权、合伙企业中的财产份额、不动产、机器设备、车船以及其他财产取得的收入。

财产转让所得的征税方法为按次计征。

财产转让所得以转让财产取得的收入额减除财产原值和合理费用后的余额为应纳税所得额。财产转让所得的应纳税额的计算公式为

$$财产转让所得的应纳税额=(收入总额-财产原值-合理费用)×20\%$$

财产转让所得计征个人所得税的特殊规定为：①对我国境内上市公司的股票转让所得，暂不征收个人所得税。②对个人出售自有住房取得的所得按照"财产转让所得"税目征收个人所得税。

对个人转让自用 5 年以上并且是家庭唯一生活用房取得的所得，免征个人所得税。③受赠人取得赠与人无偿赠与的不动产后，再次转让该项不动产的，在缴纳个人所得税时，以财产转让收入减除受赠、转让住房过程中缴纳的税金及有关合理费用后的余额为应纳税所得额，按 20% 的适用税率计算个人所得税。

6. 偶然所得应纳税额的计算

偶然所得是指个人得奖、中奖、中彩以及其他偶然性质的所得。

税法规定，取得偶然所得的个人为个人所得税的纳税义务人，应依法纳税；向个人支付偶然所得的单位为个人所得税的扣缴义务人。不论在何地兑奖或颁奖，偶然所得应纳的个人所得税一律由支付单位扣缴。偶然所得以收入金额为应纳税所得额，税率为 20%。对于大家常说的 1 万元的起征点，是专指个人购买福利、体育彩票（奖券）一次中奖收入不超过 1 万元（含 1 万元）的暂免征收个人所得税；一次中奖收入超过 1 万元的，应按税法规定全额征税。

纳税人通过民政部门进行捐赠，捐赠额不超过应纳税所得额 30% 的部分可以从应纳税所得额中扣除。

三、税收优惠

（一）免税项目

个人所得税的免税项目具体如下。

（1）省级人民政府、国务院部委和中国人民解放军军以上单位，以及外国组织、国际组织颁发的科学、教育、技术、文化、卫生、体育、环境保护等方面的奖金。

（2）国债和国家发行的金融债券利息。

（3）按照国家统一规定发给的补贴、津贴（是指按照国务院规定发给的政府特殊津贴、院士津贴，以及国务院规定免予缴纳个人所得税的其他补贴、津贴）。

（4）福利费、抚恤金、救济金。

（5）保险赔款。

（6）军人的转业费、复员费、退役金。

（7）按照国家统一规定发给干部、职工的安家费、退职费、基本养老金或者退休费、离休费、离休生活补助费（离退休人员按规定领取离退休工资或养老金外，另从原任职单位取得的各类补贴、奖金、实物，不属于免税的退休工资、离休工资、离休生活补助费，应按"工资、薪金所得"项目的规定缴纳个人所得税）。

（8）依照我国有关法律规定应予免税的各国驻华使馆、领事馆的外交代表、领事官员和其他人员的所得。

（9）中国政府参加的国际公约、签订的协议中规定免税的所得。

（二）减税项目

个人所得税的减税项目具体如下：①残疾、孤老人员和烈属的所得；②因自然灾害遭受重大损失的；③其他经国务院财政部门批准减免的。

（三）暂免征税项目

个人所得税的暂免征税项目具体如下。

（1）外籍个人以非现金形式或实报实销形式取得的住房补贴、伙食补贴、搬迁费、洗衣费。

（2）外籍个人按合理标准取得的境内、境外出差补贴。

（3）外籍个人取得的探亲费、语言训练费、子女教育费等，经当地税务机关审核批准为合理的部分。

（4）外籍个人从外商投资企业取得的股息、红利所得。

（5）凡符合下列条件之一的外籍专家取得的工资、薪金所得，可免征个人所得税：①根据世界银行专项借款协议，由世界银行直接派往我国工作的外国专家；②联合国组织直接派往我国工作的专家；③为联合国援助项目来华工作的专家；④援助国派往我国专为该国援助项目工作的专家；⑤根据两国政府签订的文化交流项目来华工作2年以内的文教专家，其工资、薪金所得由该国负担的；⑥根据我国大专院校国际交流项目来华工作2年以内的文教专家，其工资、薪金所得由该国负担的；⑦通过民间科研协定来华工作的专家，其工资、薪金所得由该国政府机构负担的。

（6）个人举报、协查各种违法、犯罪行为而获得的奖金。

（7）个人办理代扣代缴手续，按规定取得的扣缴手续费。

（8）个人转让自用达5年以上，并且是唯一的家庭生活用房取得的所得。

（9）对个人购买福利彩票、赈灾彩票、体育彩票，一次中奖收入在1万元以下的（含1万元）暂免征收个人所得税；超过1万元的，全额征收个人所得税。

（10）以下情形的房屋产权无偿赠与，对当事双方不征收个人所得税：①房屋产权所有人将房屋产权无偿赠与配偶、父母、子女、祖父母、外祖父母、孙子女、兄弟姐妹的；②房屋产权所有人将房屋产权无偿赠与对其承担直接抚养或者赡养义务的抚养人或赡养人的；③房屋产权所有人死亡，法定继承人、遗嘱继承人或受遗赠人依法取得房屋产权的。

（四）个人所得税专项附加扣除

个人所得税专项附加扣除（简称"个税专项附加扣除"），是指《个人所得税法》规定的子女教育、继续教育、大病医疗、住房贷款利息、住房租金、赡养老人以及3岁以下婴幼儿照护等七项专项附加扣除。

国务院印发《个人所得税专项附加扣除暂行办法》（国发〔2018〕41号）、《国务院关于设立3岁以下婴幼儿照护个人所得税专项附加扣除的通知》（国发〔2022〕8号）及《关于提高个人所得税有关专项附加扣除标准的通知》（国发〔2023〕13号）对此做了以下详细规定。

1. 子女教育

纳税人的子女接受全日制学历教育的相关支出，按照每个子女每月2 000元的标准定额扣除。

学历教育包括义务教育（小学、初中教育）、高中阶段教育（普通高中、中等职业、技工教育）、高等教育（大学专科、大学本科、硕士研究生、博士研究生教育）。

年满3岁至小学入学前处于学前教育阶段的子女，按《个人所得税法》的规定执行。

父母可以选择由其中一方按扣除标准的100%扣除，也可以选择由双方分别按扣除标准的50%扣除，具体扣除方式在一个纳税年度内不能变更。

纳税人子女在中国境外接受教育的，纳税人应当留存境外学校录取通知书、留学签证等相关教育的证明资料备查。

【例题与解析】王先生的月工资为6 000元，每月需要缴纳的个人所得税为30[（6 000-5 000）×3%]元。

假如王先生的女儿今年上初中一年级，王先生可以享受的扣除标准为每月1 000元（王先生的妻子也享受每月1 000元的扣除标准），则王先生应纳税所得额为6 000-5 000-1 000=0（元）。

2. 继续教育

纳税人在中国境内接受学历（学位）继续教育的支出，在学历（学位）继续教育期间按照每月 400 元定额扣除。同一学历（学位）继续教育的扣除期限不能超过 48 个月。纳税人接受技能人员职业资格继续教育、专业技术人员职业资格继续教育的支出，在取得相关证书的当年，按照 3 600 元定额扣除。纳税人接受技能人员职业资格继续教育、专业技术人员职业资格继续教育的，应当留存相关证书等资料备查。

个人接受本科及以下学历（学位）继续教育，符合《国务院关于印发个人所得税专项附加扣除暂行办法的通知》规定扣除条件的，可以选择由其父母扣除，也可以选择由本人扣除。

3. 大病医疗

在一个纳税年度内，纳税人发生的与基本医保相关的医药费用支出，扣除医保报销后个人负担（指医保目录范围内的自付部分）累计超过 15 000 元的部分，由纳税人在办理年度汇算清缴时，在 80 000 元限额内据实扣除。

纳税人发生的医药费用支出可以选择由本人或者其配偶扣除；未成年子女发生的医药费用支出可以选择由其父母一方扣除。纳税人及其配偶、未成年子女发生的医药费用支出，按《国务院关于印发个人所得税专项附加扣除暂行办法的通知》规定分别计算扣除额。

纳税人应当留存医药服务收费及医保报销相关票据原件（或者复印件）等资料备查。医疗保障部门应当向患者提供在医疗保障信息系统记录的本人年度医药费用信息查询服务。

4. 住房贷款利息

纳税人本人或者配偶单独或者共同使用商业银行或者住房公积金个人住房贷款为本人或者其配偶购买中国境内住房，发生的首套住房贷款利息支出，在实际发生贷款利息的年度，按照每月 1 000 元的标准定额扣除，扣除期限最长不超过 240 个月。纳税人只能享受一次首套住房贷款的利息扣除。首套住房贷款是指购买住房享受首套住房贷款利率的住房贷款。

经夫妻双方约定，可以选择由其中一方扣除，具体扣除方式在一个纳税年度内不能变更。夫妻双方婚前分别购买住房发生的首套住房贷款，其贷款利息支出，婚后可以选择其中一套购买的住房，由购买方按扣除标准的 100% 扣除，也可以由夫妻双方对各自购买的住房分别按扣除标准的 50% 扣除，具体扣除方式在一个纳税年度内不能变更。纳税人应当留存住房贷款合同、贷款还款支出凭证备查。

5. 住房租金

纳税人在主要工作城市没有自有住房而发生的住房租金支出，可以按照以下标准定额扣除：直辖市、省会（首府）城市、计划单列市以及国务院确定的其他城市，扣除标准为每月 1 500 元；除第①项所列城市以外，市辖区户籍人口超过 100 万的城市，扣除标准为每月 1 100 元；市辖区户籍人口不超过 100 万的城市，扣除标准为每月 800 元。

纳税人的配偶在纳税人的主要工作城市有自有住房的，视同纳税人在主要工作城市有自有住房。

夫妻双方主要工作城市相同的，只能由一方扣除住房租金支出。

纳税人及其配偶在一个纳税年度内不能同时分别享受住房贷款利息和住房租金专项附加扣除。

住房租金支出由签订租赁住房合同的承租人扣除。纳税人应当留存住房租赁合同、协议等有关资料备查。

6. 赡养老人

纳税人赡养一位及以上被赡养人的赡养支出，统一按照以下标准定额扣除：纳税人为独生子女的，按照每月 3 000 元的标准定额扣除；纳税人为非独生子女的，由其与兄弟姐妹分摊每月 3 000

元的扣除额度，每人分摊的额度不能超过每月 1 500 元。可以由赡养人均摊或者约定分摊，也可以由被赡养人指定分摊。约定或者指定分摊的须签订书面分摊协议，指定分摊优先于约定分摊。具体分摊方式和额度在一个纳税年度内不能变更。被赡养人是指年满 60 岁的父母，以及子女均已去世的年满 60 岁的祖父母、外祖父母。

"个人专项附加扣除"政策充分考虑到最大限度降低纳税人的报税成本。例如，除了大病医疗是限额据实扣除外，其他六项"个人专项附加扣除"项目都是定额扣除，纳税人只需把个人基本情况告诉所在单位，单位在计算其应纳税额时就一并扣除了。纳税人享受"个人专项附加扣除"政策要将个人情况与七项"个人专项附加扣除"项目对照，看看自己符合几项，填报"个人专项附加扣除"信息表相关信息即可。部分扣除项目需要纳税人留存必备资料。

【例题与解析】小张为某公司销售人员，某月取得的收入为 20 000 元，"五险一金"为 4 520.84 元，假设专项附加扣除有以下几项：子女教育 2 000 元（按 1 个子女一方按月 100% 扣除）、首套房月供利息 1 000 元（一方按月 100% 扣除）、赡养老人 1 500 元（兄妹两人按月均摊），故专项附加扣除总费用为 4 500 元。计算其本月应缴纳的个人所得税。

应纳税额=(工资-"五险一金"-起征点-专项附加扣除)×税率-速算扣除数

步骤一：求出应纳税所得额。

应纳税所得额=工资-"五险一金"-起征点-专项附加扣除

=20 000-4 520.84-5 000-4 500=5 979.16（元）

步骤二：确定适用的税率和速算扣除数，代入以下公式计算应纳税额。

应纳税额=应纳税所得额×税率-速算扣除数

=5 979.16×10%-210

≈387.92（元）

四、个人所得税的征税管理

1. 征收方式

个人所得税的征收方式主要有两种：一是代扣代缴，二是自行申报纳税。

2. 纳税期限

（1）扣缴义务人、自行申报纳税人每月或每次预扣、代扣的税款，应当在次月的 15 日内缴入国库，并向税务机关报送纳税申报表。

（2）年所得在 12 万元以上的纳税人，应在年度终了后 3 个月内到主管税务机关办理纳税申报。

（3）个人独资企业和合伙企业个人应纳的个人所得税税款，按年计算，分月或者分季预缴，由投资者在每月或者每季度终了后 15 日内预缴，年度终了后 3 个月内汇算清缴，多退少补。

3. 纳税地点

（1）自行申报个人所得税的，其申报地点一般为收入来源地的主管税务机关。

（2）纳税人从两处或两处以上取得工资、薪金所得的，可选择并固定在其中一地的税务机关申报纳税。

（3）纳税人从境外取得所得的，应向其境内户籍所在地或经常居住地的税务机关申报纳税。

（4）扣缴义务人应向其主管税务机关进行纳税申报。

（5）个人独资企业和合伙企业应向企业实际经营管理所在地主管税务机关申报缴纳个人所得税。

本章小结

税收是国家为了满足社会公共利益的需要，依靠公共权力，按照法定标准和程序，强制、无偿地取得财政收入，参与国民收入分配的一种方式。税法是国家制定的，用以调整国家与纳税人之间在征纳税方面的权利与义务关系的法律规范的总称。纳税义务人、征税对象、税目和税率是税法的基本构成要素。本章主要介绍了增值税、消费税、企业所得税、个人所得税的征收范围和应纳税额的计算方法。

综合练习题

第四章 证 券 法

学习目标

通过对本章的学习，了解证券与证券法的概念；了解证券市场主体的基本内容；了解证券发行和上市的概念；了解新三板市场和科创板市场。

关键概念

证券 证券法 证券交易 证券发行 证券公司 证券业协会 证券服务机构 证券承销 新三板市场

~~引导案例~~

某金融信息服务（上海）股份有限公司公告收到中国证券监督管理委员会上海监管局《关于对某金融信息服务（上海）股份有限公司采取出具警示函措施的决定》，起因系该公司发生累计约1.98亿元标的的诉讼，但两个月后才进行信息披露。该公司后来公告称，公司收到证监会的《调查通知书》，因公司涉嫌信息披露违法违规，证监会决定对其立案调查。

请问：

（1）在上述案例中，涉及哪些证券市场主体？

（2）我国的证券监管机构的职责范围有哪些？

第一节　证券与证券法概述

证券是多种经济权益凭证的统称，是用来证明券票持有人享有的某种特定权益的法律凭证。证券的种类繁多，包括资本证券、货币证券和商品证券等。狭义的证券主要指的是证券市场中的证券产品，其中包括产权市场产品，如股票；债权市场产品，如债券；衍生市场产品，如股票期货、期权、利率期货等。

《证券法》所涉及的证券包括股票、公司债券、政府债券、证券投资基金份额、证券衍生品种和国务院依法认定的其他证券。

一、证券概述

（一）证券的法律特征

一般认为，证券具有以下几个方面的法律特征。

1. 证券是一种投资凭证

证券是一种投资工具，投资者要取得一定的收益，必须先以支付一定的资金为前提，证券是表明其投资多少的证明文书。证券这种投资凭证无法动态、及时并客观地反映投资者实际投资的多少，只能以证券面值总额静态、抽象地表现其投资份额的大小。

2. 证券是一种收益凭证

投资者投资证券取得投资的收益，这种收益一方面表现为证券发行人分派的股息、红利和债券利息等，另一方面则表现为投资者买进卖出证券的交换收益。

3. 证券是一种风险投资工具

证券投资是一项具有市场风险的行为，证券要借助其所代表的实际资本的市场运作或者证券本身的市场交换才能实现资产的保值和收益的获取。诸多不确定因素使得证券的市场交换蕴含着极大的风险，证券发行人极有可能出现亏损甚至破产。在证券市场中，因投资者的投机决策失误或不可抗力等因素，投资者的交易收益愿望很有可能无法实现。

4. 证券具有可流通性、可转让性

证券是一种可流通的权利证书，根据当事人的意志，证券可以在不同主体间无偿或有偿转让。这一方面使得投资者获取证券交易收益成为可能，另一方面在市场的发展有违于投资者的收益预期时，投资者能够非常便利地出让其所持证券从而达到控制或规避风险的目的。

5. 证券具有定型性

证券的内容和格式具有统一的标准。同一发行人发行的同一品种的证券，无论是证券的面值或标的物的数量，还是其他方面的内容或交易的条件，在符合法律规定的前提下，都要保持高度的一致，如面值的均等。这样便于计算持有人的权益，也可简化交易过程，避免歧义，确保交易安全。

（二）证券的种类

《证券法》规定的证券为股票、公司债券、存托凭证和国务院依法认定的其他证券。其中，主要是股票和债券。其他证券主要指投资基金份额、非公司企业债券、国家政府债券等。

1. 股票

股票是股份有限公司发行的证明股东在公司中投资入股并据此享有股东权利和承担义务的书面凭证。依据《公司法》第149条，股票采用纸面形式的，其必要记载事项为：①公司名称；②公司成立日期或者股票发行的时间；③股票种类、票面金额及其代表的股份数；④股票的编号。股票由法定代表人签名，公司印章。发起人股票采用纸面形式的，应当标明发起人股票字样。

股票具有收益性、风险性、流通性和参与性的特点。

> **想一想**
>
> 股票和债券有什么区别？

2. 债券

债券是政府、金融机构、工商企业等依法向社会发行的、约定在一定期限还本付息的债权债务凭证。债券的特征主要有偿还性、收益性、流通性和相对安全性等。根据发行主体不同，债券分为政府债券、金融债券、企业债券、公司债券等类型。公司债券的发行主体是有限责任公司和股份有限公司。《证券法》中规定的债券主要是指公司债券。

3. 衍生证券

衍生证券是由股票、债券等基础证券衍生出来的交易品种，例如认购权证。认购权证是股份有限公司给予持股人的无期限的或一定期限内以确定的价格购买一定数量的公司股票的权利证明，是持证人认购公司股票的一种选择权。认购权证一般附加在公司股票或公司债券上配售发行，属于一种有价证券。

二、证券法概述

证券法是指调整证券发行、交易和国家对证券市场监管过程中所发生的社会关系的法律规范的总称。

证券法有广义和狭义之分。广义的证券法是指与证券有关的一切法律规范的总称。我国现行的证券立法包括证券市场的基本法律、关于发行外资股的法规、有关信息披露的规章、有关证券交易所的法规、关于证券投资基金的法规和处罚证券市场违法行为的法规。狭义的证券法是指调整证券发行、交易和管理过程中发生的各种社会关系的法律规范的总称，专指 1998 年 12 月 29 日由九届全国人大常委会第六次会议审议通过，并于 2019 年 12 月 28 日十三届全国人大常委会第十五次会议第二次修订，于 2020 年 3 月 1 日起实施的法律规范。证券法的基本原则包括：保护投资者合法权益原则；公开、公平、公正原则；自愿、有偿、诚实信用原则；政府统一监管与自律性管理相结合原则。

三、证券市场主体

1. 证券交易所

证券交易所是指依据国家有关法律，经政府证券主管机关批准设立的集中进行证券交易的有形场所。证券交易所的设立和解散由国务院决定。申请设立证券交易所，首先由证监会进行审核，再报国务院进行批准。国务院批准的其他全国性证券交易场所的组织机构、管理办法等，由国务院规定。设立证券交易所必须制定章程。证券交易所章程的制定和修改，必须经国务院证券监督管理机构批准。证券交易所必须在其名称中标明"证券交易所"字样。其他任何单位或者个人不得使用"证券交易所"或者近似的名称。

小知识

世界上著名的证券交易所

世界上著名的证券交易所主要有：①纽约证券交易所；②东京证券交易所；③香港证券交易所；④伦敦证券交易所；⑤巴黎证券交易所；⑥悉尼证券交易所；⑦圣保罗证券交易所；⑧纳斯达克证券交易所；⑨新加坡证券交易所；⑩多伦多证券交易所。法兰克福证券交易所、苏黎世证券交易所、孟买证券交易所等也是比较著名的证券交易所。

2. 证券公司

证券公司是指依照《公司法》和《证券法》的规定并经国务院证券监督管理机构审查批准而成立的专门经营证券业务，具有独立法人地位的有限责任公司或者股份有限公司。

证券公司是专门从事有价证券买卖的法人企业，分为证券经营公司和证券登记公司。狭义的证券公司指证券经营公司，是经主管机关批准并到市场监督管理部门领取营业执照后专门经营证券业务的机构。它具有证券交易所的会员资格，可以承销、发行、自营买卖或自营兼代理买卖证券。普通投资者的证券投资都要通过证券公司来进行。

证券公司的设立条件包括：①有符合法律、行政法规规定的公司章程；②主要股东及公司的实际控制人具有良好的财务状况和诚信记录，最近 3 年无重大违法违规记录；③有符合《证券法》规定的注册资本；④董事、监事、高级管理人员、从业人员符合《证券法》规定的条件；⑤有完善的风险管理与内部控制制度；⑥有合格的经营场所、业务设施和信息技术系统；⑦法律、行政法规和经国务院批准的国务院证券监督管理机构规定的其他条件。

证券公司的业务范围包括：①证券经纪；②证券投资咨询；③与证券交易、证券投资活动有关的财务顾问；④证券承销与保荐；⑤证券融资融券；⑥证券做市交易；⑦证券自营；⑧其他证券业务。

证券公司的业务规则主要包括：①业务风险隔离制度；②证券自营规则；③自主经营的权利；④客户资金的管理；⑤委托书的设置与保管；⑥办理委托事宜要求；⑦禁止接受客户的全权委托；

⑧禁止对客户作出收益或赔偿的承诺；⑨禁止私下接受客户委托。

证券公司的从业人员在证券交易活动中，执行所属的证券公司的指令或者利用职务违反交易规则的，由所属的证券公司承担全部责任。国务院证券监督管理机构有权要求证券公司及其主要股东、实际控股人在指定的期限内提供有关信息、资料。证券公司及其主要股东、实际控股人向国务院证券监督管理机构报送或者提供的信息、资料，必须真实、准确、完整。国务院证券监督管理机构认为有必要时，可以委托会计师事务所、资产评估机构对证券公司的财务状况、内部控制状况、资产价值进行审计或者评估。具体办法由国务院证券监督管理机构会同有关主管部门制定。

3. 证券登记结算机构

证券登记结算机构是指为证券的发行和交易活动办理证券登记、存管、结算业务的中介服务机构。证券登记结算机构为证券交易提供集中的登记、托管与结算服务，是不以营利为目的的法人。设立证券登记结算机构必须经国务院证券监督管理机构批准。

4. 证券服务机构

证券服务机构是指依法设立的从事证券服务业务的法人机构。证券服务业务包括：证券投资咨询；证券发行及交易的咨询、策划、财务顾问、法律顾问及其他配套服务；证券资信评估服务；证券集中保管；证券清算交割服务；证券登记过户服务；证券融资；经证券管理部门认定的其他业务。证券服务机构是提供有偿服务的机构。

5. 证券业协会

中国证券业协会于 1991 年 8 月 28 日成立，总部设在北京。中国证券业协会的会员分为团体会员和个人会员，团体会员为证券公司。《证券法》规定，证券公司应当加入证券业协会。个人会员只限于证券市场管理部门有关领导以及从事证券研究及业务工作的专家，由协会根据需要吸收。

证券业协会履行下列职责：①教育和组织会员及其从业人员遵守证券法律、行政法规，组织开展证券行业诚信建设，督促证券行业履行社会责任；②依法维护会员的合法权益，向证券监督管理机构反映会员的建议和要求；③收集整理证券信息，为会员提供服务；④制定会员应遵守的规则，组织会员单位的从业人员的业务培训，开展会员间的业务交流；⑤对会员之间、会员与客户之间发生的纠纷进行调解；⑥组织会员就证券业的发展、运作及有关内容进行研究；⑦监督、检查会员行为，对违反法律、行政法规或者协会章程的，按照规定给予纪律处分；⑧国务院证券监督管理机构赋予的其他职责。

第二节　证券发行

一、证券发行概述

（一）证券发行的概念、价值和原则

证券发行，是指政府、金融机构、工商企业等发行人以募集资金为目的向投资者出售代表一定权利的有价证券的一系列行为的总称。

证券的发行是证券第一次在公开市场上与公众见面，因此证券发行市场又称为证券的一级市场。已发行的证券在证券市场继续交易和流通，证券交易和流通市场称为二级市场。证券发行市场是证券流通市场的基础，是证券交易的前提。

对企业来说，证券发行具有重要的价值：①帮助发行人筹集资金；②通过证券发行前后的行

为完善企业治理结构，转换企业经营机制；③改善发行人资本结构；④提升企业价值，增强企业发展后劲；⑤实现资本资源的优化配置。

证券发行的基本原则包括公开原则（也称信息公开制度）、公平原则、公正原则。这三个原则不仅指导证券发行，而且贯穿于整个证券市场，三者密切联系，相互配合，构成不可分割的有机整体。公开原则是公平、公正原则的前提和基础，只有信息公开，才能保证参与者公平地参与竞争，实现公正的结果。

（二）证券发行的类型

1. 非公开发行与公开发行

根据股票发行对象的不同，可以将股票发行方式分为非公开发行与公开发行。前者只针对特定少数人进行股票发售，因此也被称为"私募"或"定向募集"等；后者则是向不特定的发行对象发出广泛的认购邀约。

2. 设立发行与增资发行

依据证券发行时发行人设立与否，股票发行方式可以分为设立发行与增资发行。股份有限公司发行股票，既可以采用设立发行，也可以在设立后增资发行（即已发行股票的股份有限公司，在经过一定的时期后，为了扩充股本而发行新股票）。公司债券则只能采用增资发行，即在公司设立以后，发行债券以筹集生产经营所需资本。

增资发行分为有偿增资和无偿增资。有偿增资可分为配股与按一定价格向社会增发新股票。无偿增资就是指送股。无偿增资可分为积累转增资和红利转增资。积累转增资是指将法定盈余公积金或资本公积金转为资本送股，按比例赠给老股东。红利转增资是指公司将当年分派给股东的红利转为增资，采用新发行股票的方式代替准备派发的股息和红利送给股东，这就是所谓的送红股。

3. 直接发行与间接发行

依据证券的发行是否借助承销机构（中介），股票发行方式可以分为直接发行和间接发行。直接发行，是指证券发行人不通过证券承销商，直接向投资者出售证券，自行承担证券发行的风险与责任。这种方式具有筹资成本低的优势。间接发行，是指证券发行人委托证券承销商发行证券，证券承销商赚取差价收益或手续费。对公开发行而言，凡是法律、行政法规要求采用间接发行方式的，发行人必须委托证券公司承销。承销商的选择由发行人自主确定。

4. 平价发行、溢价发行与折价发行

平价发行也称为等额发行或面额发行，是指发行人以票面金额作为发行价格；溢价发行是指发行人以高于面额的价格发行股票，因此可使公司用较少的股份筹集到较多的资金，同时还可降低筹资成本；折价发行又称低价发行，是指以低于面额的价格出售新股，即按面额打一定折扣后的价格发行股票，折扣的大小主要取决于发行公司的业绩和承销商的能力。对股票发行而言，我国准许平价发行和溢价发行，但不允许折价发行。

（三）证券发行制度

我国的证券发行制度目前全面实行注册制。在精简优化发行上市条件方面，坚持以信息披露为核心，将核准制下的发行条件尽可能转化为信息披露要求。各市场板块设置多元包容的上市条件；在完善审核注册程序方面，坚持证券交易所审核和证监会注册各有侧重、相互衔接的基本架构，进一步明晰证券交易所和证监会的职责分工，提高审核注册效率和可预期性。证券交易所审核过程中发现重大敏感事项、重大无先例情况、重大舆情、重大违法线索的，及时向证监会请示报告。证监会同步关注发行人是否符合国家产业政策和板块定位。同时，取消证监会发行审核委

员会和上市公司并购重组审核委员会；在优化发行承销制度方面，对新股发行价格、规模等不设任何行政性限制，完善以机构投资者为参与主体的询价、定价、配售等机制。

二、证券发行的条件

（一）证券发行概述

上市公司发行证券，应当诚实守信，依法充分披露投资者作出价值判断和投资决策所必需的信息，充分揭示当前及未来可预见对上市公司构成重大不利影响的直接和间接风险，所披露信息必须真实、准确、完整，简明清晰、通俗易懂，不得有虚假记载、误导性陈述或者重大遗漏。上市公司应当按照保荐人、证券服务机构要求，依法向其提供真实、准确、完整的财务会计资料和其他资料，配合相关机构开展尽职调查和其他相关工作。

保荐人应当诚实守信，勤勉尽责，按照依法制定的业务规则和行业自律规范的要求，充分了解上市公司经营情况、风险和发展前景，以提高上市公司质量为导向保荐项目，对注册申请文件和信息披露资料进行审慎核查，对上市公司是否符合发行条件独立作出专业判断，审慎作出推荐决定，并对募集说明书或者其他信息披露文件及其所出具的相关文件的真实性、准确性、完整性负责。

（二）向不特定对象发行证券

1. 发行股票

上市公司发行股票，应当符合下列规定：①股票已公开发行；②具备健全且运行良好的组织机构；③具有持续经营能力；④公司股本总额不少于5 000万元；⑤公开发行的股份达到公司股份总数的25%以上；⑥公司股本总额超过4亿元的，公开发行股份的比例为10%以上；⑦公司及其控股股东、实际控制人最近3年不存在贪污、贿赂、侵占财产、挪用财产或者破坏社会主义市场经济秩序的刑事犯罪；⑧最近3个会计年度财务会计报告均被出具无保留意见审计报告；⑨证券交易所要求的其他条件。

2. 募集资金

上市公司发行股票，募集资金使用应当符合下列规定：①符合国家产业政策和有关环境保护、土地管理等法律、行政法规规定；②除金融类企业外，本次募集资金使用不得为持有财务性投资，不得直接或者间接投资于以买卖有价证券为主要业务的公司；③募集资金项目实施后，不会与控股股东、实际控制人及其控制的其他企业新增构成重大不利影响的同业竞争、显失公平的关联交易，或者严重影响公司生产经营的独立性；④科创板上市公司发行股票募集的资金应当投资于科技创新领域的业务。

3. 发行可转债

可转债，是指上市公司依法发行、在一定期间内依据约定的条件可以转换成股份的公司债券。

上市公司发行可转债，应当符合下列规定：①具备健全且运行良好的组织机构；②最近3年平均可分配利润足以支付公司债券1年的利息；③具有合理的资产负债结构和正常的现金流量；④交易所主板上市公司向不特定对象发行可转债的，应当最近3个会计年度盈利，且最近3个会计年度加权平均净资产收益率平均不低于6%；净利润以扣除非经常性损益前后孰低者为计算依据。

（三）向特定对象发行证券

上市公司发行证券，可以向不特定对象发行，也可以向特定对象发行。向特定对象发行证券包括上市公司向特定对象发行股票、向特定对象发行可转债。

发行条件参见《上市公司证券发行注册管理办法》《证券发行与承销管理办法》。

三、证券承销

证券承销是证券经营机构代理证券发行人发行证券的行为。它是证券经营机构最基础的业务活动之一。当发行人想通过证券市场筹集资金时，就要聘请证券经营机构来帮助自己销售证券。证券经营机构借助自己在证券市场上的信誉和营业网点，在规定的发行有效期限内将证券销售出去，这一过程称为承销。

中国证监会依法对证券发行与承销行为进行监督管理。证券交易所、证券登记结算机构和中国证券业协会应当制定相关业务规则，规范证券发行与承销行为。中国证监会依法批准证券交易所制定的发行承销制度规则，建立对证券交易所发行承销过程监管的监督机制，持续关注证券交易所发行承销过程监管情况。证券交易所对证券发行承销过程实施监管，对发行人及其控股股东、实际控制人、董事、监事、高级管理人员，承销商、证券服务机构、投资者等进行自律管理。中国证券业协会负责对承销商、网下投资者进行自律管理。

证券公司承销证券，应当依照《证券法》的规定采用包销或者代销方式。

发行人和主承销商应当签订承销协议，在承销协议中界定双方的权利义务关系，约定明确的承销基数。采用包销方式的，应当明确包销责任；采用代销方式的，应当约定发行失败后的处理措施。证券发行由承销团承销的，组成承销团的承销商应当签订承销团协议，由主承销商负责组织承销工作。

〰〰 案例与解析 〰〰

史上最重欺诈发行罚单

2016年7月8日，证监会对创业板某上市公司涉嫌欺诈发行及信息披露违法违规案正式开出罚单，并启动强制退市程序。这是证监会有史以来针对欺诈发行开出的"最重罚单"，该公司将成为首个因欺诈发行而退市的公司。根据通报，证监会对该公司及其17名现任或时任董事、监事、高级管理人员及相关人员进行了行政处罚，并对该公司实际控制人、董事长，时任总会计师采取了终身证券市场禁入措施。同时，证监会已对该公司证券上市相关中介机构进行了调查，向某证券公司和某会计师事务所送达了行政处罚事先告知书，并对某律师事务所展开了调查。

根据证监会2014年10月发布实施的《关于改革完善并严格实施上市公司退市制度的若干意见》的规定，深圳证券交易所将在证监会对该公司作出行政处罚决定后，启动该公司的退市程序。根据相关规定，因欺诈发行暂停上市后不能恢复上市，且创业板没有重新上市的制度安排。某证券公司作为该公司申请首次公开发行股票的保荐机构，正在主动筹备投资者赔偿事宜，目前，已出资5.5亿元设立先行赔付专项基金，用于先行赔付适格投资者的投资损失。

请问：信息披露违法行为的行政处罚主体都有哪些？在什么情况下要被处以行政处罚？

解析：董事、监事、高级管理人员之外的其他人员，确有证据证明其行为与信息披露违法行为具有直接因果关系，包括实际承担或者履行董事、监事或者高级管理人员的职责，组织、参与、实施了公司信息披露违法行为或者直接导致信息披露违法的，应当视情形认定其为直接负责的主管人员或者其他直接责任人员。发生信息披露违法行为的，依照法律、行政法规、规章规定，对负有保证信息披露真实、准确、完整、及时和公平义务的董事、监事、高级管理人员，应当视情形认定其为直接负责的主管人员或者其他直接责任人员承担行政责任，但其能够证明已尽忠实、勤勉义务，没有过错的除外。

第三节　证券上市与交易

一、证券上市

证券上市是指已公开发行的证券经过证券交易所批准在交易所内公开挂牌交易的行为。证券上市是连接证券发行与证券场内交易的桥梁。证券上市确立了证券交易所与上市公司之间的自律监管关系。

1. 证券上市申请

申请证券上市交易，应当向证券交易所提出申请，由证券交易所依法审核同意，并由双方签订上市协议。证券交易所根据国务院授权的部门的决定安排政府债券上市交易。申请证券上市交易，应当符合证券交易所上市规则规定的上市条件。

证券交易所上市规则规定的上市条件，应当对发行人的经营年限、财务状况、最低公开发行比例和公司治理、诚信记录等提出要求。

2. 证券上市暂停与终止

上市交易的证券，有证券交易所规定的终止上市情形的，由证券交易所按照业务规则终止其上市交易。证券交易所决定终止证券上市交易的，应当及时公告，并报国务院证券监督管理机构备案。

对证券交易所作出的不予上市交易、终止上市交易决定不服的，可以向证券交易所设立的复核机构申请复核。

二、证券交易概述

证券交易，是指证券持有人依照交易规则，将证券转让给其他投资者的行为。证券交易除应遵循《证券法》规定的证券交易规则，还应遵守《公司法》及《民法典》第三编（合同）的有关规定。与一般的商品买卖相比，证券交易的对象限于已发行的证券。非依法发行的证券不得买卖。

可以依据不同的标准对证券交易进行分类：依据证券交易的场所，可以将其分为场内交易与场外交易；依据交易价格的形成方式，可以将其分为竞价交易与议价交易；依据交割期限与投资方式，可以将其分为现货交易、信用交易、期货交易和回购。

（一）证券交易的一般规则

根据《证券法》的规定，在证券交易中应遵守如下一些规则。

1. 证券交易的标的合法

证券交易当事人依法买卖的证券，必须是依法发行并交付的证券。非依法发行的证券，不得买卖。

2. 证券交易的主体合法

为了防止出现内幕交易、操纵市场等证券欺诈行为，维护证券市场的秩序，立法对有关内幕人员持有、买卖股票作出限制。证券交易场所、证券公司和证券登记结算机构的从业人员，证券监督管理机构的工作人员以及法律、行政法规规定禁止参与股票交易的其他人员，在任期或者法定限期内，不得直接或者以化名、借他人名义持有、买卖股票或者其他具有股权性质的证券，也不得收受他人赠送的股票或者其他具有股权性质的证券。任何人在成为上述所列人员时，其原已持有的股票或者其他具有股权性质的证券，必须依法转让。实施股权激励计划或者员工持股计划的证券公司的从业人员，可以按照国务院证券监督管理机构的规定持有、卖出本公司股票或者其他具有股权性质的证券。

3. 在合法的证券交易场所交易

依法公开发行的股票、公司债券及其他证券，应当在依法设立的证券交易所上市交易或者在国务院批准的其他证券交易场所转让。

4. 以合法方式交易

证券交易有现货交易和期货交易两种情况。《证券法》规定：证券在证券交易所上市交易，应当采用公开的集中交易方式或者国务院证券监督管理机构批准的其他方式。我国现行《证券法》取消了证券公司不得从事向客户融资或融券的证券交易活动的规定。上交所、深交所于 2010 年 3 月 31 日起正式开通融资融券交易系统，开始接受试点会员融资融券交易申报，融资融券业务正式启动。

（二）证券交易的程序

1. 开立证券账户和资金账户

投资者欲进行证券交易，首先要开立证券账户和资金账户。证券账户用来记载投资者所持有的证券种类、数量和相应的变动情况，资金账户则用来记载和反映投资者买卖证券的货币收付和结存数额。上交所实行全面指定交易制度，深交所实行托管券商制度。开立证券账户和资金账户后，投资者买卖证券所涉及的证券、资金变化就会从相应的账户中得到反映。

🖥️ 小知识

一个投资者最多只能开立 3 个证券账户

中国证券登记结算有限公司宣布，修订《证券账户业务指南》，将个人投资者开立证券账户数量上限由此前的 20 户下调至 3 户。即一个投资者只能申请开立 1 个一码通账户。一个投资者在同一市场最多可以申请开立 3 个 A 股账户和 3 个封闭式基金账户，只能申请开立 1 个信用账户和 1 个 B 股账户。

2. 交易委托

在证券交易市场，投资者买卖证券必须通过证券交易所的会员来进行。投资者向经纪商下达买进或卖出指令，称为"委托"。开户后，投资者就可以在证券营业部办理证券委托买卖了。

3. 竞价成交

竞价成交按照一定的竞争规则进行，其核心内容是价格优先、时间优先原则。价格优先原则是指在买进证券时，较高的买进价格申报优先于较低的买进价格申报；卖出证券时，较低的卖出价格申报优先于较高的卖出价格申报。时间优先原则要求当存在若干相同价格申报时，应当由最早提出该价格申报的一方成交。即同价位申报，按照申报时序决定优先顺序。我国证券交易所有两种竞价方式，即在每日开盘前采用集合竞价方式，在开盘后的交易时间里采用连续竞价方式。

4. 股权登记、证券存管、清算交割交收

清算是指为了减少证券和价款的交割数量，由证券登记结算机构对每一营业日中每个结算参与人成交的证券数量与价款分别予以轧抵，对证券和资金的应收或应付净额进行计算的处理过程。通过对同一券商的同一种证券的买与卖进行冲抵清算，确定应当交割的证券数量和价款数额，以便按照"净额交收"的原则办理证券和价款的交割。例行日交割是主要形式，A 股、基金、债券采用 T+1 交割，B 股采用 T+3 交割。

三、信息披露

信息披露是指公众公司以招股说明书、上市公告书以及定期报告和临时报告等形式，把公司及与公司相关的信息向投资者和社会公众公开披露的行为。信息披露的完整性和充足度是形成股票市场有效性的必要和充分条件；信息披露是对上市公司的客观要求，也是对市场监管的客观要求。

信息披露是投资者和社会公众全面了解公众公司信息的桥梁。投资者和社会公众对上市公司信息的获取，主要是通过大众媒体发布的各类临时公告和定期报告。投资者和社会公众在获取这些信息后，可以将其作为投资决策的主要依据。只有真实、全面、及时、充分的信息披露，才能对那些持价值投资理念的投资者有所帮助。

1. 信息披露的类型

公司主要应当披露以下信息。

（1）首次信息披露——招股说明书。首次信息披露的途径主要有招股说明书（适用于公开发行股票）、债券募集说明书（适用于公司发行债券）和上市公告书（适用于证券上市交易）。在股票发行申请文件被受理后、发行审核委员会审核前，发行人应当将招股说明书（申报稿）在证监会的网站预先披露。预先披露的招股说明书（申报稿）不是发行人发行股票的正式文件，不能含有价格信息，发行人不得据此发行股票。招股说明书中引用的财务报表在其最近一期截止日后 6 个月内有效。

（2）上市公告书。上市公告书是指发行人于股票上市前，向公众公告发行与上市有关事项的信息披露文件。

（3）定期报告。上市公司根据有关法规于规定时间编制并公布的反映公司业绩的报告称为定期报告。定期报告包括年度报告和中期报告。年度报告是公司会计年度经营状况的全面总结；中期报告是公司半年度经营状况的总结。中期报告分为前半个会计年度的半年度报告和季度报告。季度报告分为一季度（春季度）报告和三季度（秋季度）报告。上市公司的年报（年度报告）一般在次年 4 月底以前发布，中期报告一般在 8 月底以前发布，季度报告一般在季度结束次月前发布。具体发布时间交易所网站都有公告。

（4）临时报告。临时报告是指上市公司按有关法律法规及规则规定，在发生某些可能给上市公司股票的市场价格产生较大影响的重大事项时，需向投资者和社会公众披露的信息。临时报告是上市公司履行信息披露义务的重要组成部分。临时报告包括的内容和形式较为广泛，较为常见的有股东大会决议公告、董事会决议公告、监事会决议公告。其他重大事项也会由一些中介机构同时发布信息，如回访报告、评估报告、审计报告、律师见证报告等。

《证券法》第 80 条规定，发生可能对上市公司、股票在国务院批准的其他全国性证券交易场所交易的公司的股票交易价格产生较大影响的重大事件，投资者尚未得知时，公司应当立即将有关该重大事件的情况向国务院证券监督管理机构和证券交易场所报送临时报告，并予公告，说明事件的起因、目前的状态和可能产生的法律后果。

2. 信息披露的主要途径和方式

上市公司披露信息的平面媒体主要是证监会指定的一些专业报刊，如《中国证券报》《上海证券报》《中国改革报》《证券时报》《证券日报》《证券市场周刊》等证券类报刊。自 1999 年起，上市公司的定期报告全文在上交所网站和巨潮资讯网发布。当前，上市公司的临时报告也可以在这两个网站找到。投资者和社会公众可以通过指定报刊和网站，找到自己需要的信息。交易所对上市公司的定期报告实行事后审核，对临时报告实行事前审核。

四、禁止的交易行为

1. 内幕交易

内幕交易是指内幕人员和以不正当手段获取内幕信息的其他人员违反法律、法规的规定、泄露内幕信息，根据内幕信息买卖证券或者向他人提出买卖证券建议，从而谋取利益或减少损失的行为。内幕交易是一种典型的证券欺诈行为。证券交易内幕信息的知情人员或者非法获取内幕信息的其他人员，不得买入或者卖出所持有的该公司的证券、泄露该信息或者建议他人买卖该证券。

内幕人员是指由于持有发行人的证券，或者在发行人、与发行人有密切联系的公司中担任董事、监事、高级管理人员，或者由于其会员地位、管理地位、监管地位和职业地位，或者作为发行人雇员、专业顾问履行职务，能够接触或者获得内幕信息的人员。证券交易内幕信息的知情人包括：①发行人及其董事、监事、高级管理人员；②持有公司5%以上股份的股东及其董事、监事、高级管理人员，公司的实际控制人及其董事、监事、高级管理人员；③发行人控股或者实际控制的公司及其董事、监事、高级管理人员；④由于所任公司职务或者因与公司业务往来可以获取公司有关内幕信息的人员；⑤上市公司收购人或者重大资产交易方及其控股股东、实际控制人、董事、监事和高级管理人员；⑥因职务、工作可以获取内幕信息的证券交易场所、证券公司、证券登记结算机构、证券服务机构的有关人员；⑦因职责、工作可以获取内幕信息的证券监督管理机构工作人员；⑧因法定职责对证券的发行、交易或者对上市公司及其收购、重大资产交易进行管理可以获取内幕信息的有关主管部门、监管机构的工作人员；⑨国务院证券监督管理机构规定的可以获取内幕信息的其他人员。

内幕信息是指为内幕人员所知悉的，尚未公开并可能影响证券市场价格的重大信息。内幕交易主要包括下列行为：①内幕人员利用内幕信息买卖证券，或者根据内幕信息建议他人买卖证券的行为；②内幕人员向他人泄露内幕信息，使他人利用该信息获利的行为；③非内幕人员通过不正当的手段或者其他途径获得内幕信息，并根据该内幕信息买卖证券，或者建议他人买卖证券的行为。

内幕交易在操作程序上往往与正常的操作程序相同，也是在市场上公开买卖证券。但由于一部分人利用内幕信息，先行一步对市场作出反应，因而具有以下几个方面的危害性：①违反了证券市场的"三公"原则，侵犯了广大投资者的合法权益。②内幕交易损害了上市公司的利益。一部分人利用内幕信息进行证券买卖，使上市公司的信息披露有失公正，损害了广大投资者对上市公司的信心，从而影响上市公司的正常发展。③内幕交易扰乱了证券市场乃至整个金融市场的运行秩序。内幕人员往往利用内幕信息，人为地造成股价波动，扰乱证券市场的正常秩序。

案例与解析

内幕交易案

被告人王某，系国某节能服务有限公司（以下简称"国某公司"）财务部主任；被告人李某，系王某前夫。

2014年间，王某受国某公司总经理郭某指派，参与公司上市前期工作，并联系中某证券股份有限公司（以下简称"中某证券"）咨询上市方案。2015年间，经国某公司与中某证券多次研究，对重庆涪某电力实业股份有限公司（以下简称"涪某公司"）等四家上市公司进行重点考察，拟通过与上市公司资产重组借壳上市。王某参加了相关会议。2015年10月26日，国某公司召开上市准备会，研究借壳涪某公司上市相关事宜。会后，郭某安排王某了解涪某公司的资产情况。2015年12月30日，经与国某公司商定，涪某公司公告停牌筹划重大事项。

2016年2月25日，涪某公司发布有关其与国某公司重大资产重组事项的《重大资产购买暨关联交易草案》，该公告所述事项系内幕信息，内幕信息敏感期为2015年10月26日至2016年2月25日，王某系内幕信息知情人。2016年3月10日，涪某公司股票复牌。

国某公司筹划上市期间，王某、李某于2015年5月13日离婚，但二人仍以夫妻名义共同生活。在内幕信息敏感期内，李某两次买入涪某公司股票，累计成交金额412万元，并分别于涪某公司股票停牌前、发布资产重组公告复牌后卖出全部股票，累计亏损9万余元。

重庆证监局经立案调查，于2017年8月24日对李某作出罚款15万元的行政处罚决定，并由中国证监会将李某涉嫌犯罪案件移送公安机关立案侦查。2019年10月25日，检察机关以王某、李某构成内幕交易罪提起公诉。王某、李某在审判阶段继续否认犯罪。2019年12月23日，北京市第二中级人民法院经审理作出一审判决，认定王某、李某均犯内幕交易罪，各判处有期徒刑5年，各并处罚金人民币1万元。王某、李某提出上诉，北京市高级人民法院经审理于2020年10月30日作出终审裁定，驳回上诉，维持原判。

请问：案例中的当事人违反了《证券法》的何种规定？

解析：违反了禁止内幕交易的规定。内幕交易是指内幕人员和以不正当手段获取内幕信息的其他人员违反法律、法规的规定，泄露内幕信息，根据内幕信息买卖证券或者向他人提出买卖证券建议从而谋取利益或减少损失的行为，是一种典型的证券欺诈行为。

2. 操纵市场

操纵市场是指以获取利益或减少损失为目的，利用资金、信息等优势或滥用职权，影响证券市场价格，制造证券市场假象，诱导投资者在不了解事实真相的情况下作出证券投资决定，扰乱证券市场秩序的行为。操纵市场行为会人为地扭曲证券市场的正常价格，使价格与价值严重背离，扰乱证券市场正常秩序。严重的操纵市场行为会引发社会动荡。

《证券法》第55条规定，禁止任何人以下列手段操纵证券市场，影响或者意图影响证券交易价格或者证券交易量：①单独或者通过合谋，集中资金优势、持股优势或者利用信息优势联合或者连续买卖；②与他人串通，以事先约定的时间、价格和方式相互进行证券交易；③在自己实际控制的账户之间进行证券交易；④不以成交为目的，频繁或者大量申报并撤销申报；⑤利用虚假或者不确定的重大信息，诱导投资者进行证券交易；⑥对证券、发行人公开作出评价、预测或者投资建议，并进行反向证券交易；⑦利用在其他相关市场的活动操纵证券市场；⑧操纵证券市场的其他手段。操纵证券市场行为给投资者造成损失的，应当依法承担赔偿责任。

证券经营机构、证券交易场所以及其他从事证券业的机构有操纵市场行为的，根据不同情况，单处或者并处警告、没收非法所得、罚款、限制或者暂停其证券经营业务、其从事证券业务或者撤销其证券经营业务许可、其从事证券业务许可。已上市的发行人有操纵市场行为，情节严重的，可以暂停或者取消其上市资格。个人有操纵市场行为的，根据不同情况，没收其非法获取的款项和其他非法所得，并处以5万元以上50万元以下的罚款。

〜〜〜 案例与解析 〜〜〜

王某元等操纵市场大案31人被判刑

2022年以来，在证监会网站近期披露行政处罚决定书中，王某元共控制并使用145个证券账户交易，李某卫控制92个证券账户交易、陈某控制使用142个证券账户交易，唐某、朱某合谋操纵18个证券账户交易。其中，王某元控制并使用145个证券账户，操纵8只股票，违法所得1.43亿元，"没一罚三"合计罚没5.71亿元，创下了2022年以来证监会对个人处罚的最高数额。

请问：什么是操纵市场行为？该行为的社会危害有哪些？

解析：所谓操纵市场，又称操纵行情，是指操纵人利用掌握的资金、信息等优势，采用不正当手段，人为地制造证券行情，操纵或影响证券市场价格，以诱导证券投资者盲目进行证券买卖，从而为自己谋取利益或者转嫁风险的行为。操纵市场行为必然会扭曲证券的供求关系，导致市场机制失灵，并会形成垄断，妨碍竞争，同时还会诱发过度投机，损害投资者的利益。因此，《证券法》明确禁止这种行为，同时规定，操纵证券市场行为给投资者造成损失的，行为人应当依法承担赔偿责任。

3. 欺诈客户

欺诈客户，是指证券公司及其从业人员在证券交易及相关活动中，为了谋取不法利益，而违背客户的真实意思进行代理的行为，以及诱导客户进行不必要的证券交易的行为。

《证券法》规定，在证券交易中，禁止证券公司及其从业人员从事下列损害客户利益的行为：①违背客户的委托为其买卖证券；②不在规定时间内向客户提供交易的确认文件；③未经客户的委托，擅自为客户买卖证券，或者假借客户的名义买卖证券；④为牟取佣金收入，诱使客户进行不必要的证券买卖；⑤其他违背客户真实意思表示，损害客户利益的行为。违反上述规定给客户造成损失的，应当依法承担赔偿责任。

《禁止证券欺诈行为暂行办法》将欺诈客户行为分为十类：①证券经营机构将自营业务和代理业务混合操作；②证券经营机构违背被代理人的指令为其买卖证券；③证券经营机构不按国家有关法规和证券交易所业务规则处理证券买卖委托；④证券经营机构不在规定时间内向被代理人提供证券买卖书面确认书；⑤证券登记、清算机构不按国家有关法规和本机构业务规则办理清算、交割、过户、登记手续等；⑥证券登记、清算机构擅自将客户委托保管的证券用作抵押；⑦证券经营机构以多获佣金为目的，诱导客户进行不必要的证券买卖，或在客户的账户上翻炒证券；⑧发行人或者发行人代理人将证券出售给投资者时未向其提供招募说明书；⑨证券经营机构保证客户的交易收益或允诺赔偿客户投资损失；⑩其他违背客户真实意思表示，损害客户利益的行为。可见《禁止证券欺诈行为暂行办法》对欺诈客户的行为主体规定得较为广泛，包括发行人及其代理人，证券经营机构，证券登记、结算机构等。

4. 虚假陈述

证券市场虚假陈述，是指信息披露义务人违反证券法律规定，在证券发行或者交易过程中，对重大事件作出违背事实真相的虚假记载、误导性陈述，或者在披露信息时发生重大遗漏、不正当披露信息的行为。

虚假陈述包括虚假记载、误导性陈述、重大遗漏、不正当披露信息四种类型。对于重大事件，应当结合《证券法》相关规定的内容认定。虚假记载，是指信息披露义务人在披露信息时，将不存在的事实在信息披露文件中予以记载的行为。误导性陈述，是指虚假陈述行为人在信息披露文件中或者通过媒体作出使投资者对其投资行为发生错误判断并产生重大影响的陈述。重大遗漏，是指信息披露义务人在信息披露文件中，未将应当记载的事项完全或者部分予以记载。不正当披露信息，是指信息披露义务人未在适当期限内或者未以法定方式公开披露应当披露的信息。

【案例与解析】

某公司信息披露不实案

××股份公告称，因公司2022年三季度报告等信息披露不准确，违反了相关规定，公司及公司董事长、总经理兼时任主管会计工作负责人刘某被中国证券监督管理委员会河南监管局出具《关于对××股份有限公司及相关人员采取出具警示函措施的决定》（以下简称《警示函》）。

2023年3月，××股份披露《关于会计差错更正的公告》，对2022年三季度报告等有关财务数据进行追溯调整。其中，2022年前三季度利润总额由9.19亿元调整至7.65亿元、归属于上市公司股东的净利润由9.07亿元调整至7.96亿元。

《警示函》表示，该公司2022年三季度报告等信息披露不准确，违反《上市公司信息披露管理办法》（证监会令第182号）第3条第1款规定。公司董事长、总经理兼时任主管会计工作负责人刘某对上述违规行为负有主要责任。

根据《上市公司信息披露管理办法》（证监会令第182号）第52条规定，河南证监局决定对××股份、刘某采取出具警示函的行政监管措施，并记入证券期货市场诚信档案。

请问： ××股份被行政处罚的原因是什么？

解析： 公司在2022年第三季度报告中存在虚假记载行为，因此被行政处罚。

第四节　上市公司收购

上市公司收购在各国证券法中的含义各不相同，一般有广义和狭义之分。狭义的上市公司收购即要约收购，是指收购方通过向目标公司股东发出收购要约的方式购买该公司的有表决权证券的行为；广义的上市公司收购，除要约收购以外，还包括协议收购，即收购方通过与目标公司的股票持有人达成收购协议的方式进行收购。我国上市公司收购可以采取要约收购、协议收购和其他合法的方式。《证券法》《上市公司重大资产重组管理办法》《上市公司收购管理办法》是上市公司收购的主要法律依据。

一、要约收购

要约收购是指收购人向被收购的上市公司发出收购的公告，待被收购上市公司确认后，方可实行收购行为。它是各国证券市场最主要的收购形式，通过公开向全体股东发出要约，达到控制目标公司的目的。要约收购是一种特殊的证券交易行为，其标的为上市公司的全部依法发行的股份。其最大的特点是在所有股东平等获取信息的基础上由股东自主作出选择，因此被视为完全市场化的规范的收购模式，有利于防止各种内幕交易，保障全体股东尤其是中小股东的利益。

通过证券交易所的证券交易，投资者持有或者通过协议、其他安排与他人共同持有一个上市公司已发行的股份达到30%时，继续进行收购的，应当依法向该上市公司所有股东发出收购上市公司全部或者部分股份的要约。

收购上市公司部分股份的收购要约应当约定，被收购公司股东承诺出售的股份数额超过预定收购的股份数额的，收购人按比例进行收购。

二、协议收购

协议收购，是指投资者在证券交易场所之外与目标公司的股东（主要是持股比例较高的大股东）就股票价格、数量等方面进行私下协商（相对公开市场而言，而非黑市交易），购买目标公司的股票，以期达到对目标公司控股或兼并的目的。

采取协议收购方式收购上市公司的，收购人可以依照法律、行政法规的规定同被收购公司的股东协议转让股份。

三、集中竞价交易收购

集中竞价交易收购是指在证券交易所通过"集中竞价"的方式完成的收购。集中竞价收购以现金为支付方式，为了获得足够的股票，收购方必须事先准备足够的现金。

四、间接收购

上市公司间接收购，是指收购人在形式上没有直接成为目标公司的股东，但通过投资关系、协议、其他安排拥有权益的股份达到或超过一个上市公司已发行股份的 5%、未超过 30%的收购。在我国的上市公司收购中，间接收购被广泛地使用。此外，间接收购往往被外国投资者所采用。外国投资者经常根据我国《外商投资产业指导目录》中鼓励和支持的投资方向，整体或部分买断上市公司的母公司或控股股东企业，将该企业变成外商独资企业或外商投资企业，从而间接控股上市公司。

五、上市公司重大资产重组

上市公司重大资产重组，是指上市公司及其控股或者控制的公司在日常经营活动之外通过购买、出售资产或者其他方式进行资产交易达到规定的比例，导致上市公司的主营业务、资产、收入发生重大变化的资产交易行为。

为推进建设一个规范、透明、开放、有活力、有韧性的资本市场，支持深圳建设中国特色社会主义先行示范区，优化重组上市监管制度，完善符合中国国情的资本市场多元化退出渠道和出清方式，提高上市公司质量，2019 年 10 月，证监会公布了修订后的《上市公司重大资产重组管理办法》。本次修订，旨在准确把握市场规律，理顺重组上市功能，发挥资本市场服务实体经济功能作用，积极支持深圳建设中国特色社会主义先行示范区，是落实全面深化资本市场改革总体方案的重要举措。

六、上市公司发行股份购买资产

上市公司发行股份购买资产是定向增发的一种特殊形式，它是指上市公司作为交易的一方，向特定对象发行股份购买资产或向发行对象募集资金进行周转，再用现金购买该发行对象的资产。发行股份购买资产本质上是一种私募或非公开发行性质的证券发行方式。《上市公司重大资产重组管理办法》专门设立了第五章对发行股份购买资产进行了特别规定。

七、借壳上市

借壳上市并不是一种具体的并购交易结构，而是并购行为的综合。借壳上市可以定义为：非上市公司通过股权收购获得对上市公司的控制权后，上市公司再通过重大资产重组，将非上市公司控制的优质资产置入上市公司，将原来上市公司控制的劣质资产置出上市公司的过程。在这个过程中，上市公司控股股东也发生了变更，非上市资产变为上市资产。

〜〜〜 案例与解析 〜〜〜〜〜〜〜〜〜〜〜〜〜〜〜〜〜〜〜〜〜〜〜〜〜〜〜〜〜〜

中航电测拟以 174 亿元收购成飞 100%股权

2023 年 7 月 26 日晚，中航电测仪器股份有限公司（中航电测，300114.SZ）公告，中航电测拟通过发行股份方式向中国航空工业集团有限公司（航空工业集团）购买其持有的成都飞机工业（集团）有限责任公司（航空工业成飞）100%股权。本次交易的总金额约为 174.42 亿元。根据草案，此次发行 20.86 亿股，占发行后上市公司总股本的比例为 77.93%，在中航电测利润分配方案实施后，发行价格调整为 8.36 元/股。以 2023 年 1 月 31 日为基准日，航空工业成飞 100%股权评估值为 240.27 亿元。

请问：上市公司收购的意义是什么？

解析：一是旨在借助上市公司资本运作功能，利用上市平台为航空装备体系建设任务提供资源和制度保障，为航空产品研制后续技术改造拓宽融资渠道，不断提升航空产品制造水平；二是借助资本市场推动核心企业高质量发展，通过本次交易，航空工业成飞将通过规范的上市公司治理和市场化的考核激励机制等多种途径提升企业市场化经营水平，实现产业经营与资本运营融合发展、相互促进，推动航空工业成飞高质量发展；三是增强上市公司持续盈利能力，提高上市公司股东的投资回报水平。

第五节　新三板与科创板市场法律制度

一、新三板市场法律制度

新三板市场即全国中小企业股份转让系统，是经国务院批准设立的第一家公司制证券交易场所，也是继上交所、深交所之后第三家全国性证券交易场所，简称"全国股份转让系统"，通常称为新三板。

1. 新三板挂牌条件

股份有限公司申请股票在新三板挂牌，不受股东所有制的限制，不限于高新技术企业，原则上应当符合下列条件：①依法设立并存续满2年。有限责任公司按原账面净资产值折股整体变更为股份有限公司的，存续时间可以从有限责任公司成立之日起计算。②业务明确，具有持续经营能力。③公司治理机制健全，合法规范经营。④股权明晰，股票发行和转让行为合法合规。⑤主办券商推荐并持续督导。

近年来，全国中小企业股份转让系统有限责任公司相继结合对挂牌公司股票的条件进行补充和修订，以便更好适应我国实际发展需求。

2. 新三板交易机制和规则

新三板挂牌股票的转让方式主要包括做市转让和协议转让。与沪深股票相类似，已开设全国股票转让系统账户并在托管券商处开立资金结算账户的合格投资者，可通过托管券商柜台、互联网、自助终端等方式委托买卖股票。

新三板现行交易规则主要包括：①以机构投资者为主，合格的自然人也可投资。②实行股份转让限售期。新三板对发起人、控股股东和实际控制人、高级管理人员所持股份转让设定一定的限售期。③设定股份交易最低限额。每次交易要求不得低于1 000股，投资者证券账户某一股份余额不足1 000股的，只能一次性委托卖出。股票转让单笔申报最大数量不得超过100万股。④投资者委托交易。投资者委托分为意向委托、定价委托和成交确认委托，委托当日有效。意向委托、定价委托和成交确认委托均可撤销，但已经报价系统确认成交的委托不得撤销或变更。⑤交易须由券商代理。投资者通过券商交易系统办理报价申报、转让或购买委托、成交确认、清算交收等手续，挂牌公司及投资者在代办系统所办理的股份交易的相关手续均须通过券商办理。⑥分级结算原则。新三板交易制度对股份和资金的结算实行分级结算原则。分级结算是指证券登记结算机构与证券公司等结算参与人进行资金和证券的法人结算（又称一级结算），证券公司再与投资者进行二级结算。⑦依托新三板代办交易系统。

🔖 **小知识**

新三板投资者准入条件规定

投资者申请开通"股份报价委托"权限的，须满足以下条件方能申请。

1. 合格投资者。

（1）自然人：①客户账户内前一交易日日终资产总值（含资金、证券、基金、券商理财）在500万元以上；②两年以上证券投资经验（含新三板交易经验）。

（2）一般法人注册资本在人民币500万元以上的法人或实缴出资总额在人民币500万元以上的合伙企业。

（3）特殊法人集合信托计划、证券投资基金、银行或券商理财产品、其他监管部门认可的产品或资产。

2. 受限投资者公司挂牌前股东、持有公司股份的股东、已参与新三板交易的股东。

二、科创板市场法律制度

科创板，是独立于现有主板市场的新设板块，在该板块内进行注册制试点。设立科创板并试点注册制是提升服务科技创新企业能力、增强市场包容性、强化市场功能的一项资本市场重大改革举措。通过发行、交易、退市、投资者适当性、证券公司资本约束等新制度以及引入中长期资金等配套措施，增量试点、循序渐进，新增资金与试点进展同步匹配，力争在科创板实现投融资平衡、一二级市场平衡、公司的新老股东利益平衡，并促进现有市场形成良好预期。

2019 年 1 月 30 日，证监会发布《关于在上海证券交易所设立科创板并试点注册制的实施意见》。2019 年 3 月 1 日，证监会发布《科创板首次公开发行股票注册管理办法（试行）》和《科创板上市公司持续监管办法（试行）》。2019 年 6 月 13 日，科创板正式开板；7 月 22 日，科创板首批公司上市；8 月 8 日，第二批科创板公司挂牌上市。2019 年 8 月，为落实科创板上市公司并购重组注册制试点改革要求，建立高效的并购重组制度，规范科创公司并购重组行为，证监会发布《科创板上市公司重大资产重组特别规定》。

📖 本章小结

本章主要介绍了我国证券法的基本内容，包括：证券和证券法的基本概念，证券市场主体的种类和含义，证券发行的定义和条件，证券承销的含义和种类，证券上市和交易，证券市场禁止的交易行为，上市公司收购，新三板及科创板市场的法律制度。

📖 综合练习题

第五章 合 同 法

学习目标

通过对本章的学习，了解合同法的概念与分类；掌握合同的订立过程，理解合同的效力、履行以及违约责任。

关键概念

合同 要约 承诺 缔约过失责任 无效合同 可撤销合同 效力待定合同 双务合同 抗辩权 合同变更 合同转让 合同解除 合同违约责任

引导案例

2023年5月12日，甲、乙两厂签订购销合同。双方约定：乙厂供应甲厂洗衣机零配件5万套，每套价格10元；乙厂于同年6月10日，每月交货1万套；甲厂于签约后10天内付给乙厂定金5万元；乙厂每月月底交货，甲厂收货后10天内验货付款；违约责任为未履行货物价款的5%。甲厂依约付给乙厂定金。在乙厂履行了第一、二批交货义务后，适逢一外商紧急求购这种洗衣机零配件，出价远远高于甲、乙两厂在合同中约定的价格。于是乙厂就另和外商签订了以这种洗衣机零配件为标的的购销合同。由于生产能力有限，乙厂遂不再履行其与甲厂签订的购销合同，要求解除第三、四、五批的合同。甲厂不同意解除合同，要求乙厂支付违约金并双倍返还定金。乙厂认为，甲厂付给自己的5万元定金根本没有投入使用，况且合同才签订3个月，也没有给甲厂造成实际经济损失，双倍返还定金并支付违约金显失公平。因此，乙厂只同意返还甲厂的5万元定金。于是甲、乙两厂发生纠纷，甲厂将乙厂诉至法院。

请问：

（1）甲厂要求乙厂双倍返还定金是否于法有据？为什么？

（2）甲厂要求乙厂支付违约金是否于法有据？为什么？

（3）乙厂应如何承担违约责任？

（4）如果甲厂同意解除合同，但要求解除全部合同，能否得到支持？为什么？

（5）如果甲厂不同意解除合同，则甲厂能否要求乙厂继续履行余下的合同义务？

（6）如果甲厂举证证明，因乙厂违约致其不能如期履行与丙厂签订的洗衣机供销合同，损失利润3万元，并且甲、乙订立合同时乙厂知道甲、丙之间的合同，那么甲厂能否要求乙厂承担这3万元的损失？为什么？

第一节 合同法概述

根据《民法典》的规定，合同是民事主体之间设立、变更、终止民事权利义务关系的协议。

合同法是调整平等主体之间的财产交易关系的法律规范的总称。这一概念包含三层含义：①合同法只调整平等主体之间的关系；②合同法所调整的关系是平等主体之间的交易关系；③合同法所调整的交易关系仅限于财产交易关系即商品交易关系。合同法主要规范合同的订立、效力、履行、变更、保全、终止及违反合同的责任等问题。

一、合同的分类

根据不同的标准，可以对合同进行不同的分类。

（1）有名合同与无名合同。根据法律是否对合同规定了特定名称并加以规范，可以将合同分为有名合同与无名合同。有名合同又被称为典型合同，是指法律上已经确定了特定名称及规则的合同。如《民法典》分则所规定的买卖合同、赠与合同、租赁合同等都属于有名合同。无名合同又称为非典型合同，是指法律上尚未确定一定名称与规则的合同。《民法典》第467条规定："本法或者其他法律没有明文规定的合同，适用本编通则的规定，并可以参照适用本编或者其他法律最相类似合同的规定。"

（2）双务合同与单务合同。根据合同当事人双方是否互负给付义务，可以将合同分为双务合同与单务合同。双务合同是指当事人双方互负给付义务的合同，如买卖合同。单务合同是指仅有一方当事人负担给付义务，或虽双方均负给付义务，但双方的给付义务形不成对价关系的合同，如赠与合同。

（3）有偿合同与无偿合同。根据合同当事人依据合同从对方取得利益是否须付出相应代价，可以将合同分为有偿合同与无偿合同。有偿合同是指当事人一方依据合同从对方取得利益必须向对方支付相应代价的合同，如租赁合同。无偿合同是指当事人一方依据合同从对方取得利益不必向对方作出任何对价性给付的合同，如借用合同。

（4）诺成合同与实践合同。根据是否以交付标的物作为合同成立的条件，可以将合同分为诺成合同与实践合同。诺成合同又称为不要物合同，是指只要当事人各方的意思表示一致即可成立的合同，如承揽合同。实践合同又称为要物合同，是指除当事人各方的意思表示一致以外，还必须实际交付标的物才能成立的合同，如保管合同。交付标的物对诺成合同和实践合同的意义不同。对于诺成合同，交付标的物是履行合同义务的行为；对于实践合同，交付标的物是合同成立的要件。

（5）要式合同与不要式合同。根据合同的成立是否必须采取特定的形式，可以将合同分为要式合同与不要式合同（也称非要式合同）。要式合同是指必须采用法律规定的特定形式订立方能成立的合同。不要式合同是指法律没有要求其必须采用某种特定形式订立的合同。在经济生活中，大多数合同都属于不要式合同。

（6）主合同与从合同。根据相互有联系的合同之间的主从关系，可以将合同分为主合同与从合同。在两个相互有联系的合同当中，不需要依赖他种合同而能独立存在的合同为主合同；反之，以他种合同（主合同）的存在为其存在前提的合同是从合同。例如，借款合同与担保借款债权的保证合同之间，借款合同是主合同，即使没有保证合同它仍可以独立存在；保证合同是从合同，它是以借款合同的存在作为存在前提的合同。

二、合同法的基本原则

（1）合同自由原则。合同自由原则又称为契约自由原则，是市场经济对交易行为的客观要求。它主要包括以下几个方面的内容：①缔约自由，即当事人有权自由决定是否与他人订立合同，任何单位和个人不得非法干预；②选择相对人自由，即当事人可以自由决定与谁订立合同；③决定合同内容自由，即订约当事人可以自由协商决定合同的内容；④选择合同形式的自由，即当事人可以自由决定以何种形式订立合同；⑤变更或解除合同的自由，即在合同成立生效后，当事人双方可以通过协商，决定变更或解除合同。此外，法律允许当事人自行约定违约责任的承担方式、自行约定合同争议的解决方式。

（2）合同正义原则。合同正义原则要求通过合同立法使合同的订立、合同的内容、合同的履行以及违约责任的承担都体现合同正义。①合同法规定确属违背当事人真实意愿订立的合同，属于无效合同或可撤销、可变更合同；②合同法规定了当事人之间相对合理的风险负担规则；③合同法确定了附随义务的合理配置、损害赔偿的合理归责；④合同法对格式条款和免责条款进行了必要的法律规制；⑤对于约定的违约金过分高于或低于实际损失的，允许当事人请求法院或仲裁机构予以调整。

（3）诚实信用原则。诚实信用原则是指民事主体在从事民事活动时，应当诚实守信，不得滥用权利，不得规避法律或者合同规定的义务。现代市场经济是发达的信用经济，交易安全、效率和成功越来越依赖诺言与协议。合同法的诚实信用原则，在维持交易秩序、鼓励交易安全、降低交易费用、促进交易成功、解决交易纠纷等方面有着不可忽视的影响，因此，诚实信用原则是合同法一项极为重要的原则，也常常被称作"帝王原则"。

（4）鼓励交易原则。合同法应当起到鼓励交易活动而不是限制交易活动的作用。鼓励交易是指鼓励当事人在自主自愿基础上实施合法的、正当的交易。

第二节　合同的订立

合同订立是指缔约当事人互为意思表示，并使双方意思表示趋于一致，达成合意的过程。这个过程主要包括要约和承诺两个阶段，每个阶段都有相应的法律规范进行调整。

一、合同订立的形式

《民法典》第 469 条规定：当事人订立合同，可以采用书面形式、口头形式或者其他形式。

（1）书面形式。书面形式是指合同书、信件、电报、电传、传真、电子数据交换和电子邮件等可以有形地表现所载内容的形式。书面形式明确肯定、有据可查，对防止争议和解决纠纷有积极意义。实践中，书面形式是当事人普遍采用的一种合同形式。

（2）口头形式。口头形式是指当事人双方通过口头交谈的方式互为意思表示，达成协议。采取口头形式订立合同的优点是简便、快捷，缔约成本低；缺点是发生纠纷时不易举证，不易分清责任。因此对于非即时结清的、内容复杂的、较重要的合同不宜采用口头形式。

（3）其他形式。除了书面形式和口头形式以外，合同还可以其他形式成立。这主要是指行为推定形式，即根据当事人的行为推定出双方就某一合同意思表示一致，从而订立合同。例如，当某甲登上公共汽车，并向投币箱投币，从该行为可推定某甲与公交公司订立了一个客运合同。

二、要约

（一）要约的构成要件

要约，又称为发盘、出盘、出价或报价等，是指一方当事人以缔结合同为目的，向相对人所做的意思表示。《民法典》第 472 条规定：要约是希望与他人订立合同的意思表示。

发出要约的一方当事人称为要约人，接受要约的一方称为受要约人或相对人。

《民法典》第 471 条规定：当事人订立合同，可以采取要约、承诺方式或者其他方式。要约是订立合同的必经阶段，不经过要约的阶段，合同不能成立。要约是一种意思表示，只有得到受要约人的承诺，合同才能成立。

一项有效的要约，通常要具备下列构成要件。

（1）要约是由具有订约能力的特定人作出的意思表示。发出要约的目的是与受要约人成立合同，要约人可以是未来合同当事人的任何一方，但他必须是特定的，即必须是客观上可以确定的。这样，受要约人才可能对其承诺而成立合同。由于要约是订约的意思表示，要约人须为具有意思表示能力的民事主体，即要约人须为民事主体并且具有与其意欲订立的合同相应的行为能力。

（2）要约必须向要约人希望与之订立合同的相对人发出。要约只有经过受要约人的承诺，才能达到要约人的目的，即与受要约人成立合同。因此，只有要约人向其希望与之缔结合同的相对人发出缔约提议，才有可能达到要约人的订约目的。

（3）要约须表明经受要约人承诺，要约人即受该要约的约束。这是要约与要约邀请的重要区别。要约邀请是希望他人向自己发出要约的意思表示，如寄送价目表，发布拍卖公告、招标公告、招股说明书、商业广告等。一般来说，要约邀请对当事人不产生法律上的约束力，但如果商业广告的内容符合要约规定的，视为要约。

（4）要约的内容必须具体确定。一般来说，要约内容包括合同的主要条款，受要约人作出承诺，合同即可成立。

【例题与解析】甲公司以招标方式采购一套设备，向包括乙公司在内的十余家厂商发出招标书，招标书中含有设备性能、规格、品质、交货日期等内容。乙公司向甲公司发出投标书。甲公司在接到乙公司及其他公司的投标书后，决定乙公司中标，向乙公司发出中标通知书。本案例中，甲公司的招标书是要约邀请，乙公司的投标书是要约，甲公司发出的中标通知书是承诺。

（二）要约的法律效力

1. 要约的生效时间

要约到达受要约人时生效。

《民法典》第 137 条规定：以对话方式作出的意思表示，相对人知道其内容时生效。以非对话方式作出的意思表示，到达相对人时生效。以非对话方式作出的采用数据电文形式的意思表示，相对人指定特定系统接收数据电文的，该数据电文进入该特定系统时生效；未指定特定系统的，相对人知道或者应当知道该数据电文进入其系统时生效。当事人对采用数据电文形式的意思表示的生效时间另有约定的，按照其约定。

2. 要约效力的内容

要约的效力包括两个方面：对要约人来说，要约生效后，要约人不得随意撤销、变更要约；对受要约人来说，要约生效后，受要约人即取得承诺的资格。

3. 要约的撤回和撤销

要约可以撤回。要约的撤回是指要约人在要约生效前收回自己的要约。撤回要约的通知在要约到达受要约人之前或者与要约同时到达受要约人，才能产生要约撤回的效力。

要约生效后，要约人可以撤销要约，但撤销要约的通知应当在受要约人发出承诺的通知之前到达受要约人。否则，不发生要约撤销的效力。有下列两种情形之一的，要约不得撤销：①要约人确定了承诺期限或者以其他形式明示要约不可撤销；②受要约人有理由认为要约是不可撤销的，并已经为履行合同做了合理准备工作。

【例题与解析】运达公司于3月2日向中庭公司发出要约信函，中庭公司在3月6日收到运达公司传真，声明要约作废，中庭公司于3月8日收到运达公司的要约信函。这种情况下意味着要约已经被撤销。

4. 要约效力的消灭

有下列情形之一的，要约效力消灭：①要约被拒绝；②要约被依法撤销；③承诺期限届满，受要约人未作出承诺；④受要约人对要约的内容作出实质性变更。

三、承诺

1. 承诺的构成要件

承诺又称为接盘，是指受要约人同意要约的意思表示。承诺应当以通知的方式作出，但根据交易习惯或者要约表明可以通过行为作出承诺的除外。一项有效的承诺，通常要具备下列构成要件。

（1）承诺必须由受要约人作出。要约生效后，受要约人取得承诺资格，只有受要约人作出同意要约的意思表示，才能发生承诺的效力。

（2）承诺必须向要约人作出。承诺是对要约内容的同意，目的在于同要约人订立合同，因此承诺必须向要约人作出才有意义。

（3）承诺的内容必须与要约的内容一致。一般来说，承诺是受要约人对要约内容的全部、无条件接受的意思表示，承诺不得限制、变更或扩张要约的内容。受要约人对要约的内容作出实质性变更的，为新要约。有关合同标的、数量、质量、价款或者报酬、履行期限、履行地点和方式、违约责任和解决争议方法等的变更，是对要约内容的实质性变更。承诺对要约的内容作出非实质性变更的，除要约人及时表示反对或者要约表明承诺不得对要约的内容作出任何变更的以外，该承诺有效，合同的内容以承诺的内容为准。

（4）承诺应当在要约确定的承诺期限内到达要约人。要约人在要约中确定了承诺期限的，承诺必须在要约确定的承诺期限内到达要约人。要约没有确定承诺期限的，承诺应当依照下列规定到达：①要约以对话方式作出的，应当即时作出承诺；②要约以非对话方式作出的，承诺应当在合理期限内到达。要约以信件或者电报作出的，承诺期限自信件载明的日期或者电报交发之日开始计算；信件未载明日期的，自投寄该信件的邮戳日期开始计算。要约以电话、传真、电子邮件等快速通信方式作出的，承诺期限自要约到达受要约人时开始计算。受要约人超过承诺期限发出承诺的，或者在承诺期限内发出承诺，按照通常情形不能及时到达要约人的，为新要约；但是，要约人及时通知受要约人该承诺有效的除外。

（5）承诺的方式必须符合法律的规定或当事人的约定。承诺应当以通知的方式作出，但根据交易习惯或者要约表明可以通过行为作出承诺的除外。承诺的方式应当是明示的，沉默只有在有法律规定、当事人约定或者符合当事人之间的交易习惯时，才可以视为承诺。

【例题与解析】小陈于7月1日向小李发出一份传真，欲出售房屋一套，面积为65平方米，价款为130万元；要求款项一次性付清，如有意请于3日内回复。翌日，小李回复小陈，同意要约内容，但是希望分期付款。小陈未表态。第三天，小李又回复小陈，同意要约内容，可以一次性付清款项。本案例中，小陈与小李并没有签订合同。要约于小李提出分期付款后已经失效。

2. 承诺的生效和撤回

（1）承诺的生效。承诺生效，表明缔约双方当事人意思表示一致，合同即告成立。承诺通知到达要约人时承诺生效。承诺不需要通知的，根据交易习惯或者要约的要求作出承诺的行为时生效。

（2）承诺的撤回。承诺也可以撤回。承诺的撤回是指受要约人阻止承诺发生法律效力的意思表示。撤回承诺的通知应当在意思表示到达要约人前或者与意思表示同时到达要约人。

四、合同成立的时间、地点

1. 合同成立的时间

承诺生效时合同成立，承诺生效的时间即合同成立的时间，但是法律另有规定或者当事人另有约定的除外。《民法典》第490条规定：当事人采用合同书形式订立合同的，自当事人均签名、盖章或者按指印时合同成立。在签名、盖章或者按指印之前，当事人一方已经履行主要义务，对方接受时，该合同成立。

法律、行政法规规定或者当事人约定合同应当采用书面形式订立，当事人未采用书面形式但是一方已经履行主要义务，对方接受时，该合同成立。

当事人采用信件、数据电文等形式订立合同的，可以在合同成立之前要求签订确认书，签订确认书时合同成立。

2. 合同成立的地点

承诺生效的地点为合同成立的地点。《民法典》第 493 条规定：当事人采用合同书形式订立合同的，最后签名、盖章或者按指印的地点为合同成立的地点，但是当事人另有约定的除外。

采用数据电文形式订立合同的，收件人的主营业地为合同成立的地点；没有主营业地的，其住所地为合同成立的地点。当事人另有约定的，按照其约定。

【例题与解析】某家电商场与某电器公司订立合同订购一批空调，双方达成了书面协议，但是一直没有盖章。后来电器公司按照约定向家电商场发货，家电商场旋即将空调摆在柜台销售。本案例中两家公司的合同已经签订并履行，在法律上认定合同已经成立。

五、合同的条款

合同的内容是由合同的条款固定和表现的，从这个意义上讲，合同的内容就是指合同的条款。合同一般包括以下条款：①当事人的姓名或者名称和住所；②标的；③数量；④质量；⑤价款或者报酬；⑥履行期限、地点和方式；⑦违约责任；⑧解决争议的方法。在上述条款中，标的和数量是每一个合同都必须具备的条款，否则，合同不能成立。合同欠缺其他条款或其他条款约定不明确的，当事人可以事后补充或依据法律进行推定。

合同条款通常是由缔约当事人协商约定的，但在实践中，也存在一方当事人用格式条款订立合同的情形。

格式条款是指当事人为了重复使用而预先拟定，并在订立合同时未与对方协商的条款。《民法典》第496条规定：采用格式条款订立合同的，提供格式条款的一方应当遵循公平原则确定当事人之间的权利和义务，并采取合理的方式提示对方注意免除或者减轻其责任等与对方有重大利害关系的条款，按照对方的要求，对该条款予以说明。提供格式条款的一方未履行提示或者说明义务，致使对方没有注意或者理解与其有重大利害关系的条款的，对方可以主张该条款不成为合同的内容。

用格式条款订立合同可以简化缔约程序、加快交易速度、减少交易成本。但是，由于格式条款是由一方当事人拟定的，且在合同订立过程中不与对方协商，其内容可能会有对相对人不利的地方。因此，《民法典》对用格式条款订立合同进行了特别规制，以维护合同的公平、公正。

《民法典》规定了格式条款无效的情形：①不符合民事法律行为效力；②造成对方人身损害的和因故意或者重大过失造成对方财产损失的；③提供格式条款一方不合理地免除或者减轻自己的责任、加重对方责任、限制对方主要权利；④提供格式条款一方排除对方主要权利。

对格式条款的理解发生争议的，应当按照通常的理解予以解释。对格式条款有两种以上解释的，应当作出不利于提供格式条款一方的解释；格式条款和非格式条款不一致的应当采用非格式条款。

六、缔约过失责任

缔约过失责任是指当事人在订立合同过程中，因过错违反先合同义务，给对方造成损失，应依法承担的损害赔偿责任。

【例题与解析】甲企业接到一笔订单，旋即与乙公司洽谈购买原材料。此时甲企业的竞争对手丙企业唆使丁公司去与甲企业接洽，假意商讨原材料供应问题，条件比乙公司优惠。丁公司故意拖延谈判时间，最终没有与甲企业签订合同。这时，甲企业可以追讨丁公司的缔约过失责任。

先合同义务是指基于诚实信用原则和当事人之间在缔约过程中的依赖关系，当事人应负的相互通知、协助、保护、保密等法定附随义务。当事人因其过错违反先合同义务，使得合同不成立、无效或被撤销，并由此给对方当事人造成损失的，应当依法承担损害赔偿责任。

缔约过失责任的构成要件包括：①行为人违反了先合同义务；②行为人主观上有过错（包括故意和过失）；③对方当事人受到损失；④缔约过失行为与对方损失之间有因果关系。

《民法典》第 500 条、501 条用列举加概括的方式规定了缔约过失责任。当事人在订立合同过程中有下列情形之一，造成对方损失的，应当承担赔偿责任：①假借订立合同，恶意进行磋商；②故意隐瞒与订立合同有关的重要事实或者提供虚假情况；③有其他违背诚实信用原则的行为。当事人在订立合同过程中知悉的商业秘密或者其他应当保密的信息，无论合同是否成立，不得泄露或者不正当地使用；泄露、不正当地使用该商业秘密或者信息，造成对方损失的，应当承担赔偿责任。

> **想一想**
>
> 缔约过失责任与违约责任有什么不同？

【例题与解析】2023 年 5 月，某科研所和某公司签订设备改造合同，约定自 2023 年 9 月至 2023 年 12 月，该科研所负责该公司的设备改造。合同签订后，该公司为了履行合同做了相关准备工作。2022 年 7 月，该科研所通知该公司，负责合同项目的技术人员辞职，无法履行合同。这种情况下，该科研所就应该承担缔约过失责任。

第三节　合同的效力

合同的效力，又称为合同的法律效力，是指已成立的合同在当事人之间产生的法律约束力。合同的成立与合同的生效不同，合同的成立是指当事人就合同的主要条款达成合意，是解决合同从无到有的问题；合同的生效反映了法律对已成立的合同的评价。只有依法成立的合同，才是有效的合同。有效合同在当事人之间产生法律约束力，国家法律予以保护。如果已成立的合同不具备法律规定的生效要件，就不是有效的合同，不能产生当事人预期的法律后果；这类合同依其效力状态的不同，可分为无效合同、可撤销合同、效力待定合同三种类型。

一、有效合同

有效合同，又称为生效的合同，是指符合合同的生效要件，在当事人之间产生法律约束力、受法律保护的合同。

（一）合同生效的条件

具备下列条件的合同为有效合同。

1. 行为人具有相应的民事行为能力

《民法典》把自然人的民事行为能力分为完全民事行为能力、限制民事行为能力和无民事行为能力三类。18 周岁以上的自然人是成年人，具有完全民事行为能力。已满 16 周岁不满 18 周岁的自然人，如果以自己的劳动收入为主要生活来源的，视为完全民事行为能力人。8 周岁以上的未成年人是限制民事行为能力人，他们可以进行与其年龄、智力相适应的民事活动，其他民事活动则应由其法定代理人代理，或者征得其法定代理人的同意。不满 8 周岁的未成年人是无民事行为能力人，无民事行为能力人不能实施有效的法律行为，他们签订的合同是无效的。

当事人超越经营范围订立的合同的效力，应当依照民事行为的法律效力和《民法典》的有关规定进行确定，不得仅以超越经营范围确认合同无效。

2. 意思表示真实

意思表示是指行为人将其设立、变更、终止民事权利义务的内在意思通过某种形式表示于外部的行为。只有当事人内在的意愿与外在的表示一致时，才能产生当事人所期望的法律效果，才能达到当事人所追求的经济目的。因此，法律要求缔约当事人的意思表示必须是真实的。

3. 不违反法律、行政法规的强制性规定，不违背公序良俗

法律保护的是当事人的合法行为。只有当事人缔结的合同的内容符合法律的规定，不损害社会公共利益，法律才会对其作出肯定性评价，才会赋予其法律效力。违反法律、行政法规的强制性规定的民事法律行为无效。但是，该强制性规定不导致该民事法律行为无效的除外。违背公序良俗的民事法律行为无效。

（二）合同生效的时间

关于合同生效的时间，具体规定如下：①一般的合同，依法成立的时间即为合同生效的时间；②法律、行政法规规定应当办理批准等手续生效的合同，依照其规定办理批准手续后合同生效；③附生效条件的合同，自条件满足时生效；④附生效期限的合同，自期限届满至时生效。

《民法典》第 502 条规定，依照法律、行政法规的规定，合同应当办理批准等手续的，依照其规定。未办理批准等手续影响合同生效的，不影响合同中履行报批等义务条款以及相关条款的效力。应当办理申请批准等手续的当事人未履行义务的，对方可以请求其承担违反该义务的责任。依照法律、行政法规的规定，合同的变更、转让、解除等情形应当办理批准等手续的，适用前款规定。

二、无效合同

无效合同，是指虽已成立，但因不具备合同的生效要件，没有法律约束力的合同。无效合同自始没有法律约束力，法律不予承认和保护。

《民法典》第一编第六章规定：①无民事行为能力人实施的民事法律行为无效。②违反法律、行政法规的强制性规定的民事法律行为无效。但是，该强制性规定不导致该民事法律行为无效的除外。③行为人与相对人恶意串通，损害他人合法权益的民事法律行为无效。④行为人与相对人以虚假的意思表示实施的民事法律行为无效。⑤违背公序良俗的民事法律行为无效。

《民法典》第 156 条规定，民事法律行为部分无效，不影响其他部分效力的，其他部分仍然有效。

《民法典》第 157 条规定，民事法律行为无效、被撤销或者确定不发生效力后，行为人因该行为取得的财产，应当予以返还；不能返还或者没有必要返还的，应当折价补偿。有过错的一方应当赔偿对方由此所受到的损失；各方都有过错的，应当各自承担相应的责任。法律另有规定的，依照其规定。

免责条款，是指当事人在合同中确立的排除或者限制其未来责任的条款。《民法典》第 506 条规定，合同中的下列免责条款无效：①造成对方人身损害的；②因故意或者重大过失造成对方财产损失的。

《民法典》第 507 条规定，合同不生效、无效、被撤销或者终止的，不影响合同中有关解决

争议方法的条款的效力。

三、可撤销合同

可撤销合同，又称为相对无效合同，是指欠缺合同生效要件，存在法定撤销事由，合同一方当事人可请求人民法院或者仲裁机构撤销或者变更的合同。

1. 可撤销合同的类型

《民法典》规定，可撤销合同主要有以下几种类型：①基于重大误解实施的民事法律行为，行为人有权请求人民法院或者仲裁机构予以撤销；②一方利用对方处于危困状态、缺乏判断能力等情形，致使民事法律行为成立时显失公平的，受损害方有权请求人民法院或者仲裁机构予以撤销；③一方以欺诈手段，使对方在违背真实意思的情况下实施的民事法律行为，受欺诈方有权请求人民法院或者仲裁机构予以撤销；④第三人实施欺诈行为，使一方在违背真实意思的情况下实施的民事法律行为，对方知道或者应当知道该欺诈行为的，受欺诈方有权请求人民法院或者仲裁机构予以撤销；⑤一方或者第三人以胁迫手段，使对方在违背真实意思的情况下实施的民事法律行为，受胁迫方有权请求人民法院或者仲裁机构予以撤销。

2. 撤销权的行使

在上述三种合同中，意思表示不真实的一方当事人享有撤销权，有权请求人民法院或者仲裁机构撤销或者变更合同。当事人请求变更的，人民法院或仲裁机构不得撤销。

撤销权的行使是有期限和限制条件的。有下列情形之一的，撤销权消灭：①当事人自知道或者应当知道撤销事由之日起 1 年内、重大误解的当事人自知道或者应当知道撤销事由之日起 90 日内没有行使撤销权；②当事人受胁迫，自胁迫行为终止之日起 1 年内没有行使撤销权；③当事人知道撤销事由后明确表示或者以自己的行为表明放弃撤销权；④当事人自民事法律行为发生之日起 5 年内没有行使撤销权。

四、效力待定合同

效力待定合同，是指虽已成立但因缔约一方当事人欠缺相应的缔约能力，其是否发生效力尚不能确定，有待于其他行为使之确定的合同。效力待定合同虽欠缺合同生效的要件，但法律允许根据情况对这类合同予以补救。《民法典》第 145 条和第 171 条规定了效力待定合同的种类。

1. 限制民事行为能力人订立的合同

限制民事行为能力人实施的纯获利益的民事法律行为或者与其年龄、智力、精神健康状况相适应的民事法律行为有效；实施的其他民事法律行为经法定代理人同意或者追认后有效。

为避免因限制民事行为能力人订立的合同效力长期处于不确定状态而影响相对人的权益，《民法典》规定了相对人的催告权。相对人可以催告法定代理人自收到通知之日起 30 日内予以追认；法定代理人未作表示的，视为拒绝追认。民事法律行为被追认前，善意相对人有撤销的权利；撤销应当以通知的方式作出。

【例题与解析】15 岁的中学生小蔡参加校园创意大赛，其设计的"无尘黑板擦"受到了组委会的好评。会后，某企业老板王某对此非常感兴趣，与小蔡签订合同，现场支付小蔡 4 万元，买下该作品的制作方法。请评述该合同的效力。

解析：

该合同是效力待定合同。因为小蔡是限制民事行为能力人，只能订立与其年龄、智力状况相适应的合同或者是纯获利益的合同，其他合同需要他的法定代理人代理或者征得法定代理人同意方可签订。

2. 行为人没有代理权、超越代理权或者代理权终止后以被代理人名义订立的合同

这种合同又被称为无权代理合同。行为人没有代理权、超越代理权或者代理权终止后，仍然实施代理行为，未经被代理人追认的，对被代理人不发生效力。相对人可以催告被代理人自收到通知之日起30日内予以追认；被代理人未作表示的，视为拒绝追认。行为人实施的行为被追认前，善意相对人有撤销的权利；撤销应当以通知的方式作出。

行为人实施的行为未被追认的，善意相对人有权请求行为人履行债务或者就其受到的损害请求行为人赔偿。但是，赔偿的范围不得超过被代理人追认时相对人所能获得的利益。

相对人知道或者应当知道行为人无权代理的，相对人和行为人按照各自的过错承担责任。

需要指出的是：①对无权代理行为，行为人没有代理权、超越代理权或者代理权终止后，仍然实施代理行为，相对人有理由相信行为人有代理权的，代理行为有效。即表见代理，是指客观上存在使相对人相信无权代理人有代理权的情况和理由且相对人主观上为善意时，代理行为有效，被代理人承担授权人的责任。②无权代理行为与越权代表行为不同。

《民法典》第504条规定，法人的法定代表人或者非法人组织的负责人超越权限订立的合同，除相对人知道或者应当知道其超越权限外，该代表行为有效，订立的合同对法人或者非法人组织发生效力。

五、合同无效或被撤销的法律后果

无效的或者被撤销的民事法律行为自始没有法律约束力。民事法律行为部分无效，不影响其他部分效力的，其他部分仍然有效。民事法律行为无效、被撤销或者确定不发生效力后，行为人因该行为取得的财产，应当予以返还；不能返还或者没有必要返还的，应当折价补偿。有过错的一方应当赔偿对方由此所受到的损失；各方都有过错的，应当各自承担相应的责任。法律另有规定的，依照其规定。

第四节 合同的履行

合同的履行，是指合同的双方当事人正确、适当、全面地完成合同中规定的各项义务的行为。当事人应当按照合同约定全面履行自己的义务。在合同的履行中，当事人应当遵循诚实信用原则，根据合同的性质、目的和交易习惯履行通知、协助、保密等法定附随义务。

一、合同履行的规定

1. 当事人就有关合同内容约定不明确时的履行规定

合同生效后，当事人就质量、价款或者报酬、履行地点等内容没有约定或者约定不明确的，可以协议补充；不能达成补充协议的，按照合同有关条款或者交易习惯确定。依照上述办法仍不能确定的，适用《民法典》第511条的规定：①质量要求不明确的，按照强制性国家标准履行；没有强制性国家标准的，按照推荐性国家标准履行；没有推荐性国家标准的，按照行业标准履行；没有国家标准、行业标准的，按照通常标准或者符合合同目的的特定标准履行。②价款或者报酬不明确的，按照订立合同时履行地的市场价格履行；依法应当执行政府定价或者政府指导价的，依照规定履行。③履行地点不明确，给付货币的，在接受货币一方所在地履行；交付不动产的，在不动产所在地履行；其他标的，在履行义务一方所在地履行。④履行期限不明确的，债务人可以随时履行，债权人也可以随时请求履行，但是应当给对方必要的准备时间。⑤履行方式不明确的，按照有利于实现合同目的的方式履行。⑥履行费用的负担不明确的，由履行义务一方负担；

因债权人原因增加的履行费用，由债权人负担。

除此之外，《民法典》第 514 条规定，以支付金钱为内容的债，除法律另有规定或者当事人另有约定外，债权人可以请求债务人以实际履行地的法定货币履行。《民法典》第 532 条规定，合同生效后，当事人不得因姓名、名称的变更或者法定代表人、负责人、承办人的变动而不履行合同义务。

2. 执行政府定价或者政府指导价的合同的履行规定

《民法典》第 513 条规定，执行政府定价或者政府指导价的，在合同约定的交付期限内政府价格调整时，按照交付时的价格计价。逾期交付标的物的，遇价格上涨时，按照原价格执行；价格下降时，按照新价格执行。逾期提取标的物或者逾期付款的，遇价格上涨时，按照新价格执行；价格下降时，按照原价格执行。

3. 第三人代为履行或代为接受履行合同的规定

合同生效后，通常应由合同当事人亲自履行和亲自接受履行。但在不涉及人身性质的合同中，当事人也可以约定由第三人代为履行或代为接受履行，在这种情况下，第三人只是合同的履行主体，而不是合同当事人。由于合同仅在当事人之间产生约束力，因此，在第三人代为履行或代为接受履行合同时，应遵守下列规定。

（1）向第三人履行的合同。《民法典》第 522 条规定，当事人约定由债务人向第三人履行债务，债务人未向第三人履行债务或者履行债务不符合约定的，应当向债权人承担违约责任。法律规定或者当事人约定第三人可以直接请求债务人向其履行债务，第三人未在合理期限内明确拒绝，债务人未向第三人履行债务或者履行债务不符合约定的，第三人可以请求债务人承担违约责任；债务人对债权人的抗辩，可以向第三人主张。

（2）由第三人履行的合同。《民法典》第 523 条规定，当事人约定由第三人向债权人履行债务，第三人不履行债务或者履行债务不符合约定的，债务人应当向债权人承担违约责任。

（3）第三人清偿规定。《民法典》第 524 条规定，债务人不履行债务，第三人对履行该债务具有合法利益的，第三人有权向债权人代为履行；但是，根据债务性质、按照当事人约定或者依照法律规定只能由债务人履行的除外。债权人接受第三人履行后，其对债务人的债权转让给第三人，但是债务人和第三人另有约定的除外。

【例题与解析】甲与乙订立一份约定由丙向乙履行的合同。后因为丙没有按照约定履行发生纠纷，此时乙应当起诉甲，由甲向乙承担违约责任。

4. 提前履行和部分履行的规定

《民法典》第 530 条规定，债权人可以拒绝债务人提前履行债务，但是提前履行不损害债权人利益的除外。债务人提前履行债务给债权人增加的费用，由债务人负担。

《民法典》第 531 条规定，债权人可以拒绝债务人部分履行债务，但是部分履行不损害债权人利益的除外。债务人部分履行债务给债权人增加的费用，由债务人负担。

此外，债权人分立、合并或者变更住所没有通知债务人，致使履行债务发生困难的，债务人可以中止履行或者将标的物提存。

5. 电子合同的履行规定

《民法典》第 512 条规定，通过互联网等信息网络订立的电子合同的标的为交付商品并采用快递物流方式交付的，收货人的签收时间为交付时间。电子合同的标的为提供服务的，生成的电子凭证或者实物凭证中载明的时间为提供服务时间；前述凭证没有载明时间或者载明时间与实际提供服务时间不一致的，以实际提供服务的时间为准。

电子合同的标的物为采用在线传输方式交付的，合同标的物进入对方当事人指定的特定系且能够检索识别的时间为交付时间。电子合同当事人对交付商品或者提供服务的方式、时间另有约定的，按照其约定。

6. 选择之债的履行规定

《民法典》第 515 条规定，标的有多项而债务人只需履行其中一项的，债务人享有选择权；但是，法律另有规定、当事人另有约定或者另有交易习惯的除外。享有选择权的当事人在约定期限内或者履行期限届满未作选择，经催告后在合理期限内仍未选择的，选择权转移至对方。

《民法典》第 516 条规定，当事人行使选择权应当及时通知对方，通知到达对方时，标的确定。标的确定后不得变更，但是经对方同意的除外。可选择的标的发生不能履行情形的，享有选择权的当事人不得选择不能履行的标的，但是该不能履行的情形是由对方造成的除外。

7. 按份之债的履行规定

《民法典》第 517 条规定，债权人为二人以上，标的可分，按照份额各自享有债权的，为按份债权；债务人为二人以上，标的可分，按照份额各自负担债务的，为按份债务。按份债权人或者按份债务人的份额难以确定的，视为份额相同。

8. 连带之债的履行规定

《民法典》第 518 条规定，债权人为二人以上，部分或者全部债权人均可以请求债务人履行债务的，为连带债权；债务人为二人以上，债权人可以请求部分或者全部债务人履行全部债务的，为连带债务。连带债权或者连带债务，由法律规定或者当事人约定。

《民法典》第 519 条规定，连带债务人之间的份额难以确定的，视为份额相同。实际承担债务超过自己份额的连带债务人，有权就超出部分在其他连带债务人未履行的份额范围内向其追偿，并相应地享有债权人的权利，但是不得损害债权人的利益。其他连带债务人对债权人的抗辩，可以向该债务人主张。被追偿的连带债务人不能履行其应分担份额的，其他连带债务人应当在相应范围内按比例分担。

《民法典》第 520 条规定，部分连带债务人履行、抵销债务或者提存标的物的，其他债务人对债权人的债务在相应范围内消灭；该债务人可以依据前条规定向其他债务人追偿。部分连带债务人的债务被债权人免除的，在该连带债务人应当承担的份额范围内，其他债务人对债权人的债务消灭。部分连带债务人的债务与债权人的债权同归于一人的，在扣除该债务人应当承担的份额后，债权人对其他债务人的债权继续存在。债权人对部分连带债务人的给付受领迟延的，对其他连带债务人发生效力。

《民法典》第 521 条规定，连带债权人之间的份额难以确定的，视为份额相同。实际受领债权的连带债权人，应当按比例向其他连带债权人返还。连带债权参照适用连带债务的有关规定。

二、双务合同履行中的抗辩权

抗辩权，是指对抗他人请求权的权利。在双务合同中，当事人互负对待给付义务，双方的义务互为条件、互相依存。如果一方履行了义务，得不到他方的履行，将使自己的合同债权受到损害。为保障双务合同当事人在自己履行合同后，能得到对方义务的履行，实现合同债权，《民法典》规定了双务合同履行中当事人的三种抗辩权。

1. 同时履行抗辩权

同时履行抗辩权，是指在没有履行顺序的双务合同中，当事人一方在对方当事人未履行之前，拒绝先为履行的权利。依照《民法典》第 525 条的规定：当事人互负债务，没有先后履行顺序的，应当同时履行。一方在对方履行之前有权拒绝其履行请求。一方在对方履行债务不符合约定时，有权拒绝其相应的履行请求。

【例题与解析】某图书馆欲引进一批价值 15 万元的图书，与某出版社签订了合同。到了约定的合同履行日期，出版社只运送了价值 10 万元的图书。此时图书馆可以只支付 10 万元货款，余下的部分，待书运到之后再做清偿。这是一个同时履行抗辩权的案例，因为双方没有就履行顺序作出约定，《民法典》对买卖合同履行顺序也没有作出规定。

2. 先履行抗辩权

先履行抗辩权，是指在有履行顺序的双务合同中，应当先履行义务的一方当事人未履行时，对方当事人享有的拒绝其履行要求的权利。依照《民法典》第 526 条的规定：当事人互负债务，有先后履行顺序，应当先履行债务一方未履行的，后履行一方有权拒绝其履行请求。先履行一方履行债务不符合约定的，后履行一方有权拒绝其相应的履行请求。

3. 不安抗辩权

不安抗辩权，是指在双务合同中，应当先履行债务的当事人有确切证据证明对方有丧失或可能丧失履行能力的情形时，有中止履行自己债务的权利。

《民法典》第 527 条对不安抗辩权及其行使做了明确的规定。应当先履行债务的当事人，有确切证据证明对方有下列情形之一的，可以中止履行：①经营状况严重恶化；②转移财产、抽逃资金，以逃避债务；③丧失商业信誉；④有丧失或者可能丧失履行债务能力的其他情形。

当事人依法中止履行的，应当及时通知对方。对方提供适当担保时，应当恢复履行。中止履行后，对方在合理期限内未恢复履行能力并且未提供适当担保的，视为以自己的行为表明不履行主要债务，中止履行的一方可以解除合同并可以请求对方承担违约责任。

【例题与解析】甲公司与乙公司签订买卖合同，合同约定甲公司先交货。交货前夕，甲公司派人调查乙公司的偿债能力，有证据证明乙公司负债累累，根本不能按时支付货款。甲公司于是决定行使不安抗辩权暂时不向乙公司交货。

三、合同债权的保全

合同债权的保全，是指法律为防止债务人的财产不当减少而给债权人的债权带来损害，允许债权人行使代位权和撤销权，以保护其债权的法律制度。合同债权保全的措施，包括债权人的代位权和债权人的撤销权两种。

1. 债权人的代位权

因债务人怠于行使其债权或者与该债权有关的从权利，影响债权人的到期债权实现的，债权人可以向人民法院请求以自己的名义代位行使债务人对相对人的权利，但是该权利专属于债务人自身的除外。

例如，甲欠乙 10 万元，丙欠甲 5 万元，甲在其对丙的债权到期后，一直不行使对丙的债权，致使其无力清偿对乙的债务，则乙可以代位行使甲对丙的债权，要求丙履行对甲的债务，以保障自己债权的实现。

行使代位权，应当符合下列条件。

（1）债权人对债务人的债权合法、确定，并且已到清偿期。《民法典》第 536 条规定，债权人的债权到期前，债务人的债权或者与该债权有关的从权利存在诉讼时效期间即将届满或者未及时申报破产债权等情形，影响债权人的债权实现的，债权人可以代位向债务人的相对人请求其向债务人履行、向破产管理人申报或者作出其他必要的行为。

（2）债务人怠于行使其到期债权，并且因此对债权人造成损害。这是指债务人不履行其对债权人的债务，又不以诉讼方式或者仲裁方式向自己的债务人主张其享有的具有金钱给付内容的到期债权，致使债权人的到期债权未能实现。

（3）债务人的债权已到期。

（4）债务人的债权不是专属于债务人自身的债权。专属于债务人自身的债权，是指基于扶养关系、抚养关系、赡养关系、继承关系产生的给付请求权和劳动报酬、退休金、养老金、抚恤金、安置费、人寿保险、人身伤害赔偿请求权等权利。对于专属于债务人自身的债权，债权人不能行使代位权。

代位权的行使范围以债权人的到期债权为限。债权人行使代位权的必要费用，由债务人负担。相对人对债务人的抗辩，可以向债权人主张。

【例题与解析】洪都公司欠山水公司到期货款50万元，梦达公司欠洪都公司到期借款80万元，而洪都公司从未主张自己的债权。山水公司可以行使代位权，去法院起诉，请求梦达公司向自己清偿50万元的到期货款。

2. 债权人的撤销权

债权人的撤销权，是指因债务人实施减少其财产的行为，对债权人造成损害，债权人可以请求人民法院撤销债务人该行为的权利。《民法典》第538条规定，债务人以放弃其债权、放弃债权担保、无偿转让财产等方式无偿处分财产权益，或者恶意延长其到期债权的履行期限，影响债权人的债权实现的，债权人可以请求人民法院撤销债务人的行为。《民法典》第539条规定，债务人以明显不合理的低价转让财产、以明显不合理的高价受让他人财产或者为他人的债务提供担保，影响债权人的债权实现，债务人的相对人知道或者应当知道该情形的，债权人可以请求人民法院撤销债务人的行为。

《民法典》第540条规定，撤销权的行使范围以债权人的债权为限。债权人行使撤销权的必要费用，由债务人负担。

债权人的撤销权必须在法定的期间内行使。《民法典》第541条规定：撤销权自债权人知道或者应当知道撤销事由之日起1年内行使。自债务人的行为发生之日起5年内没有行使撤销权的，该撤销权消灭。

债务人影响债权人的债权实现的行为被撤销的，自始没有法律约束力。

【例题与解析】甲公司欠乙公司30万元，一直无力支付。现丙公司欠甲公司50万元已到期，但甲公司明示放弃对丙的债权。对甲的这一行为，乙公司可以请求法院撤销甲放弃自己债权的行为。

第五节　合同的变更、转让和终止

一、合同的变更

依法订立的合同具有法律约束力，任何一方都不得擅自变更或者解除合同。但在合同的履行过程中，由于主、客观情况的变化，需要对双方的权利义务关系重新进行调整和规定时，合同当事人可以依法变更合同。

合同变更后，当事人应当按照变更后的合同履行。当事人对合同变更的内容约定不明确的，推定为未变更。

二、合同的转让

合同的转让，是指合同当事人一方将其合同的权利和义务全部或部分转让给第三人。合同的转让，一般由当事人自主决定。合同的转让有三种情况：合同权利的转让、合同义务的转移、合同权利义务的一并转让。

1. 合同权利的转让

合同权利的转让又称为合同债权转让，是指不改变合同权利的内容，由债权人将合同权利全部或者部分地转让给第三人。转让权利的人为让与人，受让权利的人为受让人。合同权利全部转让的，受让人取代原债权人的地位，成为新的债权人，原债权人脱离合同关系。合同权利部分转让的，受让人作为第三人加入合同关系，与原债权人共同享有债权。

《民法典》第 547 条规定，债权人转让债权的，受让人取得与债权有关的从权利，但是该从权利专属于债权人自身的除外。受让人取得从权利不因该从权利未办理转移登记手续或者未转移占有而受到影响。

《民法典》第 545 条规定，债权人可以将债权的全部或部分转让给第三人，但是有下列情形之一的除外：①根据债权性质不得转让；②按照当事人约定不得转让；③依照法律规定不得转让。当事人约定非金钱债权不得转让的，不得对抗善意第三人。当事人约定金钱债权不得转让的，不得对抗第三人。

《民法典》第 546 条规定，债权人转让债权，未通知债务人的，该转让对债务人不发生效力。债权转让的通知不得撤销，但是经受让人同意的除外。债务人接到债权转让通知后，债务人对让与人的抗辩，可以向受让人主张。因债权转让增加的履行费用，由让与人负担。

2. 合同义务的转移

合同义务的转移，是指不改变合同义务的内容，由债务人将合同义务全部或者部分地转让给第三人。合同义务全部转让的，第三人取代原债务人的地位，成为新的债务人，原债务人脱离合同关系。合同义务部分转让的，第三人与债务人约定加入债务并通知债权人，或者第三人向债权人表示愿意加入债务，债权人未在合理期限内明确拒绝的，债权人可以请求第三人在其愿意承担的债务范围内和债务人承担连带债务。

债务人将合同的义务全部或者部分转移给第三人，应当经债权人同意；否则债务人转移合同债务的行为对债权人不发生效力，债权人有权拒绝第三人向其履行，同时有权要求债务人履行义务并承担不履行或迟延履行合同的违约责任。

债务人转移债务的，新债务人可以主张原债务人对债权人的抗辩；原债务人对债权人享有债权的，新债务人不得向债权人主张抵销。

债务人转移债务的，新债务人应当承担与主债务有关的从债务，但是该从债务专属于原债务人自身的除外。

3. 合同权利义务的一并转让

合同权利义务的一并转让又称为合同权利义务的概括承受，是指当事人一方经对方同意，可以将自己在合同中的权利和义务一并转让给第三人。

合同的权利和义务一并转让的，适用债权转让、债务转移的有关规定。

三、合同的权利义务终止

合同的权利义务终止又称为合同消灭，是指依法生效的合同，因一定的法律事实的出现，合同权利义务在客观上不复存在，合同关系消灭。

（一）合同的权利义务终止的情形

合同的权利义务终止的情形又称为合同消灭的原因，即引起合同消灭的法律事实。《民法典》第 557 条规定，有下列情形之一的，债权债务终止：①债务已经履行；②债务相互抵销；③债务人依法将标的物提存；④债权人免除债务；⑤债权债务同归于一人；⑥法律规定或者当事人约定终止的其他情形。

1. 抵销

抵销，是指当事人互负到期债务，当事人将两项债务相互充抵，使双方的债务在对等额内消灭。抵销具有减少清偿费用和便捷清偿的意义。抵销是合同终止的原因之一。《民法典》规定了两种抵销方式。

（1）法定抵销。当事人互负债务，该债务的标的物种类、品质相同的，任何一方都可以将自己的债务与对方的到期债务抵销；但是，根据债务性质、按照当事人约定或者依照法律规定不得抵销的除外。当事人主张抵销的，应当通知对方。通知自到达对方时生效。抵销不得附条件或者附期限。

（2）约定抵销。当事人互负债务，标的物种类、品质不相同的，经协商一致，也可以抵销。

2. 提存

提存，是指债务人于债务已届清偿期时，将由于债权人的原因而无法交付的合同标的物交给提存机关，从而消灭合同债务的行为。在我国，合同债务的提存机关为公证机关。

（1）提存的条件。《民法典》第 570 条规定，有下列情形之一，难以履行债务的，债务人可以将标的物提存：①债权人无正当理由拒绝受领；②债权人下落不明；③债权人死亡未确定继承人、遗产管理人，或者丧失民事行为能力未确定监护人；④法律规定的其他情形。标的物不适于提存或者提存费用过高的，债务人依法可以拍卖或者变卖标的物，提存所得的价款。

（2）提存的效力。债务人将标的物或者将标的物依法拍卖、变卖所得价款交付提存部门时，提存成立。提存成立的，视为债务人在其提存范围内已经交付标的物。

标的物提存后，债务人应当及时通知债权人或者债权人的继承人、遗产管理人、监护人、财产代管人。

标的物提存后，毁损、灭失的风险由债权人承担。提存期间，标的物的孳息归债权人所有。提存费用由债权人负担。

债权人可以随时领取提存物。但是，债权人对债务人负有到期债务的，在债权人未履行债务或者提供担保之前，提存部门根据债务人的要求应当拒绝其领取提存物。

债权人领取提存物的权利，自提存之日起 5 年内不行使而消灭，提存物扣除提存费用后归国家所有。但是，债权人未履行对债务人的到期债务，或者债权人向提存部门书面表示放弃领取提存物权利的，债务人负担提存费用后有权取回提存物。

3. 债务免除

债务免除，是指债权人免除债务人部分或者全部债务的，债权债务部分或者全部终止，但是债务人在合理期限内拒绝的除外。

4. 混同

混同，是债权和债务同归于一人。混同后，债权债务终止，但是损害第三人利益的除外。

（二）合同的解除

合同的解除是指合同有效成立后，全部履行前，当具备法律规定的合同解除条件时，因当事人一方或双方的意思表示而使合同关系归于消灭的法律行为。合同解除有约定解除和法定解除两种情况。

1. 约定解除

根据合同自愿原则，当事人在法律规定范围内享有自愿解除合同的权利。当事人约定解除合同包括两种情况：①协议解除。当事人协商一致可以解除合同。②约定解除权。当事人可以在合同中约定解除合同的事由，当事由发生时，解除权人可以解除合同。行使约定解除权解除合同属于单方解除，即仅凭一方当事人的单方意思表示而使合同关系消灭。

2. 法定解除

法定解除，是指在合同依法成立后，没有完全履行完毕之前，当事人在法律规定的解除条件出现时，通过行使解除权而使合同关系消灭。法定解除也属于单方解除。

《民法典》第 563 条规定，有下列情形之一的，当事人可以解除合同：①因不可抗力致使不能实现合同目的；②在履行期限届满前，当事人一方明确表示或者以自己的行为表明不履行主要债务；③当事人一方迟延履行主要债务，经催告后在合理期限内仍未履行；④当事人一方迟延履行债务或者有其他违约行为致使不能实现合同目的；⑤法律规定的其他情形。

3. 合同解除的期限、程序和效力

《民法典》第 564 条规定，法律规定或者当事人约定解除权行使期限，期限届满当事人不行使的，该权利消灭。法律没有规定或者当事人没有约定解除权行使期限，自解除权人知道或者应当知道解除事由之日起 1 年内不行使，或者经对方催告后在合理期限内不行使的，该权利消灭。

《民法典》第 565 条规定，当事人一方依法主张解除合同的，应当通知对方。合同自通知到达对方时解除；通知载明债务人在一定期限内不履行债务则合同自动解除，债务人在该期限内未履行债务的，合同自通知载明的期限届满时解除。对方对解除合同有异议的，任何一方当事人均可以请求人民法院或者仲裁机构确认解除行为的效力。

当事人一方未通知对方，直接以提起诉讼或者申请仲裁的方式依法主张解除合同，人民法院或者仲裁机构确认该主张的，合同自起诉状副本或者仲裁申请书副本送达对方时解除。

《民法典》第 566 条规定，合同解除后，尚未履行的，终止履行；已经履行的，根据履行情况和合同性质，当事人可以请求恢复原状或者采取其他补救措施，并有权请求赔偿损失。

合同因违约解除的，解除权人可以请求违约方承担违约责任，但是当事人另有约定的除外。主合同解除后，担保人对债务人应当承担的民事责任仍应当承担担保责任，但是担保合同另有约定的除外。

合同的权利义务关系终止，不影响合同中结算和清理条款的效力。

4. 情势变更解除权

《民法典》第 533 条规定，合同成立后，合同的基础条件发生了当事人在订立合同时无法预见的、不属于商业风险的重大变化，继续履行合同对于当事人一方明显不公平的，受不利影响的当事人可以与对方重新协商；在合理期限内协商不成的，当事人可以请求人民法院或者仲裁机构变更或者解除合同。人民法院或者仲裁机构应当结合案件的实际情况，根据公平原则变更或者解除合同。

第六节　违约责任

一、违约责任的特征

当事人一方不履行合同义务或者履行合同义务不符合约定的，应当承担继续履行、采取补救措施或者赔偿损失等违约责任。

依法订立的有效合同，对当事人双方来说，都具有法律约束力，当事人应当按照合同的约定全面、适当地履行合同义务，任何一方当事人不履行或者不适当履行合同义务都应承担违约责任。

与其他法律责任相比较，违约责任具有以下特征。

1. 违约责任的产生以合同当事人不履行合同义务为条件

违约责任是不履行合同义务的结果，因此，违约责任是以合同的有效存在为前提的。一方面，只有在合同义务合法存在的情况下，才能发生义务不履行的问题；另一方面，违约责任是在合同义务人不履行义务时产生的法律责任。这是违约责任与侵权责任及其他民事责任的区别。

2. 违约责任具有相对性

违约责任的相对性，是指违约责任只能在特定的主体即合同关系的当事人之间发生。合同关系以外的人，不负违约责任，合同当事人也不对合同关系以外的人承担违约责任。当事人一方因第三人造成违约的，应当向对方承担违约责任。当事人一方和第三人之间的纠纷，依照法律规定或者按照约定解决。

3. 违约责任为财产责任

违约行为损害的是合同债权人的债权，债权的损害主要体现为经济利益即财产利益的损失。违约责任的承担方式是财产责任形式，目的在于补偿债权人受到损害的财产利益。违约责任的承担，通常不发生精神损害的赔偿。

4. 违约责任可以由当事人约定

违约责任尽管有明显的强制性，但仍有一定的任意性。这主要表现在，合同当事人可以在法律规定的范围内，对承担违约责任的方式、违约赔偿的数额进行事先约定，也可以事先约定免责条款以免除或限制将来可能发生的违约责任。这也是合同自由原则的体现。

二、违约责任的构成要件

违约责任的构成要件分为一般构成要件和特殊构成要件。一般构成要件是指违约当事人承担任何形式的违约责任都应具备的条件。特殊构成要件是指违约当事人承担特定形式的违约责任应具备的条件，如承担赔偿损失责任的要件等。违约责任的一般构成要件有哪些，理论上存在不同的观点。违约责任的一般构成要件有以下两项。

（1）当事人之间存在合法有效的合同关系。这是发生违约责任的必要条件。合同不成立或已成立的合同无效或被撤销，只会发生缔约过失责任，而不能在当事人之间发生违约责任。

（2）有违约行为。有违约行为，是指客观上存在合同当事人不履行合同义务或者履行合同义务不符合约定的事实。当事人双方都违反合同的，应当各自承担相应的责任。

三、违约行为的形态

违约行为的形态，是指根据违约行为违反义务的性质、特点而对违约行为所作的分类。

1. 预期违约

预期违约，是指当事人一方明确表示或者以自己的行为表明不履行合同义务的，对方可以在履行期限届满前请求其承担违约责任。

依照《民法典》的规定，当事人有预期违约行为，对方当事人可以在履行期届满之前要求其承担违约责任。

2. 实际违约

实际违约是指在履行期限到来之后，当事人不履行或不完全履行合同义务的违约行为。实际违约行为有以下几种类型。

（1）拒绝履行。拒绝履行是指在合同履行期限到来之后，一方当事人无正当理由拒绝履行合同规定的全部义务。

（2）迟延履行。迟延履行是指当事人没有按照合同约定的履行期限履行合同义务。迟延履行包括债务人的迟延给付和债权人的迟延受领两种情况。

（3）瑕疵履行。瑕疵履行是指当事人履行的标的不符合合同约定的质量要求。瑕疵履行中有一种情形称为加害给付，指的是债务人的瑕疵履行行为造成债权人履行利益以外的其他损失。如交付的电热水器质量不合格，造成使用者人身伤亡。加害给付会引起违约责任和侵权责任的竞合。

（4）不适当履行。不适当履行，是指除瑕疵履行之外的，债务人未按合同约定的标的数量、履行方式和履行地点履行债务的违约行为。不适当履行主要包括：①部分履行行为，即履行的标的数量不符合合同约定；②履行方式不适当，即未按照合同约定的履行方式履行义务；③履行地点不适当，即未在合同约定的履行地点履行；④其他违反合同附随义务的行为，如未履行告知义务等。

四、承担违约责任的主要形式

违约的当事人承担违约责任的主要形式有继续履行、采取补救措施、赔偿损失、支付违约金和承担定金责任等。根据违约造成债权人损害后果的不同，这些形式可以单独适用，也可以并用。

1. 继续履行

继续履行又称为强制实际履行，是指由人民法院强制不履行或不完全履行的债务人按照合同约定的标的和条件履行合同义务。继续履行，既是为了实现合同的目的，又是一种违约责任承担方式。对于金钱债务，债务人未支付价款或者报酬的，债权人可以要求其支付价款或者报酬。《民法典》第580条规定，当事人一方不履行非金钱债务或者履行非金钱债务不符合约定的，对方可以请求履行，但有下列情形之一的除外：①法律上或者事实上不能履行；②债务的标的不适于强制履行或者履行费用过高；③债权人在合理期限内未请求履行。

2. 采取补救措施

采取补救措施，是指履行标的的质量不符合约定的，应当按照当事人的约定承担违约责任。《民法典》第582条规定，履行不符合约定的，应当按照当事人的约定承担违约责任。对违约责任没有约定或者约定不明确，依据《民法典》第510条的规定仍不能确定的，受损害方根据标的的性质以及损失的大小，可以合理选择请求对方承担修理、重作、更换、退货、减少价款或者报酬等违约责任。

3. 赔偿损失

赔偿损失又称为违约损害赔偿，是指违约方因不履行或不完全履行合同义务给对方造成损失，依照法律的规定或合同的约定应当承担的赔偿损失的责任。《民法典》第583条规定，当事人一方不履行合同义务或者履行合同义务不符合约定的，在履行义务或者采取补救措施后，对方还有其他损失的，应当赔偿损失。

《民法典》第584条规定，当事人一方不履行合同义务或者履行合同义务不符合约定，造成对方损失的，损失赔偿额应当相当于因违约所造成的损失，包括合同履行后可以获得的利益；但是，不得超过违约一方订立合同时预见到或者应当预见到的因违约可能造成的损失。

4. 支付违约金

违约金，是指合同当事人一方不履行合同或者履行合同不符合约定时，按照合同的约定，向对方支付的履行行为以外的一定数额的货币。

《民法典》第585条规定，当事人可以约定一方违约时应当根据违约情况向对方支付一定数额的违约金，也可以约定因违约产生的损失赔偿额的计算方法。

约定的违约金低于造成的损失的，人民法院或者仲裁机构可以根据当事人的请求予以增加；约定的违约金过分高于造成的损失的，人民法院或者仲裁机构可以根据当事人的请求予以适当减少。

当事人就迟延履行约定违约金的，违约方支付违约金后，还应当履行债务。

5. 承担定金责任

定金是指合同当事人一方为了担保合同的履行而预先向对方支付的一定数额的金钱。定金也具有预定赔偿金的性质，同时又是对违约一方的经济制裁。

《民法典》第586条规定，当事人可以约定一方向对方给付定金作为债权的担保。定金合同自实际交付定金时成立。

定金的数额由当事人约定；但不得超过主合同标的额的20%，超过部分不产生定金的效力。实际交付的定金数额多于或者少于约定数额的，视为变更约定的定金数额。

《民法典》第587条规定，债务人履行债务的，定金应当抵作价款或者收回。给付定金的一方不履行债务或者履行债务不符合约定，致使不能实现合同目的的，无权请求返还定金；收受定金的一方不履行债务或者履行债务不符合约定，致使不能实现合同目的的，应当双倍返还定金。

当事人既约定违约金，又约定定金的，一方违约时，对方可以选择适用违约金或者定金条款。定金不足以弥补一方违约造成的损失的，对方可以请求赔偿超过定金数额的损失。

【例题与解析】小王与小李订立了一份苹果购销合同：小王向小李交付20万千克苹果，货款为40万元，小李支付了定金4万元，如果任何一方不履行合同应支付违约金6万元。后来小王把苹果卖给了小张，而无法向小李交货。这时，小李可以选择适用违约金条款或者定金条款。既能最大限度保护自己的利益又能得到法院支持的是：请求小王支付违约金6万元，同时请求返还已经支付的定金4万元。

五、违约责任的免除

违约责任的免除，是指合同一方当事人未履行或未完全履行合同义务，根据法律规定或当事人的约定，可全部或部分免予承担违约责任。免除违约责任的根据分为法定的免责事由和约定的免责条款。

1. 法定的免责事由

根据《民法典》的规定，违约责任的法定免责事由是不可抗力。《民法典》第590条规定：当事人一方因不可抗力不能履行合同的，根据不可抗力的影响，部分或者全部免除责任，但是法律另有规定的除外。因不可抗力不能履行合同的，应当及时通知对方，以减轻可能给对方造成的损失，并应当在合理期限内提供证明。当事人迟延履行后发生不可抗力的，不免除其违约责任。

不可抗力，是指不能预见、不能避免并不能克服的客观情况。不可抗力包括某些自然现象和社会现象。

2. 约定的免责条款

免责条款，是指当事人在合同中约定的，免除或限制一方或双方未来可能发生的违约责任的条款。法律允许当事人在合同中约定免责条款，并在合同履行过程中发生违约行为时，依合同约定适用免责条款。但约定的免责条款不能违反法律和社会公序良俗。

六、民事责任竞合

1. 民事责任竞合的概念

民事责任竞合，是指由于某个民事违法行为同时符合两种以上性质不同并且不能同时适用的民事责任的构成要件的法律现象。

在实践中，较常见的民事责任竞合是违约责任与侵权责任的竞合。《民法典》第 186 条规定，因当事人一方的违约行为，损害对方人身权益、财产权益的，受损害方有权选择请求其承担违约责任或者侵权责任。

2. 违约责任与侵权责任竞合的构成要件及处理原则

违约责任与侵权责任的竞合应具备以下条件：①民事违法行为人与受害人之间存在合法有效的合同关系；②合同当事人一方有违约行为，并且违约行为同时侵害了对方当事人债权利益之外的人身权益、财产权益；③当事人的民事违法行为同时符合违约责任和侵权责任的构成要件。

在发生违约责任与侵权责任竞合的情况下，受损害方有权选择依照《民法典》的相关规定追究违法行为人的违约责任，或者依照其他法律的规定追究违法行为人的侵权责任。

本章小结

合同是民事主体之间设立、变更、终止民事权利义务关系的协议。合同的成立有两个必备的阶段：要约和承诺。要约是希望和他人订立合同的意思表示；承诺是受要约人同意要约的意思表示。合同的订立是当事人的意志自由原则的结果，而合同的效力体现了国家法律对当事人订立的合同的评价。依法成立的合同受法律保护。依据合同的效力状态，合同可以分为有效合同、无效合同、可撤销合同以及效力待定合同。合同的履行是合同效力的必然要求，是实现合同利益的根本保证。双务合同的履行当事人享有同时履行抗辩权、先履行抗辩权和不安抗辩权。合同的债权人享有代位权和撤销权。对于当事人在履行过程中的违约行为，《民法典》采用了"严格责任为主，过错责任为辅"的原则，并且针对拒绝履行、迟延履行、瑕疵履行、不适当履行等行为，规定了具体的承担违约责任的方式。

综合练习题

第六章 担 保 法

学习目标

通过对本章的学习，了解保证、抵押、质押、留置等担保方式。

关键概念

担保 保证 抵押 质押 留置 一般保证 连带责任保证 最高额抵押 动产质押 权利质押

引导案例

某年10月，甲企业接到一份服装加工订单，由于资金不足，甲企业与提供原材料的乙公司签订合同，以本企业的一辆奔驰轿车（价值80万元）做抵押，为应付的50万元原材料货款提供担保。双方在合同中约定：如甲企业到期不能支付货款，则该奔驰轿车归乙公司所有。由于双方是多年合作关系，签订抵押合同后没有办理抵押登记。同年11月，甲企业为购买加工设备，又以该奔驰轿车做质押，为设备款向丙公司提供担保，双方签订了质押合同并移交了该奔驰轿车。在质押期间，丙公司的工作人员开着质押的奔驰轿车办理公务时与他人相撞，汽车受损被送到丁修理厂修理，共花修理费3 000元。汽车修好后，丙公司派人拿着3 000元去提车。丁修理厂收钱以后，要求丙公司把以前所欠的1万元汽车维修费还清，遭到拒绝，于是丁修理厂就以行使留置权为名拒绝交车。

请问：

（1）甲企业与乙公司签订的抵押合同约定"甲企业到期不能支付货款，则该奔驰轿车归乙公司所有"的条款是否有效？说明理由。

（2）甲企业与乙公司签订的抵押合同没有办理抵押登记，抵押合同是否有效？说明理由。

（3）如果甲企业对丙公司的质押有效，奔驰轿车的修理费应由谁承担？说明理由。

（4）丁修理厂是否可以行使留置权？说明理由。

（5）假设甲、乙之间的抵押办理了登记，且奔驰轿车的抵押权、质押权和留置权都有效，应按什么顺序清偿？说明理由。

第一节 担保法概述

一、合同担保的特征

合同担保，是指依照法律规定或当事人的约定而设立的保障合同债权实现的法律措施。

合同债权的实现有赖于合同债务的履行。虽然合同债务人的全部财产可作为债务履行的保障，并且合同法也规定了相应的制度来防止债务人财产的不当减少，但债务人的财产可能因其正常的生活和生产经营活动而减少，从而影响债务的履行以及债权人债权的实现。为此，依照法律规定或当事人的约定，用第三人的信用或债务人及第三人的特定财产作为履行债务的保障，这就是合同的担保。

合同担保一般具有从属性、补充性和保障性三个特征。从属性是指合同担保从属于所担保的合同（主合同），合同担保的存在与消灭取决于所担保的合同的存在与消灭；补充性是指合同担保对主合同债务的履行起到补充和增强的作用；保障性是指设立合同担保的目的在于保障主合同债务的履行和债权的实现。

二、担保物权的设立

《民法典》规定，债权人在借贷、买卖等民事活动中，为保障实现其债权，需要担保的，可以设立担保物权。

设立担保物权，应当订立担保合同。担保合同包括抵押合同、质押合同和其他具有担保功能的合同。担保合同是主债权债务合同的从合同。主债权债务合同无效的，担保合同无效，但是法律另有规定的除外。

担保合同被确认无效后，债务人、担保人、债权人有过错的，应当根据其过错各自承担相应的民事责任。

保证，又称为人的担保，即以第三人的信用来保证债务的履行。抵押、质押和留置，又称为物的担保，即直接以债务人或第三人的特定的财产来保证债务的履行。定金，又称为金钱担保，即以金钱作为担保标的来保证债务的履行。保证、抵押、质押和定金是由当事人协商一致，通过合同方式约定的担保方式，所以又称为意定担保。留置是由法律直接规定的担保方式，又称为法定担保。

保证和定金在《民法典》第三编（合同）中作了规定，抵押、质押和留置在《民法典》第二编（物权）中作了规定。

担保物权的担保范围包括主债权及其利息、违约金、损害赔偿金、保管担保财产和实现担保物权的费用。当事人另有约定的，按照其约定。

三、人保和物保并存时的规定

根据《民法典》第 392 条的规定，被担保的债权既有物的担保又有人的担保的，债务人不履行到期债务或者发生当事人约定的实现担保物权的情形，债权人应当按照约定实现债权；没有约定或者约定不明确，债务人自己提供物的担保的，债权人应当先就该物的担保实现债权；第三人提供物的担保的，债权人可以就物的担保实现债权，也可以请求保证人承担保证责任。提供担保的第三人承担担保责任后，有权向债务人追偿。

第二节　保　　证

保证，是指第三人和债权人约定，当债务人不履行债务时，第三人按照约定履行债务或者承担责任的担保方式。在保证关系中，为他人做担保的第三人称为保证人；被担保的主合同中的债务人称为被保证人；主合同中的债权人也是保证合同的债权人。

一、保证人的资格

担任保证人须具有一定的资格。《民法典》第 683 条规定了不能担任保证人的情况，如下所述。

（1）机关法人不得为保证人，但是经国务院批准为使用外国政府或者国际经济组织贷款进行转贷的除外。

（2）以公益为目的的非营利法人、非法人组织不得为保证人。

《民法典》第 699 条规定，同一债务有两个以上保证人的，保证人应当按照保证合同约定的保证份额，承担保证责任；没有约定保证份额的，债权人可以请求任何一个保证人在其保证范围内承担保证责任。

二、保证合同

1. 保证合同的订立

保证合同是为保障债权的实现，保证人和债权人约定，当债务人不履行到期债务或者发生当事人约定的情形时，保证人履行债务或者承担责任的合同。

保证合同可以是单独订立的书面合同，也可以是主债权债务合同中的保证条款。第三人单方以书面形式向债权人作出保证，债权人接受且未提出异议的，保证合同成立。

2. 保证合同的内容和性质

保证合同的内容一般包括被保证的主债权的种类、数额，债务人履行债务的期限，保证的方式、范围和期间等条款。

保证合同是主债权债务合同的从合同。主债权债务合同无效的，保证合同无效，但是法律另有规定的除外。

3. 保证合同无效的后果

保证合同被确认无效后，债务人、保证人、债权人有过错的，应当根据其过错各自承担相应的民事责任。

三、保证的方式

《民法典》第 686 条规定，保证的方式包括一般保证和连带责任保证。当事人在保证合同中对保证方式没有约定或者约定不明确的，按照一般保证承担保证责任。

1. 一般保证

当事人在保证合同中约定，债务人不能履行债务时，由保证人承担保证责任的，为一般保证。

一般保证的保证人在主合同纠纷未经审判或者仲裁，并就债务人财产依法强制执行仍不能履行债务前，有权拒绝向债权人承担保证责任，但是有下列情形之一的除外：①债务人下落不明，且无财产可供执行；②人民法院已经受理债务人破产案件；③债权人有证据证明债务人的财产不足以履行全部债务或者丧失履行债务能力；④保证人书面表示放弃本款规定的权利。

一般保证的保证人在主债务履行期限届满后，向债权人提供债务人可供执行财产的真实情况，债权人放弃或者怠于行使权利致使该财产不能被执行的，保证人在其提供可供执行财产的价值范围内不再承担保证责任。

2. 连带责任保证

当事人在保证合同中约定保证人和债务人对债务承担连带责任的，为连带责任保证。

连带责任保证的债务人不履行到期债务或者发生当事人约定的情形时，债权人可以请求债务人履行债务，也可以请求保证人在其保证范围内承担保证责任。

【例题与解析】甲企业向银行申请贷款，得到了乙、丙、丁三个企业为其进行保证，保证合同写明保证人和债务人对债务承担连带责任。若甲企业不能偿还到期贷款，银行可以要求甲企业履行全部债务，也可以要求任何一个保证人承担全部保证责任。

四、保证担保的责任范围

根据《民法典》规定，保证担保的责任范围包括主债权及利息、违约金、损害赔偿金和实现债权的费用。保证合同对责任范围另有约定的，按照约定执行。当事人对保证担保的范围没有约定或者约定不明确的，保证人应当对全部债务承担责任。

债权人转让全部或者部分债权，未通知保证人的，该转让对保证人不发生效力。

保证人与债权人约定禁止债权转让，债权人未经保证人书面同意转让债权的，保证人对受让人不再承担保证责任。

五、主合同变更对保证效力的影响

《民法典》第 695 条规定，债权人和债务人未经保证人书面同意，协商变更主债权债务合同内容，减轻债务的，保证人仍对变更后的债务承担保证责任；加重债务的，保证人对加重的部分不承担保证责任。

【例题与解析】甲企业与乙银行签订贷款合同，贷款金额为 100 万元，贷款期限为 1 年，丙企业是贷款保证人。合同签订后，甲企业因扩大规模急需资金，又与该银行协商，将贷款金额增加到 150 万元。在本案中，丙企业只对之前的 100 万元承担保证责任，对增加的 50 万元不承担保证责任。

债权人和债务人变更主债权债务合同的履行期限，未经保证人书面同意的，保证期间不受影响。

【例题与解析】甲企业向乙银行申请贷款，还款期限为 2022 年 12 月 20 日，丙企业为保证人，但是没有约定保证方式和保证期限。后来甲企业与乙银行达成协议，还款期限延长至 2023 年 12 月 20 日，但是未征得丙企业同意。若到了还款期限，丙企业可以不承担保证责任，因为保证期间已过。

六、保证期间与诉讼时效

《民法典》第 692 条规定，保证期间是确定保证人承担保证责任的期间，不发生中止、中断和延长。债权人与保证人可以约定保证期间，但是约定的保证期间早于主债务履行期限或者与主债务履行期限同时届满的，视为没有约定；没有约定或者约定不明确的，保证期间为主债务履行期限届满之日起 6 个月。债权人与债务人对主债务履行期限没有约定或者约定不明确的，保证期间自债权人请求债务人履行债务的宽限期届满之日起计算。

《民法典》第 694 条规定，一般保证的债权人在保证期间届满前对债务人提起诉讼或者申请仲裁的，从保证人拒绝承担保证责任的权利消灭之日起，开始计算保证债务的诉讼时效。连带责任保证的债权人在保证期间届满前请求保证人承担保证责任的，从债权人请求保证人承担保证责任之日起，开始计算保证债务的诉讼时效。

七、保证人的权利

1. 保证人的追偿权

保证人承担保证责任后，除当事人另有约定外，有权在其承担保证责任的范围内向债务人追偿，享有债权人对债务人的权利，但是不得损害债权人的利益。

2. 保证人的抗辩权

保证人可以主张债务人对债权人的抗辩。债务人放弃抗辩的，保证人仍有权向债权人主张抗辩。

3. 保证人的拒绝履行权

债务人对债权人享有抵销权或者撤销权的，保证人可以在相应范围内拒绝承担保证责任。

4. 债务承担对保证责任的影响

债权人未经保证人书面同意，允许债务人转移全部或者部分债务，保证人对未经其同意转移的债务不再承担保证责任，但是债权人和保证人另有约定的除外。第三人加入债务的，保证人的保证责任不受影响。

第三节　抵　　押

抵押是指债务人或者第三人不转移对用作担保的财产的占有，将该财产作为债权的担保。当债务人不履行债务时，债权人有权依照法律规定，以该财产折价或者以拍卖、变卖该财产的价款优先受偿。在抵押关系中，债务人或者第三人为抵押人，债权人为抵押权人，提供担保的财产为抵押财产。

一、抵押财产的范围

《民法典》第 395 条规定，债务人或者第三人有权处分的下列财产可以抵押：①建筑物和其他土地附着物；②建设用地使用权；③海域使用权；④生产设备、原材料、半成品、产品；⑤正在建造的建造物、船舶、航空器；⑥交通运输工具；⑦法律、行政法规未禁止抵押的其他财产。

抵押人可以将前款抵押财产一并抵押。

《民法典》第 399 条规定，下列财产不得抵押：①土地所有权；②宅基地、自留地、自留山等集体所有的土地使用权，但是法律规定可以抵押的除外；③学校、幼儿园、医疗机构等为公益目的成立的非营利法人的教育设施、医疗卫生设施和其他公益设施；④所有权、使用权不明或者有争议的财产；⑤依法被查封、扣押、监管的财产；⑥法律、行政法规规定不得抵押的其他财产。

二、抵押合同的内容

《民法典》第400条规定，设立抵押权，当事人应当采用书面形式订立抵押合同。

抵押合同一般包括以下条款：①被担保债权的种类和数额；②债务人履行债务的期限；③抵押财产的名称、数量等情况；④担保的范围。

《民法典》第401条规定，抵押权人在债务履行期限届满前，与抵押人约定债务人不履行到期债务时抵押财产归债权人所有的，只能依法就抵押财产优先受偿。

以建筑物抵押的，该建筑物占用范围内的建设用地使用权一并抵押。以建设用地使用权抵押的，该土地上的建筑物一并抵押。抵押人未依据前款规定一并抵押的，未抵押的财产视为一并抵押。

乡镇、村企业的建设用地使用权不得单独抵押。以乡镇、村企业的厂房等建筑物抵押的，其占用范围内的建设用地使用权一并抵押。

三、抵押合同的登记

以建筑物和其他土地附着物、建设用地使用权、海域使用权以及正在建造的建筑物抵押的，应当办理抵押登记。抵押权自登记时设立。

【例题与解析】甲向乙借款50万元，约定以甲的A幢房屋抵押给乙，但是登记的时候，登记为甲的B幢房屋抵押给乙。当乙行使抵押权的时候，乙只能就B幢房屋行使抵押权。

以动产抵押的，抵押权自抵押合同生效时设立；未经登记，不得对抗善意第三人。

【例题与解析】甲向乙银行贷款，将其现有的生产设备一并抵押给银行，双方签订了抵押合同，但是没有办理抵押登记。在抵押期间，甲以合理价格把部分设备卖给了丙，而没有征得乙银行同意。这时，乙银行不得对抗丙。

以动产抵押的，不得对抗正常经营活动中已经支付合理价款并取得抵押财产的买受人。

四、抵押权的效力

抵押权的效力，是指抵押关系当事人的权利义务。

（一）抵押权对抵押人的效力

抵押权设定后，虽然抵押物不转移占有，抵押人仍可以对抵押物行使占有、使用、收益和处分的权利，但在抵押关系存续期间，抵押人的处分权将受到必要的限制。

1. 抵押物的出租

《民法典》第 405 条规定，抵押权设立前，抵押财产已经出租并转移占有的，原租赁关系不受该抵押权的影响。

2. 抵押物的处分

《民法典》第 406 条规定，抵押期间，抵押人可以转让抵押财产。当事人另有约定的，按照其约定。抵押财产转让的，抵押权不受影响。

抵押人转让抵押财产的，应当及时通知抵押权人。抵押权人能够证明抵押财产转让可能损害抵押权的，可以请求抵押人将转让所得的价款向抵押权人提前清偿债务或者提存。转让的价款超过债权数额的部分归抵押人所有，不足部分由债务人清偿。

（二）抵押权对抵押权人的效力

抵押权对抵押权人的效力主要涉及抵押权的保全、抵押权的处分和抵押权的实现。

1. 抵押权的保全

《民法典》第 408 条规定，抵押人的行为足以使抵押财产价值减少的，抵押权人有权请求抵押人停止其行为；抵押财产价值减少的，抵押权人有权请求恢复抵押财产的价值，或者提供与减少的价值相应的担保。抵押人不恢复抵押财产的价值，也不提供担保的，抵押权人有权请求债务人提前清偿债务。

2. 抵押权的处分

《民法典》第 407 条规定，抵押权不得与债权分离而单独转让或者作为其他债权的担保。债权转让的，担保该债权的抵押权一并转让，但是法律另有规定或者当事人另有约定的除外。

3. 抵押权的实现

抵押权的实现又称为抵押权的实行，是指抵押所担保的债权已届清偿期而未受清偿时，抵押权人从抵押物变价的价款中优先受偿的行为。抵押权实现的要件是债务人到期未履行债务。

《民法典》第 410 条规定，债务人不履行到期债务或者发生当事人约定的实现抵押权的情形，抵押权人可以与抵押人协议以抵押财产折价或者以拍卖、变卖该抵押财产所得的价款优先受偿。协议损害其他债权人利益的，其他债权人可以请求人民法院撤销该协议。

抵押权人与抵押人未就抵押权实现方式达成协议的，抵押权人可以请求人民法院拍卖、变卖抵押财产。

抵押财产折价或者变卖的，应当参照市场价格。

《民法典》第 414 条规定，同一财产向两个以上债权人抵押的，拍卖、变卖抵押财产所得的价款依照下列规定清偿：①抵押权已经登记的，按照登记的时间先后确定清偿顺序；②抵押权已经登记的先于未登记的受偿；③抵押权未登记的，按照债权比例清偿。

其他可以登记的担保物权，清偿顺序参照适用前款规定。

《民法典》第 409 条规定，抵押权人可以放弃抵押权或者抵押权的顺位。抵押权人与抵押人可以协议变更抵押权顺位以及被担保的债权数额等内容。但是，抵押权的变更未经其他抵押权人书面同意的，不得对其他抵押权人产生不利影响。

债务人以自己的财产设定抵押，抵押权人放弃该抵押权、抵押权顺位或者变更抵押权的，其他担保人在抵押权人丧失优先受偿权益的范围内免除担保责任，但是其他担保人承诺仍然提供担保的除外。

《民法典》第 415 条规定，同一财产既设立抵押权又设立质权的，拍卖、变卖该财产所得的价款按照登记、交付的时间先后确定清偿顺序。

五、浮动抵押

企业、个体工商户、农业生产经营者可以将现有的以及将有的生产设备、原材料、半成品、产品抵押，债务人不履行到期债务或者发生当事人约定的实现抵押权的情形，债权人有权就抵押财产确定时的动产优先受偿。

《民法典》规定，设置浮动抵押，抵押财产自下列情形之一发生时确定：①债务履行期限届满，债权未实现；②抵押人被宣告破产或者解散；③当事人约定的实现抵押权的情形；④严重影响债权实现的其他情形。

六、最高额抵押

最高额抵押，是指抵押人与抵押权人协议，在最高债权额限度内，以抵押物对一定期间内连续发生的债权做担保。

《民法典》第 420 条规定，为担保债务的履行，债务人或者第三人对一定期间内将要连续发生的债权提供担保财产的，债务人不履行到期债务或者发生当事人约定的实现抵押权的情形，抵押权人有权在最高债权额限度内就该担保财产优先受偿。最高额抵押权设立前已经存在的债权，经当事人同意，可以转入最高额抵押担保的债权范围。

最高额抵押担保的债权确定前，部分债权转让的，最高额抵押权不得转让，但是当事人另有约定的除外。

最高额抵押担保的债权确定前，抵押权人与抵押人可以通过协议变更债权确定的期间、债权范围以及最高债权额。但是，变更的内容不得对其他抵押权人产生不利影响。

有下列情形之一的，抵押权人的债权确定：①约定的债权确定期间届满；②没有约定债权确定期间或者约定不明确,抵押权人或者抵押人自最高额抵押权设立之日起满 2 年后请求确定债权；③新的债权不可能发生；④抵押权人知道或者应当知道抵押财产被查封、扣押；⑤债务人、抵押人被宣告破产或者解散；⑥法律规定债权确定的其他情形。

第四节　质　押

质押，是指债务人或第三人将其动产或权利移交于债权人占有或控制，以其作为债权担保的担保方式。在债务人不履行债务时，债权人可依法以其占有或控制的债务人或第三人用作担保的财产或权利的价值优先受偿其债权。在质权关系中，提供财产或权利用作担保的人，是出质人；出质人提供用作担保的财产或权利，称为质押物（也称质物）；债权人所享有的占有质物并于债务人不履行债务时以质物的价值优先受偿其债权的权利，称为质权；享有质权的债权人，称为质权人。质押因其标的的不同，分为动产质押和权利质押。

一、动产质押

《民法典》第 425 条规定，为担保债务的履行，债务人或者第三人将其动产出质给债权人占有的，债务人不履行到期债务或者发生当事人约定的实现质权的情形，债权人有权就该动产优先受偿。

债务人或者第三人为出质人，债权人为质权人，交付的动产为质押财产。法律、行政法规禁止转让的动产不得出质。

（一）动产质押的设定

动产质押通过出质人和质权人订立质押合同的方式设定。质押合同应当以书面形式订立。质押合同一般包括以下内容：①被担保债权的种类、数额；②债务人履行债务的期限；③质押财产的名称、数量等情况；④担保的范围；⑤质押财产交付的时间、方式。

质押自出质人交付质押财产时设立。质权人有权收取质押财产的孳息，但是合同另有约定的除外。出质人代质权人占有质物的，质押合同不生效。

质权人在债务履行期限届满前，与出质人约定债务人不履行到期债务时质押财产归债权人所有的，只能依法就质押财产优先受偿。

【例题与解析】甲从乙银行贷款200万元，双方签订了贷款合同，丙以保证人的身份签字。乙银行仍然要甲提供担保，为此，甲、乙再次签订书面质押合同，质押物是甲的一辆车。但是后来一直没有交付给乙银行。若到期甲无力偿还贷款，乙银行只能主张保证债权，因为车没有交付给银行，质押没有设立。

质权人在质押存续期间，未经出质人同意，擅自使用、处分质押财产，造成出质人损害的，应当承担赔偿责任。

质权人负有妥善保管质押财产的义务；因保管不善致使质押财产毁损、灭失的，应当承担赔偿责任。质权人的行为可能使质押财产毁损、灭失的，出质人可以请求质权人将质押财产提存，或者请求提前清偿债务并返还质押财产。

（二）动产质权的效力

1. 动产质权的保护

因不可归责于质权人的事由可能使质押财产毁损或者价值明显减少，足以危害质权人权利的，质权人有权请求出质人提供相应的担保；出质人不提供的，质权人可以拍卖、变卖质押财产，并与出质人协议将拍卖、变卖所得的价款提前清偿债务或者提存。

2. 动产质权的放弃

质权人可以放弃质权。债务人以自己的财产出质，质权人放弃该质权的，其他担保人在质权人丧失优先受偿权益的范围内免除担保责任，但是其他担保人承诺仍然提供担保的除外。

3. 动产质权的实现

债务人履行债务或者出质人提前清偿所担保的债权的，质权人应当返还质押财产。

债务人不履行到期债务或者发生当事人约定的实现质权的情形，质权人可以与出质人协议以质押财产折价，也可以就拍卖、变卖质押财产所得的价款优先受偿。

质押财产折价或者变卖的，应当参照市场价格。

4. 动产质权的及时行使

出质人可以请求质权人在债务履行期限届满后及时行使质权；质权人不行使的，出质人可以请求人民法院拍卖、变卖质押财产。

出质人请求质权人及时行使质权，因质权人怠于行使权利造成出质人损害的，由质权人承担赔偿责任。

《民法典》第438条规定，质押财产折价或者拍卖、变卖后，其价款超过债权数额的部分归出质人所有，不足部分由债务人清偿。

二、权利质押

权利质押是指以汇票、支票、本票、债券、存款单、仓单、提单，依法可以转让的股份、股票，依法可以转让的商标专用权，专利权、著作权中的财产权，依法可以质押的其他权利等作为质押标的的担保。当债务人不履行债务时，债权人有权依照法律规定，以该权利的价值或变价的价款优先受偿。以权利作为担保物设定的质押称为权利质押。权利质押可适用动产质押的一般规则。

1. 权利质押标的的范围

《民法典》第 440 条规定，债务人或者第三人有权处分的下列权利可以出质：①汇票、本票、支票；②债券、存款单；③仓单、提单；④可以转让的基金份额、股权；⑤可以转让的注册商标专用权、专利权、著作权等知识产权中的财产权；⑥现有的以及将有的应收账款；⑦法律、行政法规规定可以出质的其他财产权利。

2. 权利质押合同的设立

关于权利质押合同的设立，规定如下。

（1）以汇票、本票、支票、债券、存款单、仓单、提单出质的，质押自权利凭证交付质权人时设立；没有权利凭证的，质押自办理出质登记时设立。法律另有规定的，依照其规定。汇票、本票、支票、债券、存款单、仓单、提单的兑现日期或者提货日期先于主债权到期的，质权人可以兑现或者提货，并与出质人协议将兑现的价款或者提取的货物提前清偿债务或者提存。

（2）以基金份额、股权出质的，自办理出质登记时设立。基金份额、股权出质后，不得转让，但是出质人与质权人协商同意的除外。出质人转让基金份额、股权所得的价款，应当向质权人提前清偿债务或者提存。

（3）以注册商标专用权、专利权、著作权等知识产权中的财产权出质的，质押自办理出质登记时设立。知识产权中的财产权出质后，出质人不得转让或者许可他人使用，但是出质人与质权人协商同意的除外。出质人转让或者许可他人使用出质的知识产权中的财产权所得的价款，应当向质权人提前清偿债务或者提存。

（4）以应收账款出质的，质押自办理出质登记时设立。应收账款出质后，不得转让，但是出质人与质权人协商同意的除外。出质人转让应收账款所得的价款，应当向质权人提前清偿债务或者提存。

第五节　留　　置

留置是指依照担保法的规定，债权人按照合同约定占有债务人的动产，债务人不按照合同约定的期限履行债务的，债权人有权依法留置该动产，以该动产折价或者以拍卖、变卖该动产的价款优先受偿的法定担保方式。债权人为留置权人，占有的动产为留置财产。

一、留置权的成立

留置权是直接基于法律的规定而产生的。《民法典》规定，债权人留置的动产，应当与债权属于同一法律关系，但是企业之间留置的除外。法律规定或者当事人约定不得留置的动产，不得留置。留置财产为可分物的，留置财产的价值应当相当于债务的金额。

留置权人负有妥善保管留置财产的义务；因保管不善致使留置财产毁损、灭失的，应当承担赔偿责任。留置权人有权收取留置财产的孳息。

二、留置权的效力

1. 留置权债务人的债务履行期

《民法典》第 453 条规定，留置权人与债务人应当约定留置财产后的债务履行期限；没有约定或者约定不明确的，留置权人应当给债务人 60 日以上履行债务的期限，但是鲜活易腐等不易保管的动产除外。债务人逾期未履行的，留置权人可以与债务人协议以留置财产折价，也可以就拍卖、变卖留置财产所得的价款优先受偿。留置财产折价或者变卖的，应当参照市场价格。

2. 留置权债务人的请求权

债务人可以请求留置权人在债务履行期限届满后行使留置权；留置权人不行使的，债务人可以请求人民法院拍卖、变卖留置财产。

3. 留置权的实现

留置财产折价或者拍卖、变卖后，其价款超过债权数额的部分归债务人所有，不足部分由债务人清偿。

4. 留置权、抵押权和质权竞合

同一动产上已经设立抵押权或者质权，该动产又被留置的，留置权人优先受偿。

5. 留置权的消灭

留置权人对留置财产丧失占有或者留置权人接受债务人另行提供担保的，留置权消灭。

【例题与解析】李某向程某借款 10 万元，将一辆卡车抵押给程某。抵押期间，卡车发生交通事故，李某将卡车送到修理厂，修好后，李某无力支付 2 万元修理费。李某亦无法偿还程某借款。此时，修理厂可以将卡车拍卖，价款首先支付修理费，剩余部分，程某享有优先受偿权。因为同一动产同时设立抵押、质押、留置的，留置权人优先受偿。

本章小结

合同担保是指依照法律规定或当事人的约定而设立的保障合同债权实现的法律措施，主要有保证、抵押、质押、留置等方式。保证是指第三人和债权人约定，当债务人不履行债务时，第三人按照约定履行债务或者承担责任的担保方式；抵押是指债务人或者第三人不转移对用作担保的财产的占有，将该财产作为债权的担保；质押是指债务人或第三人将其动产或权利移交于债权人占有或控制，以其作为债权担保的担保方式；留置是指依照担保法的规定，债权人按照合同约定占有债务人的动产，债务人不按照合同约定的期限履行债务的，债权人有权依法留置该动产，以该动产折价或者以拍卖、变卖该动产的价款优先受偿的法定担保方式。

综合练习题

第七章 专利法

学习目标

通过对本章的学习，掌握专利及专利权的概念和特征、专利法的调整范围，了解专利申请的原则、专利审批、专利权的期限；掌握专利权终止的各种法律事实，掌握专利权的归属以及专利权人的权利和义务；重点掌握专利权的限制；掌握专利侵权行为的种类和法律责任。

关键概念

专利　专利权　发明　实用新型　外观设计　国际优先权　本国优先权　专利申请人　专利权人　职务发明创造　专利侵权

引导案例

某人申请一项发明专利，其所主张发明的核心内容是：给轮船一个驱动力，使之启动，产生波浪，波浪通过该人发明的一种设备可以发电，产生的电能一方面可使轮船继续前进，另一方面可供轮船上的照明使用，这样就可以源源不断地产生电能了。

请问：某人这样的发明能否被批准授予专利权？为什么？

第一节　专利与专利制度

一、专利与专利权

"专利"英文为 patent，该词来源于拉丁文，意为公开的信件或公共文献，后来指英国国王签署的独占权利证书。从专利制度的产生来看，专利有这样的含义：发明人把自己的发明公开，换取政府通过发布特权命令来授予发明人专有的权利，发明人在一段时间内享有垄断权。

"专利"一般是在以下三种意义上使用：①专利权；②专利文献；③享有专利权的发明创造。《专利法》中规定的"专利"概念，是指国务院专利行政部门依照法定程序进行审查，认为符合专利条件的发明创造。

（一）专利的特征

专利与其他的知识产权保护对象相比，具有以下三项基本特征。

1. 专利是一种特殊的发明创造

发明创造是人的智力劳动成果，具有价值和使用价值。发明创造不仅可以带动经济的快速发展，而且可以引起产业结构的不断调整，加快产品和技术的更新换代，促进市场竞争，推动社会生产和生活方式的变革。而专利权作为知识产权的主要组成部分之一，其保护对象就是自然人的发明创造。

2. 专利是符合条件的发明创造

当然，并不是所有的发明都可以被授予专利，我国法律对什么样的发明授予专利、什么样的发明不授予专利作出了明确的规定。正如任何财产权的内容、范围以及财产所有人的权利和义务要受到某些限制一样，专利权也不是一种绝对的权利。

3. 专利是经审查确定的发明创造

发明创造是否符合条件必须经过专利行政部门的审查方能确定，否则任何发明创造都不能成为专利。经过审查对发明创造授予专利权，通过法律保证专利权人享有优越的竞争地位，能够帮助他们收回进行发明创造所付出的投资，促使发明人公开新的技术，丰富人类知识宝库。

（二）专利权的含义和特征

专利权是公民、法人或者其他组织对其发明创造依法享有的独占的、垄断的权利。专利权的主体是依法享有权利的公民、法人或者其他组织，客体是符合条件的发明创造，内容是专利权人依法享有的独占的、垄断的权利。

想一想

专利与专利权之间有什么区别呢？

与其他知识产权相比，专利权具有以下特征。

（1）专利权的取得以公开发明创造为条件。在专利授权程序中，将发明创造公开是前置条件，否则，专利行政部门不会授予专利权。申请专利的发明创造者必须清楚、完整地公开其全部技术内容，这既可以避免在技术研究开发中的重复和浪费，又可以明确专利申请人的权利范围。

（2）专利权的取得要符合法定的条件。专利行政部门依据规定审查，符合条件的可以获得专利权。专利权不是基于发明创造的事实自动产生的，而是由专利行政部门依法批准授予的。发明人须向专利行政部门提出申请，经依法审查合格后，授予其专利权。

案例与解析

2023年6月，我国公民罗某作为ZL201630247806.0号"门花（铸铝艺术-2）"外观设计专利权人，指控浙江某工贸有限公司（以下简称"浙江某公司"）印制在其公司宣传册中的一款门花产品构成侵权，于是起诉至人民法院。经过认真比对，被控侵权设计与授权外观设计构成近似。然而，浙江某公司提交的证据证明，在涉案专利申请日前，罗某已经在其微信朋友圈中发布了前述外观设计，于是，浙江某公司向人民法院主张没有侵犯罗某的外观设计专利权。

请问：在本案中，浙江某公司是否构成了对罗某外观设计专利权的侵犯？为什么？

解析：《专利法》中规定的现有设计，应当是指该设计在专利申请日前已经处于能够为公众获得的状态，具有被获知的可能性，而非要求其已经实际被公众获得。在本案中，由于微信朋友圈并不是一种具有高度私密性的社交媒体，相反，却具有较强的开放性，可以通过设置使其对所有人可见。浏览朋友圈内容的微信好友也不负有保密义务，而是可以相互转发，甚至下载后可以其他形式做进一步传播与公开。因此，发布在朋友圈的内容存在被不特定公众所知的可能。门花的设计，一旦公开销售或使用，即已经为不特定公众所知。因而，该朋友圈内容可以作为现有设计抗辩的依据。因此，浙江某公司没有侵犯罗某的外观设计专利权，人民法院应当驳回罗某的诉讼请求。

（3）专利权的取得要符合法定的程序。发明创造并不当然地享有专利权。在经过严格的审查程序后，由专利行政部门正式授权，才享有专利权。发明创造不能自动得到专利保护，专利行政部门也不能主动授予专利权，必须由有权提出专利申请的人，按照规定提交必要的申请文件。另外，专利权同其他的知识产权一样，也具有专有性、地域性和时间性。

二、专利制度与专利法

专利制度是生产力、科学技术发展到一定阶段的产物。1474年，威尼斯城邦共和国元老院颁布了世界上第一部专利法。1623年，英国颁布了垄断法，之后各国纷纷建立了各自的专利制度。

美国在宪法中确立了保护专利技术的原则，并于 1790 年颁布了专利法。法国在 1791 年颁布了专利法，西班牙于 1826 年、德国于 1877 年相继颁布了专利法。

1. 专利制度的特点

专利制度具有以下特点：第一，法律保护。实行专利制度的国家必须首先制定本国的专利法。第二，科学审查。申请专利的发明创造是否具有专利性，只有依据法定的程序进行审查后才能确定。第三，信息公开。在法律保护的前提下，将申请专利的发明创造的内容在专利公报上予以充分公开，让社会尽快地、尽可能清楚地获取相应的知识和信息，从而授予专利申请人专利权。第四，国际交流。各个国家的专利法虽然都只在本国有效，对别的国家不发生法律效力，但通过国际交流，可以促进经济和技术的发展。

2. 专利法的调整范围

专利法是调整因发明创造的开发、实施及对其的保护等发生的各种社会关系的法律规范的总和。专利法的调整范围具体如下。

> **想一想**
>
> 专利发明人为什么要去申请专利权？不申请有什么坏处呢？

（1）因确认发明创造专利权的归属而发生的社会关系。确认专利权的归属，实际上就是指确认发明创造专利申请权的归属，它直接关系到发明创造专利的归属。只有专利申请人才能就其发明创造向专利行政部门提出专利申请，获得相应的专利权。

（2）因授予发明创造专利权而发生的社会关系。一项发明创造能否获得专利权以及如何获得专利权，涉及许多关系，如发明人或设计人与专利申请人之间的关系、专利申请人与专利行政部门之间的关系、专利申请人与公众之间的关系等。

（3）因发明创造专利的实施、转让或者许可使用而发生的社会关系。一项发明创造被批准为专利并产生专利权后，专利权人总希望通过各种途径将其专利付诸实施或者进行转让，使之转化为生产力，并且获得利润，由此产生了相关的社会关系。

（4）因发明创造专利权的保护而发生的社会关系。专利权人对其专利依法享有独占权，并且有权禁止他人未经许可而以营利为目的的使用其专利。一旦发生了专利侵权行为，便会在专利权人与侵权行为人之间、专利权人与专利行政部门或者人民法院之间发生各种社会关系。

第二节　专利权的客体

一、授予专利权的对象

（一）发明

专利法中的发明是指对方法、产品或其改进所提出的新的技术方案。从定义上看这里的发明应当具有技术属性和法律属性。发明有以下几种类型。

1. 产品发明

产品发明是指对一切有形物体的发明，用物品来表现最终的技术方案，表明技术成果，是人们通过研究开发出来的关于各种新产品、新材料、新物质的技术方案。产品发明可分为：制造品发明，如机器设备等发明；材料物品发明，如化学物质发明；新用途产品发明等。

2. 方法发明

方法发明是指为了把一个对象或物质改变成另一个对象或物质所利用的操作手段、制造方法以及工艺流程等技术方案的发明。方法发明可以分为：制造方法发明，如制造纯碱工艺、机械制造工艺等；化学方法发明，如制造合成树脂、合成纤维等。方法发明还包括不改变物质状态的纯方法发明，如测量方法、检验方法等。

3. 改进发明

改进发明是指在基本发明的基础上做进一步的改进而获得的发明，是对已有的产品发明和方法发明提出实质性的改进的新技术方案。相对基本发明而言，改进发明不是新的产品和新的制造方法的发明，而是对已有的产品和制造方法的重大改革，它没有突破原有产品发明和方法发明的格局，但给原有的发明带来了新的特性和质变。

（二）实用新型

实用新型是指对产品的形状、构造或者其结合提出的适于使用的新的技术方案。因此从概念上来看，实用新型是对产品的形状、构造或者其结合所做的改进，并没有要求必须是前所未有的东西，只是对产品的改进就有可能授予专利。在现实生活中，实用新型就是俗称的"小发明"或"小专利"。

1. 实用新型的特点

实用新型与发明相比，具有以下几个特点。

第一，实用新型是对产品来说的，只有产品才可以申请实用新型专利，如仪器、设备、用具或日用品等。方法不能申请实用新型专利，制造产品的工艺方法不是实用新型。申请实用新型专利的产品必须具有确定的形状或构造，或是二者的结合。

第二，作为实用新型对象的产品必须具有立体的形状和构造。像粉末状、气态、液态、糊状、颗粒状等不具有立体形状的产品，法律不能授予实用新型专利。

第三，作为实用新型对象的产品必须具有实用性，也就是能够在工业上应用。如把圆形铅笔改成六面形的铅笔就具有防滑的实用性。

第四，作为实用新型对象的产品必须具有可移动性。不可移动的产品，如房屋、桥梁等，不能成为实用新型专利权的客体。

～～～ 案例与解析 ～～～

原告某鞭炮厂在2021年10月至2022年8月间研制开发和加工生产了小礼花类新产品"圆舞曲"系列烟花，于2022年8月17日向专利行政部门提出了实用新型专利申请，并且获得了批准。2022年10月，被告某鞭炮厂开始生产"圆舞曲之乐"烟花，其产品销往全国各地。原告认为被告生产、销售的"圆舞曲之乐"烟花，实为仿冒自己的"圆舞曲"系列烟花实用新型专利的侵权产品。在当地专利行政部门调解处理未果的情况下，原告于2022年11月6日向人民法院提起诉讼，称被告侵犯了自己的专利权，请求法院判决被告立即停止对自己的专利产品的侵权行为并销毁所有的侵权产品。

解析：经过法院审理认为，原告向专利行政部门提出的"圆舞曲"系列烟花，经审查合格并且予以授权，原告依法缴纳了每年的专利费，其专利权是合法有效的，应当受到法律保护。被告生产的"圆舞曲之乐"烟花与原告的实用新型专利相比较，除底座所用原料不同外，其产品形状、组成部分及结构形式基本一致，被告所生产的"圆舞曲之乐"烟花的技术特征完全覆盖原告的实用新型专利权利要求书所记载的必要技术特征，已经构成了侵权。因此，法院判决被告停止制造和销售与原告实用新型专利相同的"圆舞曲之乐"烟花，并且赔偿原告经济损失以及承担相应的诉讼费用。

2. 实用新型专利与发明专利的区别

实用新型专利与发明专利具有以下区别。

（1）实用新型专利的创造性低于发明专利。《专利法》对申请发明专利的要求是，同已有技术相比，有突出的实质性特点和显著进步；对实用新型专利的要求是，有实质性特点和进步。对发明专利强调"突出的实质性特点"和"显著进步"，而对实用新型专利只要求"实质性特点和进步"。

（2）实用新型专利所包含的范围小于发明专利。发明专利是对产品、方法或者其改进所提出的新的技术方案。发明可以是产品发明、方法发明，还可以是改进发明。而申请实用新型专利的范围则要小得多，仅限于与产品的形状、构造或其组合有关的创新。

（3）实用新型专利的保护期短于发明专利。《专利法》规定，实用新型专利的保护期为10年，发明专利的保护期为20年。实用新型的创造性低于发明，其申请专利的过程简单，发挥效益的时间快，实用新型专利保护期相应较短。

（4）实用新型专利申请程序比发明专利简单快捷。实用新型专利申请，经初步审查，没有发现驳回理由的，由专利行政部门作出授予实用新型专利权的决定，发给专利证书并登记和公告。而发明专利的审查比较严格，需要进行初步审查和实质审查，一般情况下经过3年左右才能授予专利权证书。

（三）外观设计

外观设计是指对产品整体或者局部的形状、图案或者其结合以及色彩与形状、图案的结合所作出的富有美感并适于工业应用的新设计。外观设计也是人类智力劳动的创造性成果。外观设计是一种新设计，法律所保护的对象是该设计本身，而不是负载该设计的物品。

1. 外观设计的特点

外观设计具有以下特点。

（1）外观设计必须以产品为载体。外观设计是工业品的外观设计，不能脱离具体的产品而存在。离开具体产品的外观设计，只是一种纯美术作品，不是《专利法》保护的外观设计。

（2）外观设计是产品的形状、图案、色彩或者其结合的设计。外观设计要求在外表上有具体的形状或者形态作为对象。外观设计可以是立体的，也可以是平面的。

（3）外观设计必须富有美感。这种美感应当表现在物品表面的图案、色彩或花纹上，或者表现在物品的立体造型上。

（4）外观设计必须适于工业应用。适于工业应用，是指使用外观设计的产品经过工业生产过程能够大量地复制生产，包括通过手工业大量地复制生产。

2. 外观设计的条件

外观设计要想获得专利权，需要具备以下几个条件。

（1）外观设计应当具有独立性，但应当同产品相结合，可以说外观设计同产品是合二为一的。脱离产品的图案不是外观设计。

（2）工业品外观设计往往既受《专利法》的保护又受其他法律的保护。就外观设计属于《专利法》所称的发明创造来说，可以受到《专利法》的保护；就外观设计是一种美学观念的表述来说，可以受到《著作权法》的保护；而当外观设计在市场上获得了可识别性时，又可以作为商标受到《商标法》的保护，或者作为商品装潢受到《反不正当竞争法》的保护。

案例与解析

广东某动漫文化股份有限公司（本案原告）是一家专门从事动漫影视作品制作的公司，该公司投资拍摄了动画电视连续剧《铠甲勇士》，深受小朋友的喜爱。原告根据该电视剧中的动漫形象向国家知识产权局申请了"铠甲勇士系列玩具"的外观设计专利并且获得了批准。本案被告施某某在其所经营的重庆市渝中区朝天门市场某玩具店，销售了与原告专利"铠甲勇士系列玩具"整体视觉效果相同的"玩具公仔（炎龙侠）"。

请问： 被告施某某的行为是否构成了侵权？本案应当如何进行判决？为什么？

解析： 原告是"铠甲勇士系列玩具"专利权人。被告施某某销售的玩具与原告外观设计专利相似，因此，被告的行为构成了侵权，应当判决施某某停止销售并销毁侵权产品，赔偿原告的经济损失及合理费用。

（3）产品应当能在工业上应用。不能重复生产的外观设计不是专利法意义上的外观设计，比如徐悲鸿的真迹是美术作品，就不能再成为工业品外观设计了。

（4）要求外观设计具有美感。外观设计创新的一个重要作用是能够带给人美好的视觉享受，因此，外观设计必须具有美感。

3. 外观设计专利与实用新型专利的区别

外观设计专利与实用新型专利具有以下区别：首先，外观设计专利是保护产品外表，不涉及产品本身的技术性能；实用新型专利保护的范围既涉及产品的外形和外部结构，也涉及产品的内部构造。其次，外观设计的目的是利用美学原理达到美感效果；而实用新型旨在实现一定的技术效果。再次，外观设计把产品作为载体，仅对其外表进行独特设计；而实用新型的创造性方案与产品本身融为一体，体现于产品本身。最后，实用新型产品必须以固定的立体形态存在；而外观设计产品既可以是立体的，也可以是平面的。

二、不授予专利权的对象

想一想

你还能列举出哪些违反国家法律的发明创造？为什么对这些发明创造不授予专利权？

（一）违反法律、社会公德和妨害公共利益等的发明创造

1. 违反国家法律的发明创造

违反国家法律的发明创造本质上也违反公共利益或者违反社会公德。《专利法》将违反国家法律作为不授予专利权的情形之一，例如，用于赌博、吸毒或者伪造公文印章的设备和工具等。

2. 违反社会公德或者妨害公共利益的发明创造

这是指对树立社会主义道德风尚不能产生任何积极的作用，相反还会产生一定程度的负面效果的发明创造。例如，涉及淫秽内容的外观设计，或者专用于盗窃等违法犯罪的工具发明，以及会严重污染环境、破坏自然资源、致人伤残或者造成其他危害的发明创造等。

3. 违反法律、行政法规规定获取或利用遗传资源，并依赖该遗传资源完成的发明创造

我国在保护遗传资源方面主要有两个举措，一是通过专门立法来建立遗传资源的管理机制，防止任何人未经有关部门批准擅自获得我国的遗传资源；二是利用《专利法》对非法获得我国的遗传资源并利用该资源作出的发明创造不授予专利权，对其在我国获得专利独占权的行为进行限制。

（二）不属于专利法保护范围的发明创造

1. 科学发现

科学发现是指人们通过自己的智力劳动对客观世界已经存在的但未被认知的规律、性质和现象的认识，例如天然物质、自然现象及其变化过程、特性和规律等。一般来说，科学发现不是对产品、方法及其改进所提出的新的技术方案，因而不能被授予专利权。

2. 智力活动的规则和方法

智力活动的规则和方法是指人们进行推理、分析、判断、运算、处理、记忆等思维活动的规则和方法。其作用对象是人，即直接作用于人的思维，而与产业上的技术活动不发生直接关系。

它们通常是一些人为的规则，如竞赛规则、管理规则、统计方法、分类方法、计算方法等，具有抽象思维的特点，所以不能被授予专利权。

3. 疾病的诊断和治疗方法

疾病的诊断和治疗方法以活的人或者动物为实施对象，并以防病治病为目的，是医护人员的经验体现，而且随被诊断和治疗的对象不同而有所区别，不能在工业上应用，不具有实用性。对此类方法不授予专利权的原因在于它们以人体为研究对象，不能构成工业上的重复生产，同时也出于人道主义的考虑，医生有权根据具体情况来选择使用哪种治疗方法。

📖 小知识

疾病的诊断和治疗方法

疾病的诊断方法是指为发现、识别、研究和确定疾病的状况、原因而采取的各种措施，例如诊脉法、超声诊断法等都是常用的诊断法。疾病的治疗方法是指为消除病态、恢复健康而采取的各种措施，例如电疗、磁疗、针灸等各种疗法，以及进行外科手术、打针等方法。外科手术不能被授予专利权，而且不只限于为治疗疾病而进行的手术，为美容而进行手术的方法也不能被授予专利权。

疾病的诊断和治疗方法不能被授予专利权，是指以活的人体或者动物体为实施对象而言。在已经死亡的人体或者动物体上进行的测试、保存或者处理方法，例如防腐、制作标本等方法，可以被授予专利权。对动物体的组织或者流体进行处理或者检测的方法，例如血液的处理或者分析方法，为疾病的诊断和治疗而使用的物质、组合物以及仪器、设备等产品，包括制造假肢、假牙、假眼，以及制造牙齿模型的方法等，可以获得专利权。

📖 小知识

"医药用途发明"能否授予专利权的争论

按照传统理论，仅仅发现某种已知物质具有某种过去未被认识的特性，一般认为属于发现，而不是发明。然而在医药工业中，许多有价值的科研成果就是发现某些过去从未被用于治疗疾病的已知物质具有治疗某种疾病的效果（被称为第一次医药用途发明），或者发现过去用于治疗某种疾病的某种已知物质具有治疗另一种疾病的效果（被称为第二次医药用途发明）。这些发现会直接导致产生新的药品，或者为已知药品开发新的用途，有些国家也授予专利权进行保护。

4. 动物和植物品种

动物和植物品种可分为天然生长和人工培养两种。自然界天然生长的动植物不是人类智力活动的发明创造，因此不能被授予专利权。人工培养的动物和植物品种，虽然是人类智力活动的成果，但任何一种动物和植物品种的培养都必须经过较长的时间，并必须经过好几代人的筛选才能使该品种具有显著性、稳定性和一致性。因此，《专利法》暂时没有给动物和植物品种授予专利权。我国有专门的动物和植物新品种保护条例，动物和植物新品种可以获得该条例的保护，但是不能获得专利权。《专利法》规定，生产动物和植物品种的方法可以获得专利保护。

5. 原子核变换方法以及用原子核变换方法获得的物质

原子核变换方法以及用原子核变换方法获得的物质关系到国防、科研和核能工业的重大利益，不宜为个人所垄断。这里主要是从国防的角度来考虑的，一般个人也很难掌握原子核变换方法。

6. 对平面印刷品的图案、色彩或者二者的结合作出的主要起标识作用的设计

在我国受理的外观设计专利申请中，存在着相当数量的瓶贴、平面包装袋等外观设计，这些外观设计创新水平不高，而且常涉及外观设计专利权与商标权、著作权之间的权利交叉与冲突。

因此，为了进一步提高我国外观设计的创新性，《专利法》规定不授予其专利权。

三、授予专利权的条件

（一）发明和实用新型授予专利权的条件

1. 新颖性

新颖性是指某发明或者实用新型不属于现有技术，也没有任何单位或者个人就同样的发明或者实用新型在申请日以前向专利行政部门提出过申请，并记载在申请日以后公布的专利申请文件或者公告的专利文件中。新颖性是授予专利权最基本的条件之一。

当然，丧失新颖性也有一些例外的情况。根据《专利法》的规定，申请专利的发明创造在申请日以前 6 个月内，有下列情形之一的，专利不丧失新颖性：第一，在国家出现紧急状态或非常情况时，为公共利益目的首次公开的；第二，在中国政府主办或者承认的国际展览会上首次展出的；第三，在规定的学术会议或者技术会议上首次发表的；第四，他人未经申请人同意而泄露其内容。泄露发明创造内容的人获知一项发明创造的内容的方式有可能是合法的，也有可能是非法的。

> **想一想**
>
> 新颖性和创造性有何区别？

2. 创造性

创造性，是指与现有技术相比，某发明具有突出的实质性特点和显著的进步，某实用新型具有实质性特点和进步。创造性是发明或者实用新型获得专利权的又一实质条件。

3. 实用性

实用性是指某发明或者实用新型能够制造或者使用，并且能够产生积极效果。依此规定，申请专利的发明或者实用新型是一种产品的，该产品必须能够进行产业制造；申请专利的发明或者实用新型是一种方法的，该方法必须能够在产业中使用。

小知识

哪些情况不具有实用性？

一般来说，以下情况不具有实用性：第一，无法重复制造再现的。第二，现有技术手段无法实现的。第三，违背自然规律的。第四，利用了独一无二的自然条件实现的。利用特定的自然条件实现的自始至终都是不可能移动的产品，不具有实用性。第五，不能产生积极效果的。也就是说实施这样的技术方案可能造成环境污染、能源或者资源的严重浪费、损害人体健康的，不具有实用性。

（二）外观设计授予专利权的条件

1. 新颖性

外观设计的新颖性表现在以下几方面。首先，属于专利权的外观设计不属于现有设计。现有设计是指申请日以前在国内外为公众所知的设计，这就排除了与现有设计相比整体视觉效果上实质相同的外观设计，包括与该现有设计完全相同的外观设计，也包括仅在非设计要点上与现有设计相比有局部细小区别的外观设计。其次，设计的公开形式有书面公开和使用公开两种方式。再次，公开的地域标准。根据《专利法》规定，我国对新颖性的标准采用的是绝对的国际新颖性标准，也叫新颖性的绝对标准。最后，公开的时间性标准，我国采用的是申请日标准。在新颖性的标准中，也要求不存在抵触申请的情形。即没有任何单位或者个人就同样的外观设计在申请日以前向专利行政部门提出过申请，并记载在申请日以后公告的专利文件中。

2. 创新性

外观设计不像发明和实用新型那样要求创造性，但是应当与其他的外观设计不相同或者不相似，要具有独创性，要求授予专利权的外观设计与现有设计或者现有设计特征的组合相比，具有明显区别。这一规定包含两层含义：一是授予专利权的外观设计与每一项现有设计单独相比，不仅不应当在整体视觉效果上实质相同，还应当具有明显区别。这一标准排除了简单的商业性转用类设计，例如对自然物的简单摹仿，采用众所周知的外观设计特征等，也排除了与现有设计不相同但与现有设计的区别对产品的整体视觉效果不具有显著影响的外观设计。二是允许将两项或者两项以上现有设计的特征组合起来，判断申请获得专利权的外观设计与之相比是否具有明显区别。这一标准排除了将惯常设计特征、知名产品的设计特征组合而成的设计，也排除了对多项现有设计的特征进行简单组合而成的设计。

🐻 **想一想**

"MG 面膜"是广州 MG 化妆品有限公司（以下简称"MG 公司"）生产的护肤产品（外观设计专利处于有效状态），因其种类丰富、宣传广泛，受到广大女性消费者的青睐。近年来，不仅在大型的商场、超市，甚至在某些批发市场、药店的柜台上也出现了"MG 面膜"。2023 年 6 月，MG 公司授权律师提起了侵害外观设计专利权之诉。MG 公司称，被告吉林省某药房未经原告许可，大量销售侵犯上述专利权的假冒商品，MG 公司请求法院判令被告立即停止侵权行为，赔偿经济损失。

请问： 该药房的行为是否构成对 MG 公司的外观设计专利的侵权？为什么？

3. 非标识性

为了鼓励设计人将主要精力放在产品本身外观的创新上，防止与商标专用权发生交叉与重叠，我国的《专利法》中明确规定，对平面印刷品的图案、色彩或者二者的结合作出的主要起标识作用的设计不授予外观设计专利权。

🐻 **想一想**

我国为什么对平面印刷品的图案、色彩或者二者的结合作出的主要起标识作用的设计不授予外观设计专利权？

4. 合法性

现实中，常有将他人已经注册为商标或者享有著作权的作品中的图案或者造型申请并获得外观设计专利权的现象发生，导致不同人对同样的客体享有不同类型的知识产权，在行使这些知识产权时会产生不同权利相互冲突的问题。因此，《专利法》规定外观设计不得与他人合法取得的在先权利相冲突。这里的在先权利一般指著作权、商标权、商号权等。

〰️ **案例与解析**

2022 年，美国某食品公司（本案原告）来华投资，在其经营的餐厅中一直使用在消费者中有相当知名度的"某州牛肉面大王"名称，并且还在北京等地设立了 20 余家连锁店。该公司的"红蓝白"装饰牌匾于 2023 年 1 月获得了中国外观设计专利。然而，某市的一家快餐店（本案被告）于 2023 年 4 月 10 日开业，其横幅牌匾上标有"美国某州牛肉面大王"字样，横幅牌匾的颜色依次为红白蓝，其霓虹灯招牌上同样也标有"美国某州牛肉面大王"字样。于是，美国某食品公司向当地人民法院提起诉讼，控告该快餐店侵权。

解析： 人民法院经过审理后认为，虽然被告的横幅牌匾与原告的"红蓝白"外观设计专利在色彩的排列顺序上有所不同，但是，其足以使消费者在视觉上与原告的"红蓝白"外观设计专利产生混淆，被告的行为已经严重侵犯了原告在中国获得的专利权。因此，人民法院判决被告快餐店立即停止使用"美国某州牛肉面大王"名称，并且赔偿原告有关经济损失并消除影响。

第三节 专利权的取得程序

一、专利申请

（一）专利申请的原则

1. 书面原则

申请发明或者实用新型专利的，应当提交请求书、说明书及其摘要和权利要求书等文件。申请外观设计专利的，应当提交请求书、该外观设计的图片或者照片以及对该外观设计的简要说明等文件。

2. 先申请原则

同样内容的发明创造，只授予一项专利权。两个以上的人就同样的发明创造申请专利的，专利权授给最先申请人，这就是先申请原则。先申请原则有利于鼓励发明人早日提出专利申请，使发明创造早日公开。当两个或者两个以上的专利申请人在同一日就同样的发明创造申请专利的，应当自行协商确定申请人。这一规定蕴含了两层含义：第一，在不同日期申请专利的，以申请日作为判断申请先后的标准；第二，同日申请的，由申请人协商解决。

3. 单一性原则

单一性原则是指一份专利申请文件只能就一项发明创造提出专利申请，一件发明或者实用新型专利申请应当限于一项发明或者实用新型，一件外观设计专利申请应当限于一项外观设计。

> **小知识**
>
> **专利申请的先发明原则**
>
> 当事人就同一发明创造向专利机关申请专利，专利机关将专利权授予最先研究出该发明创造的人。主张这一原则的学者认为，专利法应当保护真正的最初的发明人，只有这样才能与专利法保护发明创造的宗旨相一致。美国、加拿大等国的专利法均采用专利申请的先发明原则。

4. 优先权原则

优先权是指申请人在第一次提出申请后，可以在一定期限内就同一主题申请保护，其在后申请在某些方面被视为是在第一次申请的申请日提出的。换言之，申请人提出的在后申请与其他人在其首次申请日之后就同一主题所提出的申请相比，享有优先的地位。

（1）国际优先权。国际优先权是指申请人自发明创造在外国第一次提出专利申请之日起 12 个月内，外观设计自在外国第一次提出专利申请之日起 6 个月内，又在中国就相同的主题提出专利申请的，根据申请人国籍所在国家或者居住地国同中国共同加入的国际条约或者签署的双边协定或者根据互相承认优先权的原则，享有优先权。

（2）本国优先权。本国优先权是指申请人就其发明创造或者实用新型在中国第一次提出专利申请后的 12 个月内，或者自外观设计在中国第一次提出专利申请之日起 6 个月内，又向国务院专利行政部门就相同主题提出专利申请的，可以享有优先权。对于本国优先权有这样几点需要理解：第一，本国优先权的客体，既可以是发明或者实用新型专利申请，也可以是外观设计专利申请；第二，在先申请和要求优先权的在后申请没有要求过国际优先权或者本国优先权，并且专利行政部门尚未发出过授予专利的通知；第三，要求优先权的后一申请是自在先申请的申请日起的 12 个月或者 6 个月内提出的。

> **想一想**
>
> 2022年7月，赵某就其发明M向我国的专利行政部门提出了专利申请，但是未获批准。2023年1月，赵某

就发明M再次在中国向我国的专利行政部门提出了专利申请，而且赵某还主张其享有优先权。

请问：

（1）这里的发明M可以是外观设计吗？

（2）赵某是否应在申请文件中提出优先权申请？

（3）该优先权属于国际优先权？还是属于本国优先权？

（二）专利申请日的确定

专利申请日是指专利行政部门收到专利申请文件的日期，这一般适用专利文件是由申请人或者代理人直接送达的情形。如果专利申请文件是通过邮局邮寄的，则是以寄出的邮戳日为申请日。专利申请人享有优先权的，以优先权日为申请日。

想一想

2022年3月5日，周某就其发明M向中国的专利行政部门提出专利申请，其后，又于2023年2月3日就同样的发明M在美国提出了专利申请，同时还提出了优先权请求。

请问：

（1）根据国际优先权原则，周某对其发明M的优先权日是哪一天？为什么？

（2）中国和美国是否应当向专利申请人周某授予发明M专利权？为什么？

（三）专利申请的文件

当事人申请发明或者实用新型专利的，应当提交请求书、说明书及其摘要和权利要求书等文件。申请外观设计专利的，申请人应当提交请求书、该外观设计的图片或者照片以及对该外观设计的简要说明等文件。请求书是申请人向专利行政部门表示请求授予外观设计专利的愿望的文件。申请外观设计专利填写请求书时应当使用专利行政部门印制的标准表格，其中应当写明的内容绝大部分与申请发明或者实用新型专利的请求书相同。

～案例与解析～

2022年5月21日，瑞柯科技股份有限公司（简称"瑞柯公司"）向国家知识产权局提交了"××便携式多功能充气泵"的实用新型专利申请（简称"在先申请"）。2022年6月14日，国家知识产权局发出了专利申请受理通知书。2022年9月17日，国家知识产权局向瑞柯公司发出了"授予实用新型专利权通知书"和"办理登记手续通知书"，同意授予在先申请实用新型专利权，并通知瑞柯公司办理登记手续。2022年10月17日，瑞柯公司向国家知识产权局缴纳了实用新型专利登记印刷费、实用新型专利第一年年费及印花税。2022年10月30日，瑞柯公司向国家知识产权局提交了"××便携式多功能充气泵"的发明专利申请（简称"在后申请"），并在在后申请请求书中要求在先申请的优先权。2022年10月31日，国家知识产权局针对在后申请发出了受理通知书。2022年11月19日，国家知识产权局对在先申请予以授权公告。2022年12月16日，国家知识产权局对在后申请发出"视为未要求优先权通知书"，以"在先申请已经被授予专利权，不符合《专利法实施细则》"为由，不同意授予优先权。2023年2月10日，瑞柯公司不服上述通知书，向国家知识产权局申请行政复议。2023年3月24日，国家知识产权局作出了行政复议决定，维持其作出的上述通知书。瑞柯公司不服上述行政复议决定，将国家知识产权局诉至人民法院，认为：在后申请提交时，在先申请尚未被授予专利权，能够作为在后申请要求本国优先权的基础，因此，依法请求人民法院撤销国家知识产权局针对在后申请作出的"视为未要求优先权通知书"决定。

请问： 瑞柯公司是否可以要求享有优先权？为什么？

解析： 首先，申请人在对在先申请办理了登记手续后、授权公告日之前提出在后申请，并且要求在先申请作为优先权的基础，可能导致重复授权，违反了《专利法》的规定。其次，我国相关法律并没有规定国家知识产权局可以因当事人要求在先专利作为在后申请优先权的基础而径行宣告该专利权无效，或因要求优先权即可视为当事人对在先专利权的放弃。因此，依照《专利法》的规定，在后申请在提出将在先申请作为本国优先权的基础之日，在先申请至少应当还尚未被公告授权。最后，申请人主动办理了登记手续，应视为其就国家知识产权局对在先申请进行授权公告作出了符合其意愿的选择，理应承担相应法律后果。因此，瑞柯公司不能要求享有优先权，人民法院应当判决驳回瑞柯公司的请求。

📖 小知识

外观设计的产品样品或者模型问题

申请外观设计专利，如果专利行政部门认为有必要则可以要求外观设计专利申请人提交使用外观设计的产品样品或者模型。如果从申请人提交的图片或者照片中已经可以看清外观设计的全貌的，就没有再看样品、模型的必要。如果从图片或者照片中看不清外观设计的全貌，图片或者照片无法全面表示外观设计，就有可能要求申请人提交使用该外观设计的产品样品或者模型。

二、专利审批

（一）发明专利申请的审批

1. 初步审查

初步审查是专利行政部门受理发明专利申请后、公布申请前的必要程序。初步审查任务主要是：第一，审查申请人提交的申请文件是否符合规定。第二，审查申请人在提出专利申请的同时或者随后提交的与专利申请有关的其他文件是否符合规定。

2. 早期公开

经过初步审查，对符合形式条件的发明专利申请要公之于众。专利行政部门收到发明专利申请后，经初步审查认为符合《专利法》要求的，自申请日起满18个月，即行公布。

3. 实质审查

实质审查是专利行政部门对申请专利的发明的新颖性、创造性和实用性依法进行审查的法定程序。审查的办法首先是进行文献检索，然后与现有技术进行对比、分析后作出判断。一般情况下都是由专利申请人提出实质审查请求启动实质审查程序，只有在特殊情况下，才可以由专利行政部门自行启动。自申请日以后3年内，专利申请人可以随时提出实质审查请求；无正当理由逾期不提出实质审查请求的，其申请被视为撤回。专利行政部门在其认为必要的时候，可以自行对发明专利申请进行实质审查。

4. 核准授权

专利行政部门认为不符合规定的，应当通知申请人，要求其在指定的期限内陈述意见，或者对其申请进行修改。无正当理由逾期不答复的，该申请即被视为撤回。经申请人陈述意见或进行修改后，专利行政部门认为仍不符合规定的，应当予以驳回。实质审查没有发现驳回理由的，由专利行政部门作出授予发明专利权的决定，发给发明专利证书，同时予以登记和公告。发明专利权自公告之日起生效。

（二）实用新型和外观设计专利申请的审批

我国对实用新型和外观设计专利申请实行的是初步审查制，也就是只对申请文件是否完备、申请文件是否符合要求、申请文件是否存在明显的实质性缺陷进行审核。只要这些条件符合要求，就可以授予专利权。实用新型和外观设计专利申请经初步审查没有发现驳回理由的，由专利行政部门作出授予专利权的决定，发给专利证书，同时予以登记和公告。

想一想

为什么要对当事人的专利申请进行复审？

三、专利复审

专利复审是指专利行政部门对当事人不服专利行政部门的决定而提出申请所做的审查。专利行政部门进行专利复审工作，对其受理的专利申请应当进行初步审查或者实质审查，决定是授予专利权，还是作出驳回决定。

（一）专利复审的情形

1. 对驳回专利申请决定不服的复审申请

在专利申请审批程序中，发明、实用新型、外观设计专利申请，在专利行政部门作出形式审查后，对于不符合条件的申请会予以驳回；发明专利申请在实质审查后，对于不符合条件的发明专利申请会予以驳回。申请人均可以在收到专利行政部门的驳回通知之日起 3 个月内申请复审。

2. 认为授予专利权的决定无效的申请

自专利行政部门公告授予专利权之日起，任何单位或个人认为专利权授予不符合规定的，可以请求专利行政部门宣告专利权无效。从专利权被授予之日起，申请人就可以提出，没有终止时间的限制。当然，专利终止该权利自然就终止。

（二）专利复审的效力

专利申请人对专利行政部门的复审决定不服的，可以自收到通知之日起 3 个月内向人民法院起诉。对宣告专利权无效或者维持专利权的决定不服的，可以自收到通知之日起 3 个月内向人民法院起诉。

案例与解析

2022年7月，专利复审案件的请求人某某州某星电子有限公司、某某市某星通信技术有限公司、某某星（中国）投资有限公司（以下简称"某某星公司"）共同就专利权人某为终端有限公司（以下简称"某为公司"）的名称为"组件显示处理方法和用户设备"（专利号：ZL20101010××××）的发明专利权，向专利复审委员会提出了无效宣告请求。某某星公司所提出的无效宣告请求理由包括：①涉案专利不具备新颖性和创造性；②涉案专利的保护范围不清楚；③涉案专利缺少必要的技术特征；④涉案专利说明书公开不充分。专利复审委员会经审查认为某某星公司提出的理由不成立，最终作出了"维持专利权有效"的决定。

解析： 本案曾经是某为公司和某某星公司间的知识产权大战系列案件之一。该专利侵权案件的一审和二审法院均认定某某星公司构成专利侵权，应当赔偿某为公司 8 000 余万元。专利复审委员会作出第31835 号无效宣告请求审查决定，维持专利权有效。某某市知识产权法院作出的一审判决，维持了上述审查决定。

该案涉及的无效理由众多，证据类型复杂多样，在互联网证据的认定及权利要求的理解等方面颇具典型性。本案审查决定诠释了在确定权利要求的保护范围时，应整体把握发明实质，对权利要求的技术特征进行了合乎发明实质的理解，为新颖性、创造性的评价提供客观基础；同时，还在互联网证据的真实性和公开时间的认定方面具有指导意义，对于互联网证据的公开时间的认定，可以根据该证据的公证时间、上传时间及大型网站的时间公布规律进行推定。

第四节　专利权的期限、终止和专利的无效宣告

一、专利权的期限

（一）专利权的期限概述

专利权的期限，就是某发明创造作为专利受法律保护的期限，超出保护期限，法律就不再对其进行保护。专利权是法律赋予专利权人的独占的权利，但是这项权利是有限制的，包括时间上的限制，这样是为了维护公共利益，实现专利权人的独占权与社会公共利益的公平。

（二）专利权期限的规定

根据《专利法》的规定，发明专利权的期限为 20 年，实用新型专利权的期限为 10 年，外观设计专利权的期限为 15 年，均自申请日起计算。

1. 保护期限

专利权期限过长，不仅没有实际意义，而且对社会公众利益也是一种限制；专利权期限过短，会使权利人的投入不能及时收回，对专利权人的保护不利。发明专利 20 年、实用新型专利 10 年和外观设计专利 15 年的保护期限，是比较符合实际需要的。

想一想
为什么对专利权的保护有一定年限而不是永久保护？

2. 起算日

保护期限的起算有两种不同做法，一是自申请日起计算，二是自授权日起计算。发明创造从申请日到授权日要经历很长的时间，如果从授权日开始计算保护期会带来很多问题，比如在申请文件公开后至授权前这段时间内的临时保护措施，如果权利不是从申请日起计算而是从授权日起计算，临时保护措施就没有了法律依据。

小知识

外观设计专利的保护期限

对于发明专利来说，当今世界各国规定的保护期限少有超过 20 年的；但是对于外观设计专利来说，许多国家规定的保护期限通常比 10 年更长。例如，荷兰、瑞士、奥地利、丹麦、意大利、俄罗斯、日本等国规定外观设计专利的保护期限最长可以为 15 年；德国、西班牙规定最长可以为 20 年；英国、葡萄牙、土耳其规定最长可以为 25 年；法国规定最长可以为 50 年。这与外观设计的性质有关。外观设计专利权保护的是富有美感的产品外观，具有"艺术"的属性，与著作权意义下的作品比较相似，不像发明和实用新型专利所保护的科学技术那样，从社会公众的利益出发有尽快推广利用的必要，因此，可以允许外观设计专利权人享受较长时间的保护。

想一想
专利权为什么会终止呢？

二、专利权的终止

（一）专利权的终止的概念

专利权的终止是指专利权因某种法律事实的发生导致其效力消灭的情形。专利权的终止是有效专利权因某种法律事实的发生而导致其效力消灭的情形，不包括专利权因无效宣告而导致其被视为自始不存在的情形，也不包括专利权因无效宣告而导致原专利权人丧失专利权的情形。

（二）专利权终止的法律事实

1. 专利权因期限届满而终止

专利权的保护期限届满，专利权就会终止其效力。我国的《专利法》

想一想
专利权人在什么情形下会书面声明放弃专利权？

没有专利权续展制度，专利权保护期限一旦届满，专利权就立即终止。

2. 专利权人书面声明放弃专利权

专利权是一种私权，因此，法律允许专利权人依其意志对专利权进行处分。具体而言，在专利权保护期内，专利权人可以书面形式向专利行政部门声明放弃专利权。

3. 专利权人没有按照法律规定缴纳年费

专利权被授予后，专利权人若想维持其专利权的有效性，需要依照法律的规定按时足额地缴纳专利维持费，也称专利年费。在专利权的保护期内，专利权人没有按照法律的规定缴纳年费，其专利权就将在下一个年度到来时终止。

三、专利的无效宣告程序

专利无效宣告是指对已经授予专利权的专利，因其不符合《专利法》的规定，由专利行政部门宣告其不具有法律约束力。自专利行政部门公告授予专利权之日起，任何单位或者个人认为该专利权的授予不符合《专利法》有关规定的，都可以请求专利行政部门宣告该专利权无效。

小知识

专利无效宣告制度与专利权撤销制度

与专利无效宣告制度功能相近的另一制度是专利权撤销制度。专利权的撤销是指专利权授予后的一定期限内，根据申请人的申请，依法撤销该专利权的行为。经过多年的实践，撤销程序的作用完全可以通过无效程序来实现，两种程序在结果上并无二致。而且实践中已发生撤销程序被恶意利用的实际案例。为简化流程、提高效率，《专利法》在 2000 年修订时取消了专利撤销程序，并对专利无效宣告制度作了必要的修改，即取消了对提出无效宣告请求的时间限定。

1. 专利无效宣告的理由

根据《专利法》及《专利法实施细则》的规定，专利无效宣告的理由有：申请专利的发明创造的主题不合格；违反了向外国申请专利保密审查的规定；申请发明创造专利的条件不符合法律规定；申请专利提交的相关申请文件材料等不合格；申请的修改或者分案申请超过了原说明书的范围；申请专利的相关文件在记载上出现了明显的错误；违法、损害社会公共利益或不属于《专利法》保护对象；违反了专利申请的禁止重复授权原则和先申请原则。

小知识

被申请宣告无效的专利修改的限制

被申请宣告无效的专利修改的限制为：第一，发明或者实用新型专利的专利权人不得修改专利说明书和附图，外观设计专利的专利权人不得修改图片、照片和简要说明；第二，允许修改发明或者实用新型专利的权利要求书，但是不得扩大专利权的保护范围；第三，在修改权利要求书时，不能将说明书和附图中记载的技术特征补充到权利要求书中，只能在原有权利要求书记载内容的基础上进行组合或者合并，例如将原有几项权利要求的内容组合成为一项新的权利要求。

2. 专利无效宣告的法律后果

专利行政部门经过审查，对无效宣告的请求可以作出以下决定：认为专利无效宣告请求的理由不成立的，驳回无效宣告请求人的请求；认为专利无效宣告请求的理由成立的，宣告该专利权无效。专利行政部门对宣告专利权无效的请求应当及时审查和作出决定，并通知请求人和专利权人。宣告专利权无效的决定，由专利行政部门登记和公告。

3. 专利无效宣告的法律救济

对专利行政部门宣告专利权无效或者维持专利权的决定不服的，可以自收到通知之日起3个月内向人民法院起诉。人民法院应当通知宣告专利权无效请求程序的对方当事人作为第三人参加诉讼。这个诉讼是专利行政诉讼，应以专利行政部门为被告。

第五节　专利权人的权利与法律责任

一、专利权人

（一）专利申请权和专利申请人

1. 专利申请权的概念

专利申请权是指公民、法人或者其他组织依照法律的规定或者合同的约定，就发明创造向专利行政部门提出专利申请的权利。只有享有专利申请权的人在最后才可能取得专利权。

> **想一想**
>
> 在哪些单位或者组织中会出现职务发明创造？

2. 专利申请人的概念和类型

专利申请人，是指对某项发明创造依照法律规定或者合同约定，享有专利申请权的自然人、法人或者其他组织。

具体而言，专利申请人一般包括以下五类。

第一，非职务发明创造，申请专利的权利属于发明人或者设计人；申请被批准后，该发明人或者设计人为专利权人。

第二，职务发明创造申请专利的权利属于该单位；申请被批准后，该单位为专利权人。因此，职务发明创造的专利申请人是完成发明创造的发明人或者设计人的所在单位。利用本单位的物质技术条件所完成的发明创造，单位与发明人或者设计人签订了合同，对申请专利的权利和专利权的归属作出约定的，从其约定。

第三，两个以上单位或者个人合作完成的发明创造，除另有协议的以外，申请专利的权利属于完成或者共同完成的单位或者个人；申请被批准后，申请的单位或者个人为专利权人。

第四，一个单位或者个人接受其他单位或者个人委托所完成的发明创造，除另有协议的以外，申请专利的权利属于完成或者共同完成的单位或者个人；申请被批准后，申请的单位或者个人为专利权人。

第五，继承、受让取得专利申请权的，也是专利申请人。也就是说，专利申请权可以转让。中国单位或者个人向外国人、外国企业或者外国其他组织转让专利申请权的，应当依照有关法律、行政法规的规定办理手续。转让专利申请权的，当事人应当订立书面合同，并且向专利行政部门登记，由专利行政部门予以公告。专利申请权的转让自登记之日起生效。

想一想

为了满足市场的需求，甲厂和乙厂拟合作开发一种新产品，并且分别指派甲厂技术员丙和乙厂技术员丁进行研制工作，在丙、丁两人的共同努力下，新产品终于被研制成功。后来，甲厂和乙厂双方决定申请该产品的发明专利。

请问： 在申请文件发明人一栏应当填写谁呢？为什么？

第七章　专利法

（二）专利权的归属

职务发明创造是执行本单位的任务或主要是利用本单位的物质技术条件所完成的发明创造。随着科学技术的发展，发明创造日趋复杂，就个人力量来说越来越难以完成，越来越需要借助企业等单位的物质技术力量，经过多人共同合作来完成，于是就出现了职务发明创造。

~~~~案例与解析~~~~

2020年5月30日，北京某生物科技有限公司（以下简称"北京某公司"）向国家知识产权局申请名称为"菊粉饮料组合物"的发明专利（以下简称"诉争专利"），授权公告日为2022年10月5日，发明人为殷某、张某。北京某公司于2014年11月3日成立，青海某生物技术有限公司（以下简称"青海某公司"）于2019年10月30日成立。自青海某公司成立以来至2023年5月，殷某担任该公司的董事长兼总工程师、北京某公司的董事长；张某任青海某公司的总经理、北京某公司的副总经理。原告青海某公司认为自其公司成立以来，殷某一直担任董事长兼总工程师的职务，张某一直担任总经理职务，二人一直在青海某公司领取报酬，并报销费用。在诉争专利申请日前，青海某公司专门对"菊粉饮料组合物"进行营销策划。诉争专利是殷某、张某利用青海某公司的物质技术条件完成本职工作而产生的发明创造，应属青海某公司所有。综上，其诉至人民法院请求确认诉争专利为殷某、张某在青海某公司任职期间的职务发明创造。被告北京某公司以及第三人殷某、张某均不同意青海某公司的诉讼请求。青海某公司在诉讼期间提交了工资记录。北京某公司也提交了工资发放表，委托加工"菊粉饮料组合物"饮料罐的合同及发票，"菊粉饮料组合物"检测报告、企业标准、原材料费用票据等。

请问： 青海某公司的诉讼请求成立吗？为什么？

解析： 经人民法院审理认为，在诉争专利申请和授权时，殷某、张某虽然在青海某公司分别担任董事长兼总工程师、总经理，但是青海某公司并未提交证据证明殷某、张某担任职务的职责范围，也未提供证据证明其曾要求殷某、张某完成与诉争专利相关的任务。至于殷某、张某在青海某公司领取工资，既有可能与诉争专利有关，也有可能只是其在青海某公司履行管理职责所领取的报酬，且殷某、张某同时在北京某公司担任职务并领取工资。在无其他证据的情况下，仅凭工资发放记录，不足以证明诉争专利系执行公司任务或者主要是利用公司的物质技术条件完成的。综上，人民法院驳回了青海某公司的请求。

1. 职务发明创造的判断标准

职务发明创造包括两种情形：一是执行本单位的任务完成的发明创造，二是主要利用本单位的物质技术条件完成的发明创造。执行本单位的任务完成的发明创造包括三种情形：第一，是属于本职工作范围以内、在本职工作中作出的发明创造。第二，是履行本单位交付的本职工作之外的任务所作出的发明创造。这一般是单位临时或者短期下发的工作任务。第三，是退休、调离原单位后或者劳动、人事关系终止后1年内作出的，与其在原单位承担的本职工作或者原单位分配的任务有关的发明创造。

2. 职务发明创造专利权的归属

职务发明创造的专利申请权属于该单位；申请被批准后，该单位为专利权人。但是，利用单位物质技术条件完成的发明创造，单位与发明人或者设计人签订合同，对专利申请权和专利权的归属作出约定的，从其约定。对于职务发明创造，授予单位专利权后，单位应当给予发明人或者设计人奖励；专利实施或者转让后，根据其推广和应用范围，应当给予发明人或者设计人合理的报酬。

> 🐧 **想一想**
> 在哪种情形下会出现合作发明创造？为什么合作完成？

3. 非职务发明创造专利权的归属

非职务发明创造，是指发明人或设计人在本职工作或者单位交付的工作之外，完全依靠自己的物质技术条件完成的发明创造。非职务发明创造，专利的申请权归发明人或者设计人本人。

4. 合作发明创造专利权的归属

两个以上的单位或者个人共同完成的发明创造为合作发明创造。共同发明人或者设计人都必须对该发明创造投入了创造性的劳动，离开其中哪一方的劳动都不能完成发明创造。合同没有约定或者约定不明确的，发明创造的专利权归各方共同享有。

5. 委托发明创造专利权的归属

想一想

在哪种情形下会出现委托发明创造？为什么要委托？

委托发明创造是一方接受另一方的委托完成的发明创造，即受托人接受委托人的委托完成的发明创造。委托发明创造一般都会在合同中约定专利权的归属，如果合同中没有约定或者约定不明确的，专利申请权和专利权归完成发明创造的一方享有，也就是合同中的受托方。

二、专利权人的权利与义务

（一）专利权人的权利

专利权人享有独占的实施权、转让权、实施许可权和标记权等。

1. 独占的实施权

发明和实用新型专利权被授予后，除《专利法》另有规定的以外，任何单位或者个人未经专利权人许可，都不得实施其专利，即不得为生产经营目的制造、使用、许诺销售、销售、进口其专利产品，或者使用其专利方法以及使用、许诺销售、销售、进口依照该专利方法直接获得的产品。外观设计专利权被授予后，任何单位或者个人未经专利权人许可，都不得实施其专利，即不得为生产经营目的制造、许诺销售、销售、进口其外观设计专利产品。

小知识

许诺销售权的立法背景

增加许诺销售权的直接依据是《与贸易有关的知识产权协定》（以下简称"TRIPS"）。根据TRIPS，专利分为产品专利和方法专利。产品专利的专利权人有权禁止他人制造、使用、许诺销售、进口该产品；方法专利专利权人有权禁止别人使用该方法直接制造产品。《专利法》在这方面与TRIPS的唯一差别是没有许诺销售的规定。为了使《专利法》与TRIPS相一致，强化专利权保护，把专利侵权行为消除在萌芽状态，我国特增加规定了此项权利。

2. 转让权

转让权是指专利权人享有的将自己的专利权依法转让给他人的权利。专利权是具有财产属性的知识产权，专利权可以转让。专利权转让的标的是专利权中的财产权，其结果是专利所有权的转移。专利的转让权包括专利申请权的转让和专利权的转让。专利权人在取得专利权后，可以将专利权让与他人，这是权利主体的变化，原专利权人不再享有专利权。专利权的转让自登记之日起生效。

3. 实施许可权

专利的实施许可权是指专利权人通过签订合同的方式允许他人在一定条件下使用其取得专利权的技术的权利。专利权人在取得专利权后，自己不愿或者不能实施专利，就会发生转让或者许可其他人实施专利，以取得收益的行为。专利实施许可权不同于专利转让权，专利权人许可他人实施专利权后，自己仍然拥有该专利权，其取得的是专利的使用费。而转让专利权后专利权人便不再拥有专利权了，其取得的是一次性的专利转让费。专利实施许可依据被许可人行使专利的不同可以分为独占实施许可、独家实施许可、专利池许可等形式。

4. 标记权

标记权是指专利权人有权在专利产品上、产品包装上、容器上、说明书上或者产品的广告宣传上做上专利标记和专利号的权利。《专利法》规定，专利权人有权在其专利产品或者该产品的包装上标明专利标识。标记权是专利权人的一项权利，可以起到宣传和警示的作用，但它不是专利权人的一项义务。这种标记权也仅仅在专利权有效期内享有。

（二）专利权人的义务

1. 缴纳年费

年费又称为专利维持费，是专利权人为了维护专利权的有效性而逐年向专利行政部门缴纳的费用。专利权人通过缴纳专利年费来维持专利权的有效性，不缴年费，专利权就会自动终止，专利也就成为公共财富。专利年费的数额是逐年递增的，越往后年费越高。

2. 推广应用专利技术

国有企业事业单位的发明专利，对国家利益或者公共利益具有重大意义的，国务院有关主管部门和省、自治区、直辖市人民政府报经国务院批准，可以决定在批准的范围内推广应用，允许指定的单位实施，由实施单位按照国家规定向专利权人支付使用费。

3. 对发明人或者设计人给予奖励、报酬

> **想一想**
> 为什么要对发明人或者设计人给予奖励或者报酬？

被授予专利权的单位应当对发明人或者设计人给予奖励；发明创造专利实施后，应当根据其推广应用的范围和取得的经济效益，对发明人或者设计人给予合理的报酬。这是对职务发明创造专利权人所规定的一项义务。接受奖励和报酬的一方也只能是职务发明创造的发明人或设计人。

三、专利权的限制

（一）专利权的强制实施许可制度

1. 专利权滥用的强制实施许可

专利权滥用的强制实施许可包括两种情形：一是未实施或者未充分实施的强制许可，二是垄断行为引发的强制许可。首先，专利权人在法定的期限内，无正当理由未实施或者未充分实施其专利的，根据具备实施条件的单位或者个人的申请，专利行政部门给予申请者以实施发明专利或者实用新型专利的强制许可。其次，专利权人行使专利权的行为通过行政程序或者司法程序已经被依法认定为垄断行为后，为消除或者减少该行为对竞争产生的不利影响，根据具备实施条件的单位或者个人的申请，专利行政部门给予申请者以实施发明专利或者实用新型专利的强制许可。当专利权人利用专利的独占性而实施了垄断行为时，专利权人也构成专利权的滥用行为，对此，《专利法》明确予以限制和禁止。

2. 紧急状态或为公共利益的强制实施许可

在国家出现紧急状态或者非常情况时，或者为了公共利益，专利行政部门可以给予实施发明专利或者实用新型专利的强制许可。这是一种较为特殊的强制实施许可，由国家相关部门予以判断强制实施许可目的的存在，并且没有时间和其他条件的限制。

> **想一想**
> 为什么会为了公共健康而对药品强制实施许可？

3. 以公共健康为目的对药品的强制实施许可

为了公共健康，对取得专利权的药品，专利行政部门可以给予制造并将其出口到符合我国参加的有关国际条约规定的国家或者地区的强制许可。符合我国参加的有关国际条约规定的国家或者地区，既包括按照议定书的明文规定有权作为进口方的世界贸易组织的成员，也包括还不是世界贸易组织成员的国家（或地区）。

4. 依存专利的强制实施许可

一项在后获得专利权的发明或者实用新型比在前已获得专利权的发明或者实用新型具有显著经济意义上的重大技术进步，其实施又有赖于在前已获得专利权的发明或者实用新型的，专利行政部门根据后一专利权人的申请，给予其实施在前发明或者实用新型的强制许可。根据此规定，专利行政部门也可以根据前一专利权人的申请，给予其实施在后发明或者实用新型的强制许可。

5. 专利强制实施许可的效力

我国专利实施强制许可的对象，只能是发明专利和实用新型专利，不包括外观设计专利。专利实施强制许可的授权者是专利行政部门。除了因公共健康而引发的药品的强制实施许可和因已被依法认定为垄断行为引发的强制实施许可这两种情形外，其他强制实施许可的专利实施应当主要为了国内市场。专利强制实施许可只是无再许可授权的普通实施许可，取得强制实施许可者既不享有独占的实施权，也无权再允许他人实施。

（二）专利的指定实施制度

除了强制实施许可制度以外，还有专利的指定实施制度，是指国家行政机构在全面考虑国家利益需要的基础上，可以决定满足法定条件的专利技术在指定单位实施。根据《专利法》的规定，国有企业事业单位的发明专利，对国家利益或者公共利益具有重大意义的，国务院有关主管部门和省、自治区、直辖市人民政府报经国务院批准，可以决定在批准的范围内推广应用，允许指定的单位实施，由实施单位按照国家规定向专利权人支付使用费。

（三）不视为侵犯专利权的情形

1. 专利权穷竭

专利权穷竭是指专利产品或者依照专利方法直接获得的产品，由专利权人或者经其许可的单位、个人售出后，使用、许诺销售、销售、进口该产品的行为不被视为侵犯专利权的行为，专利权人亦无权阻止他人行使上述权利。这种限制又叫"专利权用尽"原则。

2. 先用权人的实施

先用权人是指在专利申请日前已经制造相同产品、使用相同方法或者已经做好制造、使用的必要准备的自然人、法人或其他组织。在专利权被授予后，先用权人取得的仅在原有范围内继续制造、使用的权利被称为先用权人的实施权。先用权人的实施不视为侵犯专利权。

3. 临时过境

临时通过中国领陆、领水、领空的外国运输工具，依照其所属国同中国签订的协议或者共同参加的国际条约，或者依照互惠原则，为运输工具自身需要而在其装置和设备中使用有关专利的，不被视为侵犯专利权。

想一想

为什么临时过境行为不被视为侵犯专利权？

4. 为科学研究和实验的使用

为科学研究和实验使用有关专利的，可以不用经过专利权人的同意，不视为侵犯专利权的行为。这里主要是强调使用的目的，是专为科学研究和实验，不能作扩大解释，同时，也不应当是大规模的使用。

5. 医药审批的使用

为提供行政审批所需要的信息，制造、使用、进口专利药品或者专利医疗器械的，以及专门为其制造、进口专利药品或者专利医疗器械的行为不属侵权行为。这是借鉴"医药和医疗器械实验例外"的规则，因为产品未进入流通领域，故这种行为并未直接冲击专利权人的市场利益。

6. 善意第三人的使用和销售行为

以生产经营目的使用、许诺销售或者销售不知道是未经专利权人许可而制造并售出的专利侵权产品，能证明其产品合法来源的，不承担赔偿责任。在不知情的情况下销售或者使用了侵犯他人专利权的产品的行为，属于侵犯专利权的行为，应当承担停止侵权等民事责任，但第三人能够证明自己是善意的，并能证明产品的合法来源的，可以不承担赔偿责任。

📖 小知识

善意第三人"不知道"的判断标准

"不知道"应当被理解为"得知"的反义词，包括不可能知道和应当得知而实际并不知道两种情况。根据侵权行为法的基本原则，如果行为人明知其行为将侵犯他人权利，仍然进行该行为，则行为人是故意侵权，无疑应当承担侵权责任；如果行为人应当知道其行为将侵犯他人权利，然而由于疏忽大意而没有知道，则行为人有过失，也应当承担侵权责任。专利权是国家授予的权利，有专门的公报予以公示，任何人都可以查阅。每一个使用者、销售者都应当事先核实其使用、销售的产品是否未经专利权人许可而制造的侵权产品，否则就有"过失"。

〜〜〜 案例与解析 〜〜〜

原告崔某起诉称自己是名称为"××组合拼板"的实用新型专利的专利权人。原告于2023年9月28日从被告某商场处购得侵犯原告专利权的产品"小神童插板"。现原告崔某诉至人民法院，请求判令被告某商场在《某某日报》上消除影响、赔礼道歉，赔偿原告经济损失36 987元，并承担本案诉讼费用。被告某商场称：原告指控被告销售的产品是在被告处租赁柜台的某公司销售的，被告不是侵权人。某公司已经撤出被告柜台，并停止了销售涉案侵权产品的行为；被告为善意侵权人，不应承担侵权赔偿责任，也不应承担赔礼道歉的法律责任。综上，不同意原告的诉讼请求。

解析： 根据《专利法》规定，以生产经营目的销售不知道是未经专利权人许可而制造并售出的专利侵权产品，能证明其产品合法来源的，不承担赔偿责任。在不知情的情况下销售或者使用了侵犯他人专利权的产品的行为，属于侵犯专利权的行为，应当承担停止侵权等民事责任。但是，第三人能够证明自己的善意，并且能证明产品的合法来源的，可以不承担民事赔偿责任。因此，本案中，被告某商场属于善意第三人，不承担民事赔偿责任。

四、专利侵权行为

专利侵权行为是指未经专利权人许可，制造、使用、许诺销售、销售、进口专利产品，或使用专利方法及使用、许诺销售、销售、进口以该方法直接获得的产品的行为。

1. 专利侵权行为的构成要件

一般来说，专利侵权行为的构成要件具体包括以下几个方面。

（1）侵害的对象是合法有效的专利。构成专利侵权行为必须以有效存在的专利权为前提。

专利权在法律规定的有效期内受保护，期限届满、已被宣告无效及被放弃的专利技术不受法律保护。

（2）有违法的侵权事实的存在。专利侵权行为的表现形式包括两个方面：一方面是存在未经专利权人许可的实施行为；另一方面是不存在法定的免除责任的情由，比如不视为侵犯专利权的情况，如法定许可、计划许可的情况等。

（3）侵权行为人有生产经营的目的。这里的生产经营目的不等于营利目的。非生产经营目的的使用，不涉及专利权人的市场利益，不属于侵权行为。以生产经营为目的是划分专利侵权与专利合理使用的基本界限。

2. 专利侵权行为的种类

专利侵权行为有直接侵权行为和间接侵权行为两种。

（1）直接侵权行为是指侵权人本身实施了《专利法》所禁止的侵权行为。直接侵权行为的表现形式主要包括：制造专利产品；使用专利产品；许诺销售、销售专利产品；进口专利产品；使用专利方法或者使用、许诺销售、销售、进口依照该专利方法直接获得的产品；假冒他人专利的行为；假冒专利行为等。

（2）间接侵权行为是指失职行为人本身的行为并不构成专利侵权行为，而是诱使、教唆或者为他人侵权提供便利的行为。在现实中其常见的表现形式包括：未经专利权人许可以生产经营目的，制造、出售专门用于专利产品的关键部件或者专门用于实施专利方法的设备或材料等；未经专利权人授权或委托，擅自许可或者委托他人实施专利等。

五、对专利侵权行为的处理

《专利法》规定，侵犯专利权引起纠纷的，由当事人协商解决；不愿协商或者协商不成的，专利权人或者利害关系人可以向人民法院起诉，也可以请求管理专利工作的部门处理。可见，我国对专利权的保护实行的是行政和司法两条途径协调运作的双轨制模式。

1. 专利的行政执法

专利行政执法机关的职责包括：制订本地区本部门专利工作的规划和计划；组织协调专利工作并进行业务指导；处理本地区本部门的专利纠纷；管理本部门本地区的专利许可证贸易和技术引进中有关专利的工作；组织专利工作的宣传教育和干部培训；领导本部门本地区的专利服务机构；筹集、管理和使用专利基金，扶植专利申请和专利技术的开发实施；负责本地区本部门个人向外国人转让专利申请权和专利权的审核，并办理报批手续。

2. 人民法院对专利侵权的处理

当发生专利侵权纠纷时，当事人可以向有管辖权的人民法院提起诉讼，以司法程序解决专利纠纷。人民法院受理审判的专利纠纷案件包括两大类：一类为专利民事纠纷案件，如专利权权属纠纷案件、侵犯专利权纠纷案件等；另一类为专利行政案件，如不服维持驳回申请复审决定案件等。这里所说的是第一种情形，即专利民事纠纷案件。

（1）人民法院的级别管辖。随着专利纠纷的日益增多，为方便当事人司法救济，近年来我国专利纠纷案件一审管辖法院陆续增加，除省、自治区、直辖市和省会所在地的中级人民法院以外，最高人民法院根据专利审判的需要陆续新指定了许多中级人民法院有权管辖专利纠纷一审案件。

（2）人民法院的地域管辖。侵犯专利权案件的地域管辖适用《民事诉讼法》的规定，由侵权行为地或者被告住所地人民法院管辖。专利纠纷案件当事人提起诉讼，要向侵权行为地或被告住所地享有专利纠纷案件管辖权的中级人民法院提起。

六、专利侵权的法律责任

（一）民事责任

1. 停止侵权

停止侵权，是指专利侵权行为人应当根据管理专利工作的部门的处理决定或者人民法院的生效判决，立即停止正在实施的专利侵权行为。为了阻止专利侵权行为，专利权人可以在起诉前申请诉前禁令，即在起诉前专利权人向人民法院申请采取责令停止有关行为的措施。

2. 赔偿损失

赔偿损失是最普遍、最常用的救济措施。在确定行为人的行为构成专利侵权后，侵权行为人应当向专利权人赔偿损失。根据《专利法》的规定，首先，可以根据专利权人因被侵权所受到的损失来确定赔偿数额；其次，在专利权人的损失难以计算的情况下可以根据侵权人因侵犯专利权所获得的利益为标准来计算赔偿的数额；再次，在专利权人的损失和侵权行为人的所得利益都难以计算的情况下，参照该专利许可使用费的合理倍数来确定赔偿数额；对故意侵犯专利权，情节严重的，可以在按照上述方法确定数额的 1 倍以上 5 倍以下确定赔偿数额。赔偿数额还应当包括权利人为制止侵权行为所支付的合理开支。最后，当上述三种数额都难以确定时，可以根据情况，确定给予 3 万元以上 500 万元以下的赔偿。

3. 消除影响

在侵权人实施侵权行为给专利产品的市场商誉造成损害，影响专利产品的销售、使用时，侵权人应当承担消除影响的法律责任。比如，通过新闻媒体公开声明、道歉，达到消除对专利权不良影响的目的。由于专利的发明人、设计人的资格纠纷涉及专利权人的名誉，因此，享有专利权的自然人可以请求承担消除影响的责任。假冒他人专利纠纷因涉及专利权人的商业信誉，因此，专利权人可请求消除影响，要求侵权人登报声明以消除不良影响。

（二）行政责任

管理专利工作的部门对专利纠纷进行处理时，可以责令侵权人承担相应的行政责任。对于假冒专利的，除依法承担民事责任外，由管理专利工作的部门责令改正并予公告，没收违法所得，可以并处违法所得 5 倍以下的罚款；没有违法所得或者违法所得在 5 万元以下的，可以处 25 万元以下的罚款；违反规定向外国申请专利，泄露国家秘密的，由所在单位或者上级主管机关给予行政处分。

（三）刑事责任

对于侵犯专利权的行为，情节严重，构成犯罪的，依法追究刑事责任。根据《刑法》规定，假冒他人专利，情节严重的，处 3 年以下有期徒刑或者拘役，并处或者单处罚金。从事专利管理工作的国家机关工作人员以及其他有关国家机关工作人员玩忽职守、滥用职权、徇私舞弊构成犯罪的，比照《刑法》规定，追究工作人员的刑事责任。违反《专利法》规定，在向外国申请专利时，泄露国家秘密，构成犯罪的，依法追究刑事责任。

〰 案例与解析 〰

何某（本案原告）是"小型有刷发电机调压器"实用新型专利的专利权人。原告的专利产品是一种结构简单、能提高调压器的反应速度、稳压精度较高、发电机输出电压稳定、可靠性强的小型有刷发电机调压器。重庆某科技有限责任公司（本案被告）未经原告同意，生产并销售了包含原告专利的全部必要技术特征的发电机调压器。原告以被告侵害了其实用新型专利权为由将被告起诉至当地人民法院。

请问：

（1）被告是否侵害了原告的实用新型专利权？为什么？

（2）人民法院应当如何判决？为什么？

解析： 被告生产并销售的发电机调压器的技术特征属于原告专利权要求的保护范围，因此，应当判决被告重庆某科技有限责任公司停止侵权并赔偿原告何某的一切经济损失及相关的合理费用。

本章小结

发明创造是人类智力劳动的成果，具有价值和使用价值。专利权是公民、法人或者其他组织对其发明创造依法享有的独占的垄断的权利。专利法是调整因发明创造的开发、实施及对其保护等发生的各种社会关系的法律规范的总和。专利申请要符合法定的条件和程序，申请人通过专利审批制度，获得专利权的保护。专利权一般归属于申请人，当然，也有一些属于职务发明创造。专利权人具有相应的权利和义务，同时，法律对专利权人予以一定的限制，存在一些不视为侵犯专利权的情形。专利权有一定的保护范围。侵权者必须为其专利侵权行为承担相应的法律责任。

综合练习题

第八章 商 标 法

学习目标

通过对本章的学习，了解商标的概念和种类，注册申请商标的条件；了解取得商标权的法律程序，商标权人的权利，商标专用权的期限、续展与终止，商标的合理使用；掌握商标权法律保护的范围；了解商标侵权行为的表现；掌握商标侵权的法律责任和纠纷解决方式。

关键概念

商标 证明商标 商标注册 外国优先权 商标专用权 商标的转让权 商标侵权行为 反向假冒

引导案例

安徽省安庆市某啤酒公司于2022年8月30日向商标行政部门申请将"联想"注册为啤酒商标，并且获得了审批通过。为了夺回商标，原告联想公司将商标行政部门和安庆某啤酒公司诉至法院。原告联想公司诉称："联想"商标早在1999年1月即被认定为"中国驰名商标"，安庆某啤酒公司在明知原告是驰名商标的情况下申请注册，会导致公众对来源的误认，其注册商标行为具有明显的恶意。为此，原告联想公司请求法院撤销商标行政部门作出的裁定书。而被告商标行政部门认为，虽然"联想"商标具有较高知名度，但是"联想"二字为常用汉语词汇，被异议商标与原告"联想"商标使用商品在功能、用途、原材料、销售渠道等各方面区别明显，不存在任何的关联性，消费者不会认为使用"联想"商标的啤酒商品来源于原告联想公司。

请问： 本案中，原告联想公司和被告商标行政部门的说法哪一个是正确的？为什么？

第一节 商 标

一、商标概述

商标，也称牌子，是指商品的生产经营者或者服务的提供者，为使自己提供的商品或者服务与他人提供的同类商品或者服务区别开来，在自己所提供的商品或服务上使用的由文字、图形、字母、数字、三维标志、颜色组合和声音，以及上述要素的组合构成的具有显著特征、便于识别的标记。商标具有以下特征。

首先，商标的使用人是商品的生产经营者或者服务的提供者，使用的对象是提供的商品或者服务。标记多种多样，许多标记不属于商标，例如联合国、世界银行等国际组织的标记，它们在使用的主体和使用的对象上与商标不同。

其次，商标的使用目的在于区别同类商品或服务的提供者，它是区别商品或服务来源的标记。作为商标，它所区分的是商品是哪一个厂家生产、经营的或者是谁提供的服务，而不是用于区分这种商品与那种商品的，比如麦当劳和肯德基这两个商标，是区分餐饮服务是由哪家公司提供的，而不是区分餐饮服务还是旅游服务的。

再次，商标的组成要素十分丰富，可以是文字、图形、文字和图形组合，还可以是字母和数字、三维标志和颜色组合，以及声音等。三维标志是《商标法》2001年修订时增加的一种商标的组成要素。如"可口可乐的瓶子"，就是一个典型的三维标志商标，以瓶子的形状作为商标注册，其他人不得使用。声音商标是《商标法》在2013年修订时新增加的商标种类。

最后，商标是具有显著性特征的一种标记。所谓显著性特征，是指要使他人比较容易地将商品服务的提供商区别开来。如"饼干"是通用的商品名称，不具有显著性特征，就不宜作为商标使用。当然，是否具有显著性特征还在于商标的使用者是否长期使用，是否已在人们心目中形成了很深的印象等。

二、商标的种类

（一）按照商标的使用对象分类

（1）商品商标，是指生产经营者在商品上使用的商标。例如海尔、长虹、伊利、雪花、耐克、李宁、海尔，Benz（奔驰）、BMW（宝马）、Safeguard（舒肤佳）、Rejoice（飘柔）、adidas（阿迪达斯）、Coca-Cola（可口可乐）、Canon（佳能）、PORSCHE（保时捷）、SHARP（夏普）等都是商品商标。

（2）服务商标，是指提供服务的人在其向社会公众提供的服务项目上所使用的标志，一看到这种标记就能让人想到服务的提供者，如中国工商银行、中国移动通信、中国联通、南方航空、英国航空（BRITISH AIRWAYS）、汉莎航空（Lufthansa）的标记等。

（二）按照商标的构成分类

（1）文字商标是指以文字构成的商标。文字可以是汉字、少数民族文字，也可以是外国文字，如耐克（NIKE）、李宁（LINING）、海尔（Haier）、Benz（奔驰）、BMW（宝马）、Safeguard（舒肤佳）等。

（2）图形商标，是指以平面图形构成的商标。平面图形可以是人物画、动植物画、风景画，也可以是记号、符号等抽象造型构图。单纯的图形商标不便称谓，目前以单纯图形作为商标的比较少。

（3）字母商标，是指以字母构成的商标。这里的字母既可以是拉丁字母，也可以是其他文字的字母，并且可以是不具有任何含义的单个或者数个字母。

想一想
你见过的数字商标还有哪些？

（4）数字商标，是指以数字构成的商标，如555、999等。

（5）三维标志商标，是指以立体标志、商品完整外形或商品的实体包装物呈现的商标，也称为立体商标。立体商标与平面商标、颜色组合商标被统称为可视商标，其功能与平面商标一样，即区别商品来源或服务提供者。

（6）颜色组合商标，是指由几种不同的颜色按照一定的规则组合而成的商标。

（7）声音商标，是指以一组音乐或以某种特殊声音作为商品或服务的商标。

小知识

知名声音商标

微软和英特尔的开机声音对很多人来说都很熟悉，两段声音已被微软和英特尔作为商标在美国商标局注册。2012年，美国正式批准了苹果公司将其经典的Macintosh计算机的开机声音作为商标注册的申请。2018年腾讯公司申请的"嘀嘀嘀嘀嘀嘀"声音也已成功通过申请注册成为声音商标。

案例与解析

迪尔公司在我国生产收割机、拖拉机等商品，均采用"绿色车身，黄色车轮"的颜色组合。经国家商标局核准，迪尔公司对其商标取得注册商标专用权，核定使用商品为农业机械、联合收割机、中耕机、割草机等。2023年6月迪尔公司起诉至人民法院称，九方泰禾青岛公司和九方泰禾北京公司生产、销售以及在网站上宣传其商品时，使用了与上述注册商标相同的标识，构成了对迪尔公司注册商标的侵犯，请求法院判令两被告停止侵犯注册商标专用权的行为，并赔偿经济损失及合理支出50万元。九方泰禾青岛公司和九方泰禾北京公司共同辩称，迪尔公司涉案注册商标是指定颜色的图形商标，而不是颜色组合商标，被告收割机上没有使用涉案图形商标，其商品上所使用的颜色与迪尔公司的商标相比也有明显偏差，不会使消费者产生混淆，故请求法院驳回迪尔公司的诉讼请求。

请问： 九方泰禾青岛公司和九方泰禾北京公司是否侵犯了迪尔公司的注册商标权？

解析： 迪尔公司在其商品上大量使用绿色车身、黄色车轮颜色组合商标，已使消费者在该颜色组合与迪尔公司的商品之间建立起了固定联系，具有显著性特征。九方泰禾青岛公司和九方泰禾北京公司在被控侵权的商品上同样使用"绿色车身、黄色车轮"，从而导致相关公众误认为被控侵权商品的提供者与迪尔公司有经营上、组织上或者法律上的特定联系，造成混淆误认，所以，其行为侵犯了迪尔公司的注册商标专用权，应当对迪尔公司承担赔偿责任。

（三）按照商标使用者分类

（1）制造商标，也称生产商标，是由商品制造者使用的商标。制造商标的功能，不仅在于对生产厂家的区分，而且在销售经营中能够突出制造者。应该说，绝大多数商标都是制造商标。

（2）销售商标，又叫商业商标，是商品销售者使用的商标。使用销售商标的目的在于对商业企业的宣传，使其销售的商品与其他经销商销售的商品区别开来。

（四）其他特殊性质的商标

1. 联合商标

> **想一想**
> 为什么商标所有人要注册联合商标？

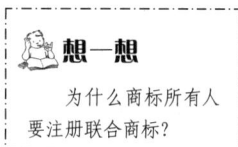

联合商标是指同一商标所有人在相同或者类似商品上使用的若干个近似商标。在这些近似商标中，首先注册并使用的是正商标，其他商标为该商标的联合商标。如某企业使用"乐口福"为正商标，又以"福乐口""乐福口""口乐福"等为联合商标。如"大白兔"同时注册了"小白兔""大花兔""大灰兔""白兔"等，目的在于保护知名正商标，防止消费者误认。

2. 防御商标

防御商标是指同一商标所有人在不同类别的商品上注册使用同一个著名商标。最先注册并使用的是正商标，后来在不同商品上使用的为防御商标。防御商标的目的在于保护著名商标的声誉，防止他人利用著名商标造成消费者的误认。

3. 证明商标

证明商标又称保证商标，是指对某种商品或者服务有监督能力的组织注册并控制，而由该组织以外的单位或者个人使用于其商品或者服务上，用于证明该商品或者服务的原产地、原料、制造方法、质量或者其他特定品质的标志，例如绿色食品标志等。证明商标的注册人不同于普通商标的注册人，普通商标的注册人就是使用人，证明商标的注册人并不使用，而是由别人来使用，注册人是对使用人有监督、监控能力的组织；证明商标的使用人只可以自己使用，不得转让，其不具有专有性和独占性，只要产品符合证明商标的要求就可以使用。

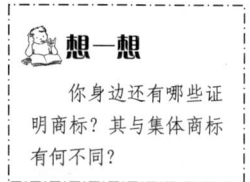

> **想一想**
> 你身边还有哪些证明商标？其与集体商标有何不同？

4. 集体商标

集体商标是指以团体协会或者其他组织的名义注册，并且供该组织的成员在商事活动中使用，以表明使用者具有该组织成员资格的标记。集体商标是表明商标的使用人是该组织的成员，这是一种资格标志；集体商标的注册人与普通商标的注册人不同，集体商标的注册人是团体协会这样的组织，其具体使用人并不注册，仅仅享有使用权；集体商标的使用人只可以自己使用，不得转让，其不具有专有性和独占性，只要是该组织的成员就可以使用。

5. 地理标志

地理标志是指表明某种商品来源于某地区，该商品的特定质量、信誉或者其他特征主要由该商品的自然因素和人为因素所决定的标志，比如新疆的干果等。在这种情况下，地理标志已经成为一种质量标志，成为一项知识产权和竞争优势。

例如，甘肃省的"平凉金果"（见图8.1）。"平凉金果"牌苹果产于甘肃平凉市下属的34个乡镇。平凉市苹果的价格从注册前的1.1元/千克上涨到注册后的2.1元/千克，当地果农的收益显著增长。

再如，"双阳梅花鹿"牌鹿茸（见图8.2）原产于吉林省长春市双阳区行政区域内的8个乡镇。"双阳梅花鹿"鹿茸细毛红地，茸大而粗，眉枝特别长，茸顶肥大而粗嫩，不但高产，且茸型优美、粗大肥壮、有机质含量高。"双阳梅花鹿"的标志，上面像一个"咸蛋黄"，又像正午的太阳，下面的形状像梅花鹿的角。自从该标志被认定为地理标志后，其在促进农民增收、鹿业增效、区域发展中的作用越来越明显。鹿茸产品价格不断上涨，从业人员也不断增加，销售额更是年年高升。

图8.1 "平凉金果"的商标　　　　图8.2 "双阳梅花鹿"的商标

第二节　商标权的取得

一、商标注册申请

（一）商标取得制度概述

对于取得商标权，我国采用了以自愿注册为主、强制注册为辅的原则。《商标法》规定，自然人、法人或者其他组织在生产经营活动中，对其商品或者服务需要取得商标专用权的，应当向商标局申请商标注册。对不以使用为目的的恶意商标注册申请，应当予以驳回。同时，法律、行政法规规定必须使用注册商标的商品，必须申请商标注册，未经核准注册的，不得在市场上销售。这说明商标专用权的取得实行自愿注册与强制注册相结合的原则。当然，不是所有商品使用的商标都可以不注册。我国在规定自愿注册原则的同时，还规定了对于某些商品如果使用商标必须注册，比如人用药品和烟草制品，这两类商品的商标是强制注册的，未经注册不得在市场上销售。

> **想一想**
> 人用药品和烟草制品使用商标必须注册，其原因是什么？

（二）商标注册申请人

商标注册申请的主体包括自然人、法人和其他组织。外国自然人、法人、其他组织也可以成为我国商标注册的主体，但要遵守《商标法》的规定。由于商标具有地域性的特征，因此外国自然人、法人和其他组织在我国境内从事生产经营也要申请注册商标。两个或两个以上的自然人、法人或其他组织共同申请商标注册就成为商标的共有人，共同享有和行使该商标专用权。

（三）申请注册商标的条件

1. 申请注册的商标应当具有显著性

商标的显著性就是商标的独特性，具有显著性才能将一个企业的商品与其他企业生产的同类商品区别开来。商标的显著性越强，其识别功能也就越强。认定商标的显著性，关键是把握商标的独特性或者标记性。商标的显著性还会在以后的使用中，随着商品信誉的提高日益增强。

案例与解析

为什么"饿了么"的商标注册申请曾经被驳回？

商标行政主管部门对企业进行注册商标时有许多要求，如果不能满足这些要求，注册的商标很可能不会被通过。其中一个重要的要求就是商标要具有显著性。"饿了么"在注册商标时曾经被驳回，原因是"饿了么"商标缺乏显著性。因为这样一个问句，就像人们见面打招呼那句"吃了么"一样常见，所以，其他人可以效仿注册类似"看了么""买了么""喝了么"的商标。没有特别的意义和含义的商标，在现实中很容易被人模仿，不具备注册商标的条件。

解析： 根据《商标法》的规定，缺乏显著性特征的，不得作为商标注册。经过使用取得显著性特征，并且便于识别的，才可以作为商标注册。

"饿了么"公司在 2012 年注册商标的时候，曾经三次被驳回，在第四次复审的时候才获得通过。原因是在这三次被驳回期间，"饿了么"公司迅速发展，其业务覆盖了全国近 200 个城市，加盟餐厅共计 18 万家，"饿了么"商标当时已经在大量使用，很多人已经对"饿了么"商标有了很深的认知，"饿了么"不再是一个简单的问句。

2. 禁止商标使用的文字和图形

根据《商标法》的规定，下列标志不得作为商标使用。

（1）同中华人民共和国的国家名称、国旗、国徽、国歌、军旗、军徽、军歌、勋章等相同或者近似的，以及与中央国家机关的名称、标志、所在地特定地点的名称或者标志性建筑物的名称、图形相同的。

（2）同外国的国家名称、国旗、国徽、军旗相同或者近似的，但经该国政府同意的除外。

（3）同政府间国际组织的名称、旗帜、徽记等相同或者近似的，但经该组织同意或者不易误导公众的除外。

（4）同表明实施控制、予以保证的官方标志、检验印记相同或者近似的，但经授权的除外。

（5）同"红十字""红新月"的名称、标志相同或者近似的。

案例与解析

上海某文化发展有限责任公司主要从事文化交流和会议会展服务。自2023年2月起，该公司在未经联合国组织授权同意的情况下，在其官网、微信公众号、微博及其他宣传资料、报名协议等处使用"联合国""United Nations"的名称及徽记，并以所谓"联合国世界青年峰会"的名义组织招募人员赴美参会，从中获得参会费等。"United Nations"字样以及包含"United Nations"字样的峰会徽记和联合国徽记，极易让公众误以为该峰会由联合国授权举办，其行为违反了《商标法》的规定。上海市相关的主管部门对该公司作出了责令立即改正，并处以罚款人民币40万元的行政处罚。

解析： 本案为上海市有关部门查处的首例违反《商标法》禁用条款、擅自使用联合国名称和徽记的典型案件。众所周知，政府间国际组织的名称、旗帜、徽记是国际组织的象征。上海市相关主管部门立足商标监管职能，充分运用《商标法》的规定，及时禁止了他人擅自将国际组织标志作为商标使用的行为。此案行政处罚有理、有力，及时消除了不良影响，规范了商标使用秩序，树立了《商标法》的权威。

（6）带有民族歧视性的。

（7）带有欺骗性，容易使公众对商品的质量等特点或者产地产生误认的。

（8）有害于社会主义道德风尚或者有其他不良影响的。

此外，县级以上行政区划的地名或者公众知晓的外国地名，不得作为商标。但是，地名具有其他含义或者作为集体商标、证明商标组成部分的除外，已经注册的使用地名的商标继续有效。

3. 禁止商标注册的文字和图形

下列标志不得作为商标注册：仅有本商品的通用名称、图形、型号的，比如"计算机""圆形""七号"；仅直接表示商品的质量、主要原料、功能、用途、重量、数量及其他特点的，例如"温暖牌"羽绒服、"退热牌"药片等；缺乏显著性特征的，例如，"白色"牌床单，"结实"牌桌子等。上述标志经过使用取得显著性特征，并便于识别的除外。

4. 其他的禁止性规定

以三维标志申请注册商标的，仅由商品自身的性质产生的形状、为获得技术效果而需有的商品形状或者使商品具有实质性价值的形状，不得注册。就相同或者类似商品申请注册的商标是复制、摹仿或者翻译他人未在中国注册的驰名商标，容易导致混淆的，不予注册并禁止使用；就不相同或者不相类似商品申请注册的商标是复制、摹仿或者翻译他人已经在中国注册的驰名商标，误导公众，致使该驰名商标注册人的利益可能受到损害的，不予注册并禁止使用。商标中有商品的地理标志，而该商品并非来源于该标志所标示的地区，误导公众的，不予注册并禁止使用；但是，已经善意取得注册的继续有效。代理人不得侵权注册：未经授权，代理人或者代表人以自己的名义将被代理人或者被代表人的商标进行注册，被代理人或者被代表人提出异议的，不予注册并禁止使用。就同一种商品或者类似商品申请注册的商标与他人在先使用的未注册商标相同或者近似，申请人与该他人具有前款规定以外的合同、业务往来关系或者其他关系而明知该他人商标存在，该他人提出异议的，不予注册。根据最新修改的《商标法》的规定，对于注册商标申请人不以使用为目的的恶意商标注册申请，商标注册管理部门应当予以驳回。

~ **案例与解析** ~

沃尔玛公司是一家零售企业，其经营业务遍及世界各国。该公司将其英文服务商标"WalMart"翻译成中文"沃尔玛"并在中国注册了商标。而江苏省南京市的个体户李某自2023年6月开始，未经沃尔玛公司许可，擅自在其生产、销售的灯具及其包装上使用"沃尔玛"标识，并且，在其发放的宣传广告中使用"沃尔玛"字样。于是，沃尔玛公司将李某起诉至当地法院，请求判令李某停止侵权并赔偿损失。

请问：

（1）李某的行为是否构成了商标侵权？为什么？

（2）对本案法院应当如何判决？为什么？

解析： 沃尔玛公司以"沃尔玛"为字号，通过广告宣传、媒体报道、参与社会公益活动等方式长期宣传企业形象，在中国市场上逐步形成了以"沃尔玛"字号和商标为核心的企业品牌和信誉，在社会公众中具有较高知名度，可认定"沃尔玛"为驰名商标。李某未经许可使用"沃尔玛"字号，显然企图利用沃尔玛公司驰名商标的信誉和知名度，误导公众并淡化了沃尔玛公司驰名商标的驰名程度，已构成商标侵权。因此，人民法院应当判决李某停止使用"沃尔玛"字样并赔偿沃尔玛公司的相应损失。

（四）商标注册申请的原则

1. 依商品分类表申请，采用一标多类的申请

商标注册申请人应当按规定的商品分类表填报使用商标的商品类别和商品名称，提出注册申请。商标注册申请人可以通过一份申请就多个类别的商品申请注册同一商标。

2. 申请在先与使用在先分别适用的原则

两个或者两个以上的商标注册申请人，在同一种商品或者类似商品上，以相同或者近似的商标申请注册的，初步审定并公告申请在先的商标；同一天申请的，初步审定并公告使用在先的商标，驳回其他人的申请，不予公告。

3. 优先权原则

（1）外国优先权。商标注册申请人自其商标在外国第一次提出商标注册申请之日起 6 个月内，又在中国就相同商品以同一商标提出商标注册申请的，依照该外国同中国签订的协议或者共同参加的国际条约，或者按照相互承认优先权的原则，可以享有优先权。

（2）展览会优先权。商标在中国政府主办的或者承认的国际展览会展出的商品上首次使用的，自该商品展出之日起 6 个月内，该商标的注册申请人可以享有优先权。要求优先权的，应当在提出商标注册申请的时候提出书面声明，并且在 3 个月内提交展出其商品的展览会名称、在展出商品上使用该商标的证据、展出日期等证明文件；未提出书面声明或者逾期未提交证明文件的，视为未要求优先权。

二、商标注册的审查批准

我国对申请注册的商标实行审查制度，即对申请注册的商标，不仅要进行形式审查，还要进行实质审查，只有经过审查核准的商标才能取得商标专用权。

1. 形式审查

形式审查主要是审查该商标注册申请的文件和手续是否符合法定条件，以确定对该商标注册申请是否受理。形式审查的内容有以下几项：申请人的申请资格是否合格；申请书件是否齐全、手续是否完备，填写内容是否符合要求；申请事项是否符合申请原则；申请费等是否已足额缴纳。

> **想一想**
> 商标注册申请的形式审查和实质审查有何区别？

2. 实质审查

实质审查的内容包括：申请注册的商标是否具备法定的构成要素；申请的商标是否违反了商标禁用条款，是否使用了禁用标志；申请注册的商标是否同他人在同一种商品或者类似商品上已经注册的或者初步审定的商标相同或者近似；申请注册的商标是否损害他人现有的在先权利，是否属于以不正当手段抢先注册他人已经使用并有一定影响的商标；申请的商标是否与撤销、注销不满 1 年的注册商标相同或者近似。

3. 初审公告与商标异议

对申请注册的商标，商标局应自收到商标注册申请文件之日起 9 个月内审查完毕，符合有关规定的，予以初步审定公告。凡不符合有关规定或者与他人在同一种商品或者类似商品上已经注册的或者初步审定的商标相同或者近似的，驳回申请，不予公告。

商标异议是指他人认为商标局初步审定的商标不符合法定条件，提出不应给予核准注册，并要求撤销初步审定的商标的意见。对初步审定公告的商标，自公告之日起 3 个月内，在先权利人、利害关系人认为违反《商标法》规定的，或者任何人认为违反《商标法》规定的，可以向商标局提

> **想一想**
> 你有什么好的商标想去注册吗？应该怎么去注册呢？

出异议。公告期满无异议的，予以核准注册，发给商标注册证，并予以公告。对初步审定公告的商标提出异议的，商标局应当听取异议人和被异议人陈述事实和理由，经调查核实后，自公告期满之日起 12 个月内作出是否准予注册的决定，并书面通知异议人和被异议人。有特殊情况需要延长的，经有关部门批准，可以延长 6 个月。

4. 核准注册

对于初步审定、予以公告，并且公告期满无异议的商标注册申请，商标局予以核准注册，发给商标注册证，并予以公告。

三、商标权的无效与撤销

1. 商标权的无效

商标权的无效是指商标不具备注册条件，但是已经取得了注册，依照法定程序使其恢复到未产生的状态。商标权无效宣告是针对商标权在形成时就具有权利瑕疵，但没有被发现而设计的一种补正制度。建立商标无效宣告程序的根本目的在于提高注册商标的质量，使得商标的专用权被真正的权利人拥有。

商标权无效宣告的理由分为两种，即违反法定条件和使用欺骗手段的不当注册，侵犯他人合法权益的不当注册。

（1）违反法定条件和使用欺骗手段的不当注册。这类行为包括：①违反法定条件的不当注册，主要是指违反《商标法》的规定，将不得使用的标记注册为商标，或者将不得作为商标注册的标记注册为商标，以及违反三维标记禁止性规范注册的商标。②使用欺骗以及其他不正当手段的不当注册。比如，商标注册人在进行商标注册时编造或者杜撰了相关的证明文件，或者隐瞒了一些重要事项等。

（2）侵犯他人合法权益的不当注册。这类行为包括：侵犯驰名商标的注册、侵犯被代理人利益的注册、违反地理标志的规定的注册、侵犯他人合法在先权利的注册、不以使用为目的的恶意商标注册等。

2. 商标权的撤销

商标权的撤销是指在商标注册之后，因违法使用或者不使用而导致商标权丧失。商标权撤销制度在很大程度上被认为是商标权使用过程中行政管理的一种行政处罚行为。商标注册人在使用注册商标的过程中，自行改变注册商标、注册人名义、注册地址或者其他注册事项的，由地方市场监督管理部门责令限期改正；期满不改正的，由商标局撤销其注册商标。

〰〰〰 案例与解析 〰〰〰

当"拉菲"遇上"拉斐特"

一方为拉菲酒庄，该酒庄拥有法国知名的葡萄酒品牌"LAFITE（拉菲）"，一方为中国四星级高档酒店"拉斐特（LAFFITTE）"，双方围绕着注册使用在饭店、酒吧等服务上的"拉斐特"商标，展开了一场激烈的纷争。据了解，双方产生争议的"拉斐特"商标是由拉斐特酒店于2015年4月21日被核准注册的，使用于备办宴席、自助餐厅、饭店、酒吧等服务。但被核准注册不到半年，拉菲酒庄针对该争议商标向国家商标评审委员会提出无效宣告请求，请求认定其"LAFITE"商标与"拉菲"商标为葡萄酒商品上的驰名商标，并主张"拉斐特"商标的注册损害了其对"拉菲"享有的知名商品特有名称权。

解析： 经过审理，拉菲酒庄提交的证据可以证明，"拉菲"商标在葡萄酒商品上在争议商标申请注册日前已达到驰名程度，已经构成驰名商标。拉菲酒庄通过多年的商业经营活动，客观上已在"拉菲"与"LAFITE"之间建立了稳固的联系，我国公众也通常以"拉菲"指代"LAFITE"，因此，"拉斐特"商标构成对拉菲商标的复制、摹仿、翻译，若允许争议商标注册使用必将误导公众。拉斐特酒店的相关行为利用了拉菲酒庄"拉菲"商标的市场声誉，占用了拉菲酒庄所付出的努力和大量投资而获得的利益成果，减弱了"拉菲"驰名商标的显著性，致使其权益受到损害，因此，争议商标应当被宣告无效。

第三节　商标专用权人的权利

一、商标专用权的期限、续展、终止和中止

1. 商标专用权的期限

商标专用权的期限是注册商标专用权人享有的商标专用权的有效期限，也是法律对注册商标的保护期限，超出了这个期限，《商标法》对其就不再保护了。注册商标的有效期即保护期是 10 年，自核准注册之日起计算；10 年之后可以通过续展程序使得商标专用权继续有效。

2. 商标专用权的续展

商标专用权的续展是指注册商标的法定有效期届满前的一定时间内，商标权人按照法律规定的条件和程序，到法定机关去办理续展手续，以延长其注册商标有效期的制度。《商标法》规定，

> **想一想**
>
> 为什么商标专用权能够续展，而专利权却不能续展？

注册商标有效期满前，需要继续使用的，商标注册人应当在期满前 12 个月内按照规定办理续展手续；在此期间未能办理的，可以给予 6 个月的宽展期。每次续展注册的有效期为 10 年，自该商标上一届有效期满次日起计算。期满未办理续展手续的，注销其注册商标。商标局应当对续展注册的商标予以公告。

3. 商标专用权的终止和中止

商标专用权的终止分为正常终止和非正常终止。

正常终止一般是指期满终止，在法定的 10 年有效期满，并且续展的宽展期届满，专用权人不提出续展申请，则该商标专用权正常终止。

非正常终止一般是指期满前终止。

非正常中止主要是指商标被依法撤销和注销两种情况。商标被依法撤销的情形包括：《商标法》规定的因注册不当的撤销、因商标权争议的撤销、因违反《商标法》的使用的撤销等。商标被注销的情形包括：因不缴纳相关费用被注销、因连续 3 年停止使用被注销、因专用权人死亡或者终止而没有办理转移手续而被注销等。

二、商标专用权人的权利范围

1. 专有使用权

商标专用权人可以在核定使用的商品上独自使用核准注册的商标，并取得相应的合法利益，不受其他人干预。这种权利的行使是有限制的，商标专用权人必须使用核准注册的商标图样，不得随意改变，同时商标专用权人只能将商标使用在核准注册时确定的商品上，如果使用在其他商品上，非但权利得不到保护，还会受到处罚。

2. 禁用权

禁用权是指商标专用权人有权禁止他人未经同意擅自使用其注册商标的权利。因为商标专用权是一种排他的权利，所以，禁用权与独占的使用权是彼此相连的。商标的专用权与禁用权在范围上是不同的，禁用权的范围要大于独占的使用权的范围。

3. 转让权

商标专用权人的转让权是指商标专用权人将其注册的商标转让给他人所有的权利。商标专用权的转让是主体的变更，商标权人是转让人，另一方为受让人。转让注册商标的，转让人和受让人应当签订转让协议，并共同向商标局提出申请。受让人应当保证使用该注册商标的商品质量。转让注册商标的，商标注册人对其在同一种商品上注册的近似的商标，或者在类似商品上注册的相同或者近似的商标，应当一并转让。对容易导致混淆或者有其他不良影响的转让，商标局不予核准，书面通知申请人并说明理由。转让经核准后予以公告，受让人自公告之日起享有商标专用权。

4. 使用许可权

注册商标的使用许可权，是指注册商标专用权人通过签订使用许可合同，许可他人使用其注册商标的权利。商标使用许可的特点是许可人保有商标的专用权，同时被许可人可以使用该商标。

小知识

"大白兔"注册商标的许可使用

上海的"大白兔"商标，因为其奶糖质量好，拥有良好的声誉，但是上海远离甜菜的产区，所以其扩大再生产很困难；而距离甜菜产地近的东北企业由于技术不过关，生产的奶糖销路不好。于是，上海"大白兔"商标所有人允许东北企业使用"大白兔"商标，同时为企业提供技术支持，以保证产品的质量。这样一来，既提高了"大白兔"的知名度，又救活了东北企业。

（1）独占的使用许可。独占的使用许可即排他的使用许可，是指在一定的时间内、一定的区域内、一定的商品或服务上，商标权人只许可一个被许可人使用其注册商标，不再许可他人使用其商标。

（2）普通的使用许可。普通的使用许可即商标权人在一定的时间内、一定的区域内、一定的商品或服务上，许可多个被许可人使用其注册商标。对被许可人来说，使用许可费用相对较低，缺点是会有很多企业与其竞争；对许可人来说，其所要监督的对象更多，加大了监督的难度。

许可人和被许可人在商标使用许可合同签订之日起 3 个月内，应共同到商标局办理备案手续，具体手续由许可人办理；使用许可合同要交当地市场监督管理部门备案。商标使用许可未经备案，不得对抗善意第三人。

5. 其他权利

商标专用权人的权利还包括在自己的权利被侵犯时依法提起诉讼的权利，在核准的产品上标注商标权人名称的权利等。

三、商标专用权人的权利限制

1. 商标权的限制的概念

商标权的限制是指注册商标专用权人所享有的权利因与他人正当利益或者社会公共利益发生冲突，法律为协调权利人与社会公众利益的关系，而对商标专用权人的权利进行必要限制的制度。作为一项知识产权，商标专用权人的权利是独占的，为防止权利的滥用，或者对他人利益的不正当限制，对商标专用权加以必要的限制是十分必要的。

2. 商标专用权限制的内容

注册商标中含有的本商品的通用名称、图形、型号，或者直接表示商品的质量、主要原料、功能、用途、重量、数量及其他特点，或者含有的地名，注册商标专用权人无权禁止他人正当使

想一想
为什么要对商标专用权加以必要的限制？

用。三维标志注册商标中含有的商品自身的性质产生的形状、为获得技术效果而需有的商品形状或者使商品具有实质性价值的形状，注册商标专用权人无权禁止他人正当使用。商标注册人申请商标注册前，他人已经在同一种商品或者类似商品上先于商标注册人使用与注册商标相同或者近似并有一定影响的商标的，注册商标专用权人无权禁止该使用人在原使用范围内继续使用该商标，但可以要求其附加适当的区别标识。

第四节　商标权的法律保护

一、商标权的法律保护概述

1. 商标权法律保护的意义

商标权法律保护的意义在于防止商标侵权行为的发生。首先，可以为企业树立商标信誉和进行正当的市场竞争提供保证；其次，可以保护消费者的合法权益，为消费者的健康和生命安全提供保证；最后，可以提高我国商标在国际市场上的竞争能力，为我国对外贸易的发展提供保证。

2. 商标权法律保护的范围

如同其他知识产权一样，商标权人要想寻求法律保护，也要确定权利保护范围。注册商标专用权的法律保护范围是以核准注册的商标和核定使用的商品为限的，核准注册的商标和核定使用的商品都是在商标申请注册时确定的，在商标管理机关登记备案。这个范围一方面是确定商标是否侵权的界限，另一方面也是商标权人应当履行的义务。

案例与解析

当事人李某某于2023年1月中旬在张某某处购得375千克原酒，在王某某处购得玻璃瓶、瓶盖、外箱等，在某市龙马潭区柏香林农贸市场购买了塑料漏斗、酒提、橡胶锤等工具，然后组织家人利用已采购好的工具、原酒和包装材料，手工生产、包装成品酒120件，品名为"内部接待酒"。该成品酒所采用的瓶型、颜色与泸州老窖股份有限公司核准注册的国窖1573酒瓶三维标志注册商标的瓶型、颜色完全一致；酒瓶截面印制的角星图案标志、一号窖池酿制、内部接待、老窖等字样，与国窖1573酒瓶三维标志注册商标酒瓶的瓶身标志字样相同或近似，瓶盖上印制的图案颜色也与国窖1573酒瓶三维标志注册商标近似。泸州市市场监督管理局发现后对李某某作出没收"内部接待酒"115件并且罚款10万元的行政处罚。

解析： 与普通平面商标侵权案件相比，立体商标的侵权认定更为复杂。由于白酒是一种涉及消费者人身健康的日常消费品，侵权假冒白酒的危害性较大。因此，本案办案机构从多个方面综合比对，最终认定李某某构成了商标侵权行为，不仅维护了注册商标权利人的合法权益，也净化了酒类市场环境。

二、商标侵权行为的表现

商标侵权行为，是指未经商标专用权人的许可，随意使用其注册的商标，或者其他给注册商标造成损害的行为。商标侵权行为的表现主要有以下几种具体情形。

（1）未经商标注册人的许可，在同一种或者类似商品上，使用与其注册商标相同或相似的标识。这是最常见的侵权行为，主要有：在同一种商品上使用与他人的注册商标相同的商标；在同一种商品上使用与他人的注册商标近似的商标；在类似商品上使用与他人的注册商标相同的商标；在类似商品上使用与他人的注册商标近似的商标。

（2）销售侵犯他人注册商标专用权的商品。销售者明知或应知其所销售的是侵犯他人注册商标专用权的商品，仍然销售的，就属于商标侵权行为。尽管这不是一个治本的办法，但是也不失为一个好的举措，所以作为销售者，在保护商标专用权这方面的责任是很大的。销售者可能以其不知道是侵权商品为由进行抗辩，但是，如果从进货渠道、价格等方面能够推定其应当知道其所销售的商品为侵权商品的，仍然构成商标侵权行为。

（3）伪造、擅自制造他人的注册商标标识，或者销售伪造、擅自制造的注册商标标识。用于商品上的商标载体，是独立于被标志商品上的物质表现形式，例如商品上的商标铭牌、商标织带、瓶贴及外包装纸盒上印有商标的商品包装物或装饰品、装潢品等。凡是有下列行为之一的，都构成商标侵权：伪造他人的注册商标标识；擅自制造他人的注册商标标识；销售他人伪造的注册商标标识；销售他人擅自制造的注册商标标识。

（4）未经商标注册人同意，更换其注册商标，并将更换注册商标的商品再次投入市场。反向假冒是指未经商标注册人同意，将其商标标识换掉，换上其他商标标识，将更换商标标识的商品再次投入市场的行为。这种行为容易使消费者产生混淆，不仅损害了商标权人的合法权益，同时也损害了消费者的权益。

（5）故意为侵犯他人商标专用权行为提供便利条件，帮助他人实施侵犯商标专用权。这是《商标法》在 2013 年修订时新增加的侵权行为表现。侵犯商标专用权的行为需要他人帮助与配合时，如果提供便利或者帮助的行为人主观上已经认识到侵权人实施的是违法行为，就应当对其进行处罚。因此，对故意为侵犯他人商标专用权行为提供便利条件，诸如仓储、运输、邮寄、隐匿等各种协助，帮助他人实施侵犯商标专用权行为的，应当追究相应责任。

（6）给他人注册商标专用权造成其他损害。这是对商标侵权行为的兜底性规范，主要是指除了前几项所列举的行为之外，其他损害商标专用权的行为。比如，将与他人的注册商标相同或者相似的商标使用于企业名称字号上，或者将他人的注册商标作为域名使用以及其他对商标专用权人造成损害的侵权行为。

三、商标侵权行为的法律责任

（一）商标侵权行为的处理机关

商标侵权行为的处理机关有两个，一个是作为行政机关的市场监督管理部门，另一个是作为司法机关的人民法院。受害人既可以请求市场监督管理部门处理，要求侵权人承担行政责任，也可以向人民法院提起诉讼，要求侵权人承担赔偿责任。

（二）商标侵权行为的责任承担

1. 商标侵权行为的民事责任

侵犯商标专用权的赔偿数额，按照权利人因被侵权所受到的实际损失确定；实际损失难以确定的，可以按照侵权人因侵权所获得的利益确定；权利人的损失或者侵权人获得的利益难以确定的，参照该商标许可使用费的倍数合理确定。对恶意侵犯商标专用权，情节严重的，可以在按照上述方法确定数额的 1 倍以上 5 倍以下确定赔偿数额。赔偿数额应当包括权利人为制止侵权行为所支付的合理开支。

权利人因被侵权所受到的实际损失、侵权人因侵权所获得的利益、注册商标许可使用费难以确定的，由人民法院根据侵权行为的情节判决给予 500 万元以下的赔偿。

2. 商标侵权行为的行政责任

市场监督管理部门处理时，认定侵权行为成立的，责令立即停止侵权行为，没收、销毁侵权商品和主要用于制造侵权商品、伪造注册商标标识的工具。违法经营额 5 万元以上的，可以处违法经营额 5 倍以下的罚款；没有违法经营额或者违法经营额不足 5 万元的，可以处 25 万元以下的罚款。对 5 年内实施 2 次以上商标侵权行为或者有其他严重情节的，应当从重处罚。销售不知道是侵犯注册商标专用权的商品，能证明该商品是自己合法取得并说明提供者的，由市场监督管理部门责令停止销售。

对侵犯商标专用权的赔偿数额的争议，当事人可以请求进行处理的市场监督管理部门调解，也可以向人民法院起诉。经市场监督管理部门调解，当事人未达成协议或者调解书生效后不履行的，当事人可以向人民法院起诉。

案例与解析

2023年5月，市场监督管理局接到商标权利人某马股份公司举报，称某辰尊雅汽车销售服务有限公司在经营场所销售侵犯其注册商标专用权的汽车配件，请求依法对其进行查处。

经过现场检查，市场监督管理局执法人员在某辰尊雅汽车销售服务有限公司的经营场所检查时发现，该公司销售的刹车盘、空调格、机油格等汽车配件商品共计118件，这些商品的外包装均标有"BMW"商标标识，经商标权利人现场鉴定均为侵权商品。

解析： 某辰尊雅汽车销售服务有限公司的上述行为，已违反了《商标法》的规定，市场监督管理局责令该公司停止侵权行为，没收其侵权商品118件，并对其作出了罚款25万元的行政处罚。

3. 商标侵权行为的刑事责任

侵犯商标专用权情节严重构成犯罪的，依法追究行为人的刑事责任，包括侵犯注册商标罪、假冒注册商标罪等。

（三）商标侵权纠纷的解决方式

（1）协商解决。协商解决是在发生侵权案件以后，双方当事人进行磋商来解决争议的一种方式。协商解决争议必须遵循以下基本原则：自愿进行；依法进行；平等进行。

（2）行政调解。行政调解是指商标行政部门应当事人的请求，就侵犯注册商标专用权的赔偿数额所进行的调解。行政调解属于自愿行为，调解结果没有强制约束力。

（3）诉讼解决。诉讼解决是指人民法院通过诉讼程序解决侵犯注册商标专用权。人民法院处理商标侵权案件的主要权限包括：处理有关商标侵权的民事纠纷；处理当事人不服行政机关的行政处理决定的行政争议；依法追究刑事责任。

四、驰名商标的特别保护

（一）驰名商标的内容

驰名商标是指在中国境内为相关公众广为知晓的商标。相关公众包括与使用商标所标示的某类商品或者服务有关的消费者，生产前述商品或者提供服务的其他经营者及经销渠道中所涉及的销售者和相关人员等。

驰名商标包括以下内容：第一，驰名商标的地域范围是中国境内。只要是在我国境内为相关公众广为知晓的商标，就可以认定为驰名商标并给予特别保护。至于在其他国家领域内是否知名，不是构成我国驰名商标的前提条件。第二，驰名商标的实质要件是较高的"知名度"。驰名商标需要广为知晓，同时知名度也不是绝对的，只是在"相关公众"中广为知晓即可。第三，驰名商标不一定是注册商标。无论商标是否注册，只要具备驰名的实质要件就可以。第四，驰名商标不是一个独立的商标种类，它仅是一个事实状态，表明商标知名度高，商品信誉较好。因此，生产、经营者不得将"驰名商标"字样用于商品、包装或者容器上，或者用于广告宣传、展览及其他商业活动中。

（二）驰名商标的认定

1. 驰名商标的认定标准

驰名商标的认定标准具体如下。

（1）相关公众对该商标的知晓程度。这是最基本的条件。

（2）该商标使用的持续时间。商标使用的时间越长，证明该商标所标示的商品或服务质量优异，为广大消费者所认可。驰名商标的持续使用时间均较长，如"王致和""同仁堂"等，已使用几十年甚至上百年。

（3）该商标的任何宣传工作的持续时间、程度和地理范围。对商标进行宣传，是广大消费者知晓该商标及商品或服务的有效手段。宣传的力度越大，范围越广，消费者熟知的程度越高，商品的销售和覆盖面就越广泛，商标的信誉和知名度也就越高。

（4）该商标作为驰名商标受保护的记录。这也是认定驰名商标的基本条件之一。如果一个商标曾被认定为驰名商标，或在诉讼中被人民法院认定为驰名商标而受到保护，就可以将其作为认定驰名商标的因素之一来考虑。

（5）该商标驰名的其他因素。这里的其他因素包括产品质量、销售量和区域等。驰名商标的认定应以该商标在有关公众中的知名度为准，必须结合具体的情况综合判断，没有绝对的公式和统一的标准。

2. 驰名商标的认定主体

驰名商标的认定主体具体如下。

（1）市场监督管理部门对驰名商标的认定。市场监督管理部门在商标注册审查时，当事人依照规定主张权利的，商标局根据审查、处理案件的需要，可以对商标驰名情况作出认定。

（2）市场监督管理部门的认定。在市场监督管理部门查处商标违法案件过程中，当事人依照规定主张权利的，商标局根据审查、处理案件的需要，可以对商标驰名情况作出认定。

（3）商标评审委员会的认定。在商标争议处理过程中，当事人依照规定主张权利的，商标评审委员会根据处理案件的需要，可以对商标驰名情况作出认定。

（4）人民法院的认定。在商标民事、行政案件审理过程中，当事人依照规定主张权利的，最高人民法院指定的人民法院根据审理案件的需要，可以对商标驰名情况作出认定。

（三）驰名商标的特别保护制度

1. 注册的驰名商标的跨类别保护

想一想
为什么要对注册的驰名商标进行跨类别保护？

就不相同或者不相类似商品申请注册的商标是复制、摹仿或者翻译他人已经在中国注册的驰名商标，误导公众，致使该驰名商标注册人的利益可能受到损害的，不予注册并禁止使用。这是为了限制驰名商标所有人滥用权利，以维护其他商品生产者的合法权益，为整个商品生产市场创造一种公平合理、健康有序的竞争局面。

2. 未注册的驰名商标的同类别保护

想一想
为什么要对未注册的驰名商标进行同类别的保护？

就相同或者类似商品申请注册的商标是复制、摹仿或者翻译他人未在中国注册的驰名商标，容易导致混淆的，不予注册并禁止使用。当驰名商标被他人抄袭时应予以驳回申请，对擅自使用该驰名商标的应予以禁止。可见"容易导致混淆"是商标局驳回注册申请并禁止使用的前提条件。这也就要求主张驰名商标保护者必须举证证明，被其指控者使用有关商标的行为已经或者至少必然会造成消费者在商品来源或其他相关因素方面的误解或混同。

3. 禁止将驰名商标作为企业名称中的字号使用

将驰名商标作为企业名称中的字号使用，这种侵权行为又称为商标淡化。商标淡化一般是指减少、削弱驰名商标或其他具有相当知名度的商标的识别性和显著性，损害、玷污其商誉的行为。商标淡化不仅会损害商标权人的利益，而且还会欺骗公众或者对公众造成误导。当事人认为他人将其驰名商标作为企业名称登记，可能欺骗公众或使公众产生误解的，可以向企业名称登记主管机关申请撤销该企业名称登记。驰名商标被他人作为企业名称或者域名登记注册，可能欺骗公众或者使公众产生误解的，该驰名商标所有人可以向企业名称登记机关、域名登记机关申请撤销该企业名称或者域名。

本章小结

　　商标，是指商品的生产经营者或者服务的提供者，为使自己提供的商品或者服务与他人提供的同类商品或者服务区别开来，在自己所提供的商品或服务上使用的便于识别的标记。商标要想获得法律的保护，必须提出商标注册的申请，符合商标注册的条件，才能取得商标专用权。商标权人还有一定的权利和义务，商标专用权有一定的期限但是可以续展。商标应当合理使用，商标侵权行为有多种表现形式，但都必须承担相应的法律责任。

综合练习题

第九章 反垄断法

学习目标

通过对本章的学习，重点掌握我国反垄断法规制的垄断行为，垄断协议行为规制的主要内容，滥用市场支配地位行为规制的主要内容，经营者集中行为规制的主要内容，滥用行政权力排除、限制竞争行为规制的主要内容；熟悉反垄断法的适用除外规定。

关键概念

反垄断法　垄断协议　市场支配地位　经营者集中

引导案例

某街道办事处召集新啤集团的一名厂家代表和卢云啤酒有限责任公司的三名经销商，对铁路局夜市的啤酒销售权进行招标，最后新啤集团以4万元竞价成交。而后，该办事处与新啤集团签订了经销合同，双方约定新啤集团为该街道办事处管辖的铁路局夜市瓶装及生啤的唯一经销商，该街道办事处全权负责及保护新啤集团产品的展示及新啤集团生啤桶，确保新啤集团以外的任何啤酒产品不得进入夜市、其他啤酒厂家不在夜市做促销活动以及其他厂家的经销商不得进入夜市进行促销活动。合同签订后，办事处随即通知夜市内的所有经营户，只能经销新啤集团的啤酒，不得销售其他品牌的啤酒，否则将采取相应措施。

请问：该街道办事处的行为是否触犯《反垄断法》？

第一节　垄断与反垄断法概述

一、垄断和垄断行为

垄断在经济学和法学上有不同的含义。从经济学的角度，垄断主要是指与竞争相对的一种市场状态，在这种状态下，市场上只有一个或少数几个经营者，能够控制整个行业的生产和市场销售，从而控制和操纵价格。从法律的角度来看，《反垄断法》第1条明确规定：为了预防和制止垄断行为，保护市场公平竞争，鼓励创新，提高经济运行效率，维护消费者利益和社会公共利益，促进社会主义市场经济健康发展，制定本法。因此，反垄断法中垄断的概念，主要是指经济活动中的垄断行为。

二、反垄断法规制的垄断行为

根据《反垄断法》第3条的规定，垄断行为一般指三种经济垄断，具体包括：①经营者达成垄断协议；②经营者滥用市场支配地位；③具有或者可能具有排除、限制竞争效果的经营者集中。此外，《反垄断法》还用专章对行政机关和法律法规授权的具有管理公共事务职能的组织滥用行政权力，排除、限制竞争的行为进行了规定。

第一，《反垄断法》并不反对企业规模的扩大，表现在其第6条规定："经营者可以通过公平竞争、自愿联合，依法实施集中，扩大经营规模，提高市场竞争能力。"对于已经取得市场支配地

> **想一想**
> 反垄断法是反所有的垄断行为吗？

位的，其第 7 条规定："具有市场支配地位的经营者，不得滥用市场支配地位，排除、限制竞争。"

第二，法律并不禁止某些特殊垄断性行业或垄断性企业的合法存在，《反垄断法》第 8 条第 1 款规定："国有经济占控制地位的关系国民经济命脉和国家安全的行业以及依法实行专营专卖的行业，国家对其经营者的合法经营活动予以保护，并对经营者的经营行为及其商品和服务的价格依法实施监管和调控，维护消费者利益，促进技术进步。"此外，还要求上述行业的经营者依法经营，诚实守信，严格自律，接受社会公众的监督，不得利用其控制地位或者专营专卖地位损害消费者利益。

第三，规定了数字平台反垄断"专条"。《反垄断法》第 9 条规定："经营者不得利用数据和算法、技术、资本优势以及平台规则等从事本法禁止的垄断行为。"《反垄断法》第 22 条第 2 款规定："具有市场支配地位的经营者不得利用数据和算法、技术以及平台规则等从事前款规定的滥用市场支配地位的行为。"对数字平台经济的规制，以良法善治引导数字平台在合规合法的框架下充分利用数据、算法、资本等，发挥其在科技创新方面的价值与优势，才能更好地规范和引导数字经济平台持续健康创新发展。

第二节　垄断协议行为规制

一、垄断协议行为概述

小知识

在实践中认定垄断协议应注意的问题包括：①只要合意存在，有无行为的实施或限制竞争的结果不影响认定；②合意往往采用推定制度。

《反垄断法》第 16 条规定：本法所称垄断协议，是指排除、限制竞争的协议、决定或者协同行为。可见，协议、决定和其他协同行为是垄断协议的三种方式。

（一）垄断协议的种类

垄断协议依据不同的标准可以划分为不同的类型。其中横向垄断协议与纵向垄断协议的划分属于最基本、最常见的形式，也符合法律对垄断协议规制的需要和大多数国家反垄断立法的实际情况。

1. 横向垄断协议

横向垄断协议，又称"卡特尔"，是指处于同一经济层次上的企业之间通过协议、决定或其他协同方式限制竞争的行为。

其构成要件包括：首先，构成横向垄断协议的主体主要是同一行业中处于同一生产阶段的两个及以上具有竞争关系的经营者。其次，经营者之间具有主观上的意思联络。缺少主体之间的主观意思联络而产生的偶合现象不能称为横向垄断协议。最后，经营者之间存在或实施了共同的行为。仅有合意，而没有行为并不必然给市场带来损害。这一行为的表现方式常常具有多样性，而且呈现出前后递进的几个阶段。首先，达成了排除、限制竞争的合意。其次，在这种合意主导下实施了共同的排除、限制竞争的行为。最后，经营者之间的同谋行为造成了对相应市场竞争的侵害。如果经营者之间达成的"共谋"并没有给其他经营者乃至整个市场秩序带来损害，就没有规制的必要。

实践中，横向垄断协议主要表现为：固定价格协议、限制产销量协议、划分市场协议、限制技术开发与购买协议、联合抵制协议以及其他形式垄断协议等。

2. 纵向垄断协议

纵向垄断协议，是指处于不同经济层次上的企业之间通过协议、决定或其他协同方式限制竞争的行为。相比于具有竞争关系的经营者之间达成的横向垄断协议，纵向垄断协议在《反垄断法》中被界定为经营者与交易相对人之间达成的垄断协议。纵向垄断协议最主要的特征在于当事人处于生产销售链条的不同环节，相互之间没有直接的竞争关系，而是一种上游和下游的关系。对于经营者与交易相对人达成的纵向垄断协议，根据《反垄断法》第18条第2款规定，对前款第一项（固定向第三人转售商品的价格）和第二项（限定向第三人转售商品的最低价格）规定的协议，经营者能够证明不具有排除、限制竞争效果的，不予禁止。

（二）规定了垄断协议帮助者的责任

《反垄断法》第19条："经营者不得组织其他经营者达成垄断协议或者为其他经营者达成垄断协议提供实质性帮助。"这意味着，直接参与垄断协议的主体要遭到处罚，帮助合谋的主体也要承担相应责任。

二、横向垄断协议行为

《反垄断法》中有关横向垄断协议的规定主要体现在第17条，该条主要规定了以下几种典型的横向垄断协议行为。

1. 固定或者变更商品价格

固定或者变更商品价格，一般是指在同一相关市场上具有竞争关系的两个及两个以上竞争者以协议或其他方式确定、维持或改变商品（或服务）价格的行为。这种价格协议存在多种表现形式，既可以直接固定价格，又可以通过协商对形成价格的各种因素达成一致意见，还可以通过行业协会发布价格建议协调价格的方式间接固定价格。

关于垄断协议的规定，首要的就是禁止经营者之间达成价格垄断协议。我国市场上出现的固定或变更价格行为主要有限制低价、统一定价、联合提价以及价格自律等。

〰〰 案例与解析 〰〰

年销售额在1亿元以上的药品零售企业组成联盟并达成协议，共同要求药品生产企业按照统一的优惠价格向联盟的药品零售企业供应药品，联盟内的企业按照统一的零售价向消费者销售药品。

请问： 该协议属于反垄断法规制的何种垄断协议？

解析： 属于法律禁止的垄断协议——固定价格协议。

2. 限制商品的生产数量或者销售数量

限制商品生产数量或者销售数量协议，是指参加垄断协议的经营者通过控制或限制相关市场上商品的产销数量，间接控制商品价格的垄断协议。

3. 分割销售市场或者原材料采购市场

分割销售市场或者原材料采购市场，即划分市场。划分市场协议，是指具有竞争关系的经营者之间达成的不在相关市场进行竞争的协议。划分市场的形式多种多样，一般包括划分地域市场、顾客市场和产品市场三种。

划分市场协议主要有两种：一是分割销售市场，目的在于提高销售产品的价格；二是分割原材料采购市场，旨在降低采购原材料的价格。划分市场协议是一种间接控制产品价格的手段，和价格协议一样对竞争十分不利。从某些方面来讲，划分市场协议比价格协议对竞争的危害性更大，因为通过市场划分可以在一定的市场范围内排挤掉竞争对手，这样，参加划分市场协议的经营者在产品价格、产品质量、售后服务和技术创新方面都不会有竞争压力。此外，在价格协议中，生产成本较低的企业往往对执行固定价格协议并不积极，因此固定价格协议很容易受到破坏。在划分市场协议中，这种破坏因素并不存在，所以这种协议往往会维持很长的时间。

4. 限制购买新技术、新设备或者限制开发新技术、新产品

限制购买新技术、新设备或者限制开发新技术、新产品，即限制创新。限制创新协议，是指具有竞争关系的经营者之间达成的限制购买新技术、新设备或者限制开发新技术、新产品以避免竞争的协议。因为竞争会导致优胜劣汰，所以为了在竞争中占据主动地位，经营者必然会倾向于购买新技术、新设备或者开发新技术、新产品。但是，如果具有竞争关系的经营者为了摆脱竞争压力，通过订立协议限制各自进行创新，对这些经营者来说，就可以省去大笔资金投入，也不用再担心竞争对手可能进行创新而使自己处于不利的地位。因此，限制创新的垄断协议，限制了经营者通过创新进行市场竞争，保护了低效率和落后产品，使新技术、新设备不能得到推广应用，也使新技术和新产品的开发失去了原动力。

5. 联合抵制交易

联合抵制交易，是指相互之间存在着竞争关系的经营者联合起来，共同拒绝与其他竞争对手、客户或供应商进行交易的行为。在市场经济条件下，每个作为独立市场主体的经营者都有权选择自己的交易对象，但是，如果多个经营者联合起来，共同抵制与特定的经营者进行交易，那么被抵制的经营者就会处于不利的市场地位，甚至会被市场淘汰。在一个充分竞争的市场里，经营者是否退出市场，应当由其自己及市场竞争机制来决定，任何经营者都有参与市场竞争的权利，最后也应当由市场决定其是壮大还是被淘汰。而联合抵制交易的行为，破坏了市场公平竞争的规则，使某些经营者失去了竞争的机会，因此，在许多国家的反垄断法规里，联合抵制交易都是一种被禁止的行为。

三、纵向垄断协议行为

关于纵向垄断协议，明确规定了关于"固定转售价格"和"限定最低转售价格"的三种情形，即禁止经营者与交易相对人达成下列垄断协议：①固定向第三人转售商品的价格；②限定向第三人转售商品的最低价格；③国务院反垄断执法机构认定的其他垄断协议。

想一想

比较一下横向垄断协议与纵向垄断协议有何不同。

1. 固定转售价格协议

固定转售价格协议，是指生产商和销售商之间以明示或默示的方式达成的将转售价格予以固定的协议，并且生产商将对违反协议所确定的转售价格的销售商实施或威胁实施制裁的行为。通常认为，固定转售价格会产生排除、限制竞争的效果。首先，在固定转售价格时，不同区域的销售商间无法再就该品牌展开价格竞争。其次，生产商与销售商间使用协议的方式使产品价格固定下来，事实上形成了价格不再受市场供求关系的影响而上下波动的效果，这使销售商之间或生产商之间有着达成横向价格垄断的嫌疑。

2. 限定最低转售价格协议

限定最低转售价格协议，指的是生产商确定其销售商向最终消费者转售商品时的价格下限的协议。与固定转售价格不同，限定最低转售价格并没有完全剥夺商品批发商或零售商根据市场竞争状况作出相应价格调整的权利，但这种价格调整的自由是有限的，只能在最低价格以上进行调整。同时，由于经营者限定了最低转售价格，很有可能导致消费者要支付比在有效市场竞争条件下更高的价格。

《反垄断法》第18条第3款规定，经营者能够证明其在相关市场的市场份额低于国务院反垄断执法机构规定的标准，并符合国务院反垄断执法机构规定的其他条件的，不予禁止。

四、垄断协议的法律责任

第一，经营者实施垄断协议的法律责任。经营者违反《反垄断法》规定，达成并实施垄断协议的，由反垄断执法机构责令停止违法行为，没收违法所得，并处上一年度销售额 1% 以上 10% 以下的罚款，上一年度没有销售额的，处 500 万元以下的罚款；尚未实施所达成的垄断协议的，可以处 300 万元以下的罚款。经营者的法定代表人、主要负责人和直接责任人员对达成垄断协议负有个人责任的，可以处 100 万元以下的罚款。

第二，宽恕政策。经营者主动向反垄断执法机构报告达成垄断协议的有关情况并提供重要证据的，反垄断执法机构可以酌情减轻或者免除对该经营者的处罚。

第三，规定了组织帮助行为的法律责任。与新增的禁止性规定相呼应，《反垄断法》对组织帮助行为规定了较为严格的法律责任，即与协议方适用同样的罚则。

第四，行业协会的责任承担。行业协会违反《反垄断法》规定，组织本行业的经营者达成垄断协议的，由反垄断执法机构责令改正，可以处 300 万元以下的罚款；情节严重的，社会团体登记管理机关可以依法撤销登记。

【例题与解析】某市甲、乙、丙三大零售企业达成一致协议，拒绝接受产品供应商丁的供货。丙向反垄断执法机构举报并提供了重要证据。经查，三企业构成垄断协议行为。关于三企业应承担的法律责任，下列（　）是正确的。

A. 该执法机构应责令三企业停止违法行为，没收违法所得，并处以相应罚款

B. 丙企业举报有功，可酌情减轻或免除处罚

C. 如丁因垄断行为遭受损失的，三企业应依法承担民事责任

D. 如三企业行为后果极为严重，应追究其刑事责任

答案：ABC

解析：

A、B 两项，依据《反垄断法》第 56 条第 1、3 款规定；C 项，依据《反垄断法》第 60 条规定。

第三节　滥用市场支配地位行为规制

一、市场支配地位的认定依据

《反垄断法》第 22 条对其作出如下定义：本法所称市场支配地位，是指经营者在相关市场内具有能够控制商品价格、数量或者其他交易条件，或者能够阻碍、影响其他经营者进入相关市场能力的市场地位。该定义将构成市场支配地位的两个条件作为选择性条件：一是企业在市场中的地位，即能够控制商品价格、数量或者其他交易条件；二是对竞争的影响，即能够阻碍、影响其他经营者进入相关市场。

市场支配地位的认定依据如下。

1. 该经营者在相关市场的市场份额，以及相关市场的竞争状况

一个经营者的市场份额达到多大值才会被认定为在相关市场上占据了支配地位，不同国家的反垄断法规定是不相同的。《反垄断法》第 24 条规定，有下列情形之一的，可以推定经营者具有市场支配地位：一个经营者在相关市场的市场份额达到 1/2 的；两个经营者在相关市场的市场份

额合计达到 2/3 的；三个经营者在相关市场的市场份额合计达到 3/4 的。在第二种和第三种情形下，其中有的经营者市场份额不足 1/10 的，不应当推定该经营者具有市场支配地位。被推定具有市场支配地位的经营者，有证据证明不具有市场支配地位的，不应当认定其具有市场支配地位。

【例题与解析】 在某市场，甲、乙、丙分别占据着 40%、30%、9% 的份额，其他经营者所占份额都不足 1%。以下关于甲、乙、丙市场支配地位的表述，正确的有（　　　）。

A. 认定甲有　　　B. 推定甲有　　　C. 推定乙有　　　D. 推定丙有

答案： BC

解析： 依据《反垄断法》第 24 条。

市场份额是指一定时期内经营者的特定商品销售额、销售数量等指标在相关市场所占的比重。分析相关市场竞争状况应当考虑相关市场的发展状况、现有竞争者的数量和市场份额、商品差异程度以及潜在竞争者的情况等。

2. 该经营者控制销售市场或者原材料采购市场的能力

认定经营者控制销售市场或者原材料采购市场的能力，应当考虑该经营者控制销售渠道或者采购渠道的能力，影响或者决定价格、数量、合同期限或者其他交易条件的能力，以及优先获得企业生产经营所必需的原料、半成品、零部件及相关设备等原材料的能力。

小知识

分析滥用市场支配地位违法行为要遵循以下具体步骤：第一步，确定相关市场；第二步，认定一个公司是否在相关市场形成了支配地位；第三步，确认这家公司是否存在损害竞争的商业行为；第四步，全面衡量这种商业行为，看是否有免责理由。

3. 该经营者的财力和技术条件

认定经营者的财力和技术条件，应当考虑该经营者的资产规模、财务能力、盈利能力、融资能力、研发能力、技术装备、技术创新和应用能力、拥有的知识产权等。对经营者的财力和技术条件的分析认定，应当同时考虑其关联方的财力和技术条件。

4. 其他经营者对该经营者在交易上的依赖程度

认定其他经营者对该经营者在交易上的依赖程度，应当考虑其他经营者与该经营者之间的交易量、交易关系的持续时间、转向其他交易相对人的难易程度等。

5. 其他经营者进入相关市场的难易程度

认定其他经营者进入相关市场的难易程度，应当考虑市场准入制度、拥有必需设施的情况、销售渠道、资金和技术要求以及成本等。

6. 与认定该经营者市场支配地位有关的其他因素

互联网、大数据、云计算、人工智能等信息通信技术和数字数据技术的深度融合发展，为新时代下的社会经济改革和国家治理带来新的机遇与挑战。《反垄断法》规定具有市场支配地位的经营者不得利用数据和算法、技术以及平台规则等从事《反垄断法》第 22 条规定的滥用市场支配地位的行为。

二、滥用市场支配地位的行为表现

《反垄断法》第 22 条明确规定，禁止具有市场支配地位的经营者滥用市场支配地位的行为，共列举了六项具体的滥用行为，以通俗的反垄断术语来概括，分别是垄断价格、掠夺性定价、拒绝交易、限定交易、搭售或附加不合理交易条件、价格歧视，并设置了一个兜底条款。

1. 垄断价格

垄断价格包括高卖和低买两种形式，是指具有市场支配地位的经营者以不公平的高价销售商品或者以不公平的低价购买商品的行为。具有市场支配地位的经营者以获得超额垄断利润或排挤竞争对手为目的，确定、维持和变更商品价格，以高于或低于在正常状态下可能实行的价格来销售其产品，严重损害了消费者的权益，使得消费者应当享有的部分福利转移给垄断厂商；同时也妨碍了其他竞争者进入市场，对竞争构成实质性的限制。

案例与解析

老王是某市某中学食堂负责人。该市某公司经过招投标取得为全市教育系统配送后勤物资的经营权。该公司长期加价配送物资的行为让老王十分不满，老王与该公司工作人员交涉多次无果，便拨打了物价部门的举报电话反映这一情况。物价部门迅速对该公司进行检查，发现该公司的确存在以明显高于同期市场价格水平的实际结算价格向各中小学配送米、肉、蔬菜等后勤物资，直接导致学生就餐费用上涨。

请问：该公司的行为是滥用市场支配地位而实施的何种垄断行为？

解析：具有市场支配地位的经营者以获得超额垄断利润或排挤竞争对手为目的，确定、维持和变更商品价格，以高于或低于在正常状态下可能实行的价格来销售其产品，严重损害了消费者的权益。该公司实施的是垄断价格行为。

【**例题与解析**】下列不属于垄断价格行为的是（　　　）。

A. 几家大型电视机生产企业通过协议联手操纵价格

B. 某商场为了吸引顾客将部分商品低于成本价销售

C. 拥有专利权的工厂凭借自己的市场支配地位，在经销商提货时强制限定转售价格

D. 一家占市场份额 70%的大企业以回扣、赠送等方式变相降价，致使自己的商品市场价低于成本价

答案：B

解析：垄断价格包括高卖和低买两种形式，是指具有市场支配地位的经营者以不公平的高价销售商品或者以不公平的低价购买商品的行为。选项 B 不符合。

2. 掠夺性定价

掠夺性定价是指处于市场支配地位的经营者以排挤竞争对手为目的，利用其竞争优势所采取的以低于成本的价格销售商品或者提供服务的行为。

掠夺性定价是一种滥用市场支配地位的行为，其显著的特点是商品价格低于成本，这种行为会破坏市场公平竞争环境并损害消费者的利益，因而成为《反垄断法》关注的主要内容之一。

一般来说，具有市场支配地位的经营者通过本身的财力和市场控

> **小知识**
>
> 构成掠夺性定价必须具备三个条件：第一，经营者具有市场支配地位；第二，低于成本价格销售；第三，低价销售行为没有任何正当理由。

> **想一想**
>
> 在实践中如何认定掠夺性定价行为？

制力把价格降低到成本以下，这样市场上所有的竞争者因为不能够把价格降低到同等水平，或者即使降低到同等水平也不能与支配企业抗衡，只有退出市场。所以掠夺性定价的本质是以承担亏损的方式来排挤其他竞争者。

3. 拒绝交易

《反垄断法》第22条规定，没有正当理由，拒绝与交易相对人进行交易。这是对市场主体拒绝交易行为的具体规制。拒绝交易是具有市场支配地位的经营者的一种垄断行为，通过拒绝交易行为，具有市场支配地位的经营者可以强迫其交易相对人履行其所提出的不合理条件，从而获得超额利润；同时，通过拒绝交易，也能够起到排挤其他竞争者的效果。拒绝交易包括对上游市场

的拒绝交易与对下游市场的拒绝交易。具有市场支配地位的经营者通过对上游市场的拒绝交易，可以控制上游市场的原材料提供者，保证其只能对特定企业提供原材料，这样可以限制竞争对手获得相应的原材料，从而打击竞争对手；通过对下游市场的拒绝交易，可以强迫下游市场产品销售者只销售特定企业的产品，这样也可以起到打击竞争对手的作用。具有市场支配地位的经营者的拒绝交易行为，会对上下游企业的经营自主权造成严重的影响，违背了市场交易的公平原则，会对市场交易秩序造成严重的破坏。

4. 限定交易

具有市场支配地位的经营者没有正当理由，限定交易相对人只能与其进行交易或者只能与其指定的经营者进行交易，是我国法律禁止的滥用市场支配地位的行为。

我国现实中的限定交易行为主要体现在公用企业中。相关法律明确规定，公用企业不得限定他人购买其指定的经营者的商品，以排挤其他经营者的公平竞争；禁止公用企业限定用户、消费者只能购买和使用其指定的经营者生产或经销的商品，而不得购买和使用其他经营者提供的符合技术标准要求的同类商品。

5. 搭售或附加不合理交易条件

搭售，是指商品或服务的提供者在买方欲购买其某种商品或服务时，拒绝单独出售该商品或服务，而坚持买方须同时购买另一项商品或服务，否则拒绝交易的行为。通常，理论上一般把消费者需要购买的商品或服务称为结卖品，把搭售的商品或服务称为搭卖品。附加不合理交易条件行为是指经营者在销售商品时对商品的价格、销售范围、销售顾客等方面附加一定的限制，购买者因经营者的市场支配地位而不得不接受上述不合理条件的行为。

作为滥用市场支配地位行为的搭售，需要具备以下三个要件：一是经营者在相关市场上具有支配地位；二是结卖品和搭卖品在性质上必须是相互独立并且完全不同的产品，无正当理由搭售在一起；三是经营者将购买搭卖品作为购买结卖品的条件。

作为滥用市场支配地位行为的附加不合理交易条件，需要具备以下条件：一是交易对方当事人进行交易时被附加不属于合同义务的条件；二是要求交易对方当事人进行交易时必须接受所附加的条件；三是附加条件违背了当事人的真实意愿；四是所附加的条件没有合理理由。其附加的理由是否合理主要由反垄断执法机构进行自由裁量。

案例与解析

吴××前往某省A网络传媒（集团）股份有限公司（以下简称"A网络"）交纳数字电视基本收视维护费。A网络告知吴××数字电视基本收视维护费每月最低标准已由25元上调至30元，每次最少交纳一个季度的费用。吴××遂按A网络的要求交纳了90元，其中数字电视基本收视维护费75元、数字电视节目费15元。之后，吴××通过A网络客服中心获悉，节目升级增加了不同的收费节目，最低套餐基本收视费为每年360元。数字电视基本收视维护费实行政府定价，收费标准由价格主管部门制定，付费频道供用户自由选择。某省价格主管部门规定，数字电视基本收视维护费收费标准为：以居民用户收看一台电视机使用一个接收终端为计费单位，城市居民用户每个终端每月25元。A网络是经某省政府批准、某省区域内唯一合法经营有线电视传输业务的经营者和唯一电视节目集中播控者。

请问： A网络在某省区域数字电视市场内具有市场支配地位，其收取电视的数字电视节目费的行为是否违反了《反垄断法》的规定？

解析： 本案例中的当事人在进行市场交易时，A网络未向用户告知其有相关电视节目服务的选择权，而直接要求用户交纳包含数字电视基本收视维护费和数字电视付费节目费在内的全部费用，实际上是将数字电视基本收视服务和数字电视付费节目服务捆绑在一起向用户销售，且以其在某省区域内有线电视传输服务市场上的支配地位迫使用户接受数字电视付费节目服务，违反了用户的意愿，因此，A 网络的行为属于《反垄断法》所禁止的捆绑交易条件（附加不合理交易条件）的行为。

6. 价格歧视

价格歧视是指经营者没有正当理由，对交易相对人在交易价格等交易条件上实行差别待遇的行为。在现实生活中最常见的就是销售商对不同的客户采取不同的价格，而又没有支持差价的合理理由。

三、滥用市场支配地位的法律责任

经营者滥用市场支配地位，应承担相应的行政责任与民事责任。一方面，反垄断执法机构可以责令其停止违法行为，没收违法所得，并处上一年度销售额 1%以上 10%以下的罚款；另一方面，因滥用市场支配地位给他人造成损失的，还应依法承担民事责任。

案例与解析

李某系居住在A市的居民。A市供电公司在李某居住小区张贴的公告中载明：A市供电公司将对城区范围内的用电客户更换智能电表，以确保用电安全。如有异议，请及时与换表人联系。李某看到公告未提出异议。A市供电公司将李某使用的电表更换为智能电表后，李某领取的购电IC卡注明：持卡购电，使表内存有备用电费；表内剩余电费为零时电表自动断电，可插卡赊欠用电，赊欠电费超过10元后电表自动断电；赊欠电费在向表内输入新的电费时自动扣减等。李某持卡交纳了电费30元，A市供电公司出具了收据。李某认为，A市供电公司擅自将供用电合同履行方式变更，属于滥用市场支配地位，故诉至法院，请求确认A市供电公司将供用电合同履行方式变更无效；A市供电公司连带赔偿其合理开支500元。

请问： A 市供电公司实施上述行为是否滥用了其依法具有的市场支配地位？

解析： A 市供电公司虽具有市场支配地位，但其为消费者免费更换智能电表，并未收取费用，故 A 市供电公司没有滥用市场支配地位。更换智能电表的行为，属于《反垄断法》规定的例外情形。随着科技的进步，世界已进入数字时代，老式电表正在逐步被淘汰，市场已经没有大批量电子式电表可供采购。A 市供电公司在更换智能电表前已在李某居住的小区张贴公告，已经切实履行了通知义务。另外，智能电表有两级剩余金额报警功能：一级报警时，电表显示"请购电"，并且"报警指示灯"亮；二级报警时，电表断电，用户可插卡恢复用电。将先前派人上门催缴电费更改为电表报警提示催告并无不当，而且电表报警提示既节约了人力成本，又没有给用电人造成实际损害，李某没有理由拒绝。

第四节　经营者集中行为规制

一、经营者集中概述

经营者集中是指两个及两个以上的相互独立的企业合并，通过取得股权或者资产，或者通过订立合同等方式取得对其他经营者的控制权。根据《反垄断法》的规定，经营者集中主要指下列情形：①经营者合并；②经营者通过取得股权或者资产的方式取得对其他经营者的控制权；③经营者通过合同等方式取得对其他经营者的控制权或者能够对其他经营者施加决定性影响。这里所称的控制权，是指经营者直接或者间接，单独或者共同对其他经营者的生产经营活动或者其他重大决策具有或者可能具有决定性影响的权利或者实际状态。

二、经营者集中申报

1. 经营者集中申报的标准

经营者集中达到国务院规定的申报标准的，经营者应当事先向国务院反垄断执法机构申报，未申报的不得实施集中。

经营者集中未达到国务院规定的申报标准，但有证据证明该经营者集中具有或者可能具有排除、限制竞争效果的，国务院反垄断执法机构可以要求经营者申报。

经营者未依照上述规定进行申报的，国务院反垄断执法机构应当依法进行调查。

2. 经营者集中的申报豁免

《反垄断法》第27条规定了经营者集中的申报豁免条件。经营者集中有以下情形之一的，可以不向国务院反垄断执法机构申报：①参与集中的一个经营者拥有其他每个经营者50%以上有表决权的股份或者资产的。这表明，经营者在进行集中行为之前，已经存在了对相对经营者的绝对控制权，相对经营者基本上已经失去了独立性，经营者集中后，其控制权的绝对地位也没有改变。②参与集中的每个经营者50%以上有表决权的股份或者资产被同一个未参与集中的经营者拥有的。这表明，未参与集中的经营者在进行集中行为之前，已经存在了对相对经营者能产生控制权或影响力的特殊的关联关系，它们属于同一个经营者或者利益集团，经营者集中后，它们之间的特殊关联关系仍然没有改变。这两类经营者集中行为同集中前的状态相比，不会产生实质上的改变，不会增强本已存在的经营者的总体实力，因此可以免于进行经营者集中申报。这两项的要求都比较高，除此之外，其他经营者集中行为都需要进行经营者集中申报审查。如果没有豁免的理由，达到申报标准的经营者集中必须向国务院反垄断执法机构提交审查申请。国务院反垄断执法机构对申请的经营者集中进行立案后，再根据一定的步骤与标准对该申请的经营者集中进行审查。

3. 经营者集中申报的文件与资料

《反垄断法》第28条规定，经营者向国务院反垄断执法机构申报集中，应当提交下列文件、资料：①申报书；②集中对相关市场竞争状况影响的说明；③集中协议；④参与集中的经营者经会计师事务所审计的上一会计年度财务会计报告；⑤国务院反垄断执法机构规定的其他文件、资料。申报书应当载明参与集中的经营者的名称、住所、经营范围、预定实施集中的日期和国务院反垄断执法机构规定的其他事项。

《反垄断法》第29条规定，经营者提交的文件、资料不完备的，应当在国务院反垄断执法机构规定的期限内补交文件、资料。经营者逾期未补交文件、资料的，视为未申报。

《反垄断法》第26条还规定了对未达到申报标准的经营者集中的调查、处理程序，经营者集中未达到国务院规定的申报标准，但有证据证明该经营者集中具有或者可能具有排除、限制竞争效果的，国务院反垄断执法机构可以要求经营者申报。

三、控制经营者集中的程序规定

（一）初步审查

国务院反垄断执法机构经核查认为经营者提交的申请材料符合法定要求的，在收到经营者提交的合格的申报文件之日予以立案并书面通知申报人，并应于30天之内对申报的经营者集中进行初步审查。对经营者集中的初步审查将产生两个结果：一是经过审查后，发现经营者集中的行为不会产生排除、限制竞争的后果，则不需要进行进一步的实质审查；二是如果经审查发现经营者集中的行为有可能产生排除、限制竞争的不良后果，则作出进行实质审查的决定。初步审查是进行实质审查的前置程序。

（二）实质审查

国务院反垄断执法机构决定实施进一步审查的，应当自决定之日起 90 日内审查完毕，作出是否禁止经营者集中的决定，并书面通知经营者。作出禁止经营者集中的决定，应当说明理由。实质审查期间，经营者不得实施集中。《反垄断法》规定了实质审查的延期条件，主要包括以下几种情况：①经营者同意延长审查期限的；②经营者提交的文件、资料不准确，需要进一步核实的；③经营者申报后有关情况发生重大变化的。实质审查的延期不得超过 60 日。

《反垄断法》第 32 条设置"停钟"制度。有下列情形之一的，国务院反垄断执法机构可以决定中止计算经营者集中的审查期限，并书面通知经营者：①经营者未按照规定提交文件、资料，导致审查工作无法进行；②出现对经营者集中审查具有重大影响的新情况、新事实，不经核实将导致审查工作无法进行；③需要对经营者集中附加的限制性条件进一步评估，且经营者提出中止请求。自中止计算审查期限的情形消除之日起，审查期限继续计算，国务院反垄断执法机构应当书面通知经营者。

（三）经营者集中分类分级审查制度

《反垄断法》第 37 条规定："国务院反垄断执法机构应当健全经营者集中分类分级审查制度，依法加强对涉及国计民生等重要领域的经营者集中的审查，提高审查质量和效率。"分类分级审查制度，旨在提升审查的效率和针对性，区分不同行业类别的审查重点，使审查结论更具科学性。

（四）作出最终决定并公布

1. 审查经营者集中的界定

针对我国反垄断立法经验及实际操作不足的情况，我国《反垄断法》结合我国国情，明确了在经营者集中审查时应当考虑的具体因素。《反垄断法》第 33 条规定，审查经营者集中，应当考虑下列因素：①参与集中的经营者在相关市场的市场份额及其对市场的控制力；②相关市场的市场集中度；③经营者集中对市场进入、技术进步的影响；④经营者集中对消费者和其他有关经营者的影响；⑤经营者集中对国民经济发展的影响；⑥国务院反垄断执法机构认为应当考虑的影响市场竞争的其他因素。

2. 最终决定

经营者集中具有或可能具有排除、限制竞争效果的，国务院反垄断执法机构应当作出禁止经营者集中的决定。但是，经营者能够证明该集中对竞争产生的有利影响明显大于不利影响，或者符合社会公共利益的，国务院反垄断执法机构可以作出对经营者集中不予禁止的决定。对不予禁止的经营者集中，国务院反垄断执法机构可以决定附加减少集中对竞争产生不利影响的限制性条件。

3. 公布决定

国务院反垄断执法机构禁止经营者集中的决定或者是对经营者集中附加限制性条件的决定，应当及时向社会公布。

（五）救济措施

国务院反垄断执法机构作出禁止集中或附条件集中的决定后，如果相关经营者对该决定不服，可以先依法申请行政复议，对行政复议决定不服的，可依法提起行政诉讼。这里的行政复议前置程序有利于合理解决纠纷，减轻法院压力。

四、经营者集中的法律责任

对于违法的经营者集中行为，《反垄断法》第 58 条则规定：经营者违反本法规定实施集中，且具有或者可能具有排除、限制竞争效果的，由国务院反垄断执法机构责令停止实施集中、限期处分股份或者资产、限期转让营业以及采取其他必要措施恢复到集中前的状态，处上一年度销售额 10%以下的罚款；不具有排除、限制竞争效果的，处 500 万元以下的罚款。不仅如此，《反垄断法》第 63 条还规定：违反本法规定，情节特别严重、影响特别恶劣、造成特别严重后果的，国务院反垄断执法机构可以在本法第 56 条、第 57 条、第 58 条、第 62 条规定的罚款数额的 2 倍以上 5 倍以下确定具体罚款数额。比如第 56 条规定：经营者的法定代表人、主要负责人和直接责任人员对达成垄断协议负有个人责任的，可以处 100 万元以下的罚款。《反垄断法》第 67 条更是规定："违反本法规定，构成犯罪的，依法追究刑事责任。"这意味着《反垄断法》正式确立了行政、民事、刑事三位一体的法律责任体系。

第五节　滥用行政权力排除、限制竞争行为规制

一、滥用行政权力排除、限制竞争行为概述

（一）滥用行政权力排除、限制竞争行为的含义

因学术界对"行政垄断"一词一直存在争议，《反垄断法》没有使用行政垄断的概念，也没有具体的界定。但在第 10 条明确规定：行政机关和法律、法规授权的具有管理公共事务职能的组织不得滥用行政权力，排除、限制竞争。

1. 滥用行政权力排除、限制竞争行为的实施者是行政主体

《反垄断法》明确行政垄断行为的主体是行政机关和法律、法规授权的具有管理公共事务职能的组织。行政机关包括各级政府及其组成机构（政府组成部门）以及政府的直属机构（非政府组成部门的局、办等）。非行政机关性质的组织（一般为事业单位）在得到法律、法规授权管理某项公共事务时，即成为具有管理公共事务职能的组织。这里不包括有权代表国家的中央政府，因为从法学理论上说，反垄断法作为经济法，它不可能对国家主权行为行使管辖权，即反垄断法反对垄断和保护竞争，但它不反对主权国家选择的限制竞争政策或者国家本身从事的限制竞争行为。换言之，中央政府的下属机构和地方政府机构，因为它们不属于主权者，它们的行为如果违反了国家的法律或者基本政策，即行为的本质是滥用行政权力，则这些行为应当受到反垄断法的追究。

2. 滥用行政权力排除、限制竞争行为具有双重违法性

滥用行政权力排除、限制竞争行为具有双重违法性，这里的违法主要是指行使行政权力没有法律上的依据或违反法律依据。依法行政要求行政权是法定的，行政权力的行使要有法律依据。而滥用行政权力排除、限制竞争行为却表现为双重违法性。滥用行政权力排除、限制竞争行为首先是一种行政违法行为，是行政主体滥用或超越行政权力包括违反法定权限、法定程序等实施的行为，违反了国家《行政强制法》。与此同时，滥用行政权力排除、限制竞争行为还是一种违反《反垄断法》的行为，其侵害了自由、公平的市场竞争秩序，妨碍了社会主义市场经济体制的建立，违反了我国有关市场规制方面的法律。

（二）滥用行政权力排除、限制竞争行为的危害

滥用行政权力排除、限制竞争行为具有以下危害。

（1）妨碍了我国统一开放的市场体系的建立，损害了市场的正常竞争秩序和活动。第一，构建一个统一、开放、竞争、有序的完整的市场体系，是各经济主体以市场为基础进行公平竞争的前提。而滥用行政权力排除、限制竞争行为总是以某一地区或部门的利益为着眼点，将本应统一开放的全国性市场强行分割为彼此封闭、互不联系的市场空间，将某地或某部门的经济封闭起来，

形成地区封锁和部门垄断，人为地割裂了市场，破坏了全国统一的市场体系，造成资源的大量浪费，阻碍市场经济的建立与健康发展。第二，滥用行政权力排除、限制竞争行为限制和损害了市场经济赖以生存的公正且自由的竞争秩序，致使不正当竞争行为盛行，进而阻碍了生产力的发展。

（2）滥用行政权力排除、限制竞争行为不仅危害了其他经营者的权利，也妨害了消费者的权利。市场主体从广义上理解既包括经营主体，也包括消费者。因此对市场主体经济自由的损害既侵害了经营者的合法经营权，又侵害了消费者的自由选择权。人格独立、经济自由在法律上体现为市场经营主体拥有充分的自主生产经营权。滥用行政权力排除、限制竞争行为，往往用行政命令的方式限制市场经营主体的生产经营，或者强迫市场经营主体从事（或不从事）某种交易，从而使经营主体的经营权受到了严重的损害。滥用行政权力排除、限制竞争行为往往限定消费者的购买行为，在实施地方保护主义的地区实际上就是落后工业得到保护，使消费者得不到价低质优的商品和服务。禁止和限制消费者自主选择商品和服务的权利，违背了消费者的意愿，损害了消费者权益。

（3）损害了国家正常的行政秩序，必然导致腐败现象的发生。滥用行政权力排除、限制竞争行为的实质是行政权力的滥用，它非法扩大了行政人员的自由裁量权，对经济活动实行不当干预，扰乱了国家的行政秩序。滥用行政权力排除、限制竞争行为是一种行政权力与经济权力相结合的垄断行为，如果缺乏对权力有效的监督与制约，就会使行政人员借地方利益、部门利益将公共权力私权化和个人化，以权谋私，将难以避免干部腐败现象。因此，要根除腐败，维护国家正常的行政管理秩序，除了加强思想修养和法治建设外，必须同时消除滥用行政权力排除、限制竞争行为。

《反垄断法》第5条规定："国家建立健全公平竞争审查制度。行政机关和法律法规授权的具有管理公共事务职能的组织在制定涉及市场主体经济活动的规定时，应当进行公平竞争审查。"这就确立了公平竞争审查制度的法律地位，该制度从过去一种政策性规定上升为法律，成为政府机关制定涉及市场经营的规定必须进行的一个法律程序。

二、滥用行政权力排除、限制竞争行为的表现

1. 限定交易行为

《反垄断法》第39条规定：行政机关和法律、法规授权的具有管理公共事务职能的组织不得滥用行政权力，限定或者变相限定单位或者个人经营、购买、使用其指定的经营者提供的商品。

限定交易行为是指行政主体滥用行政权力，限定他人经营、购买、使用其指定的市场主体的商品（服务），限制该市场主体的自由决策权和其他市场主体的公平竞争权的行为。

首先，限定交易的主体要件是行政机关和法律、法规授权的具有管理公共事务职能的组织。其次，限定交易的行为要件是"滥用行政权力，限定或者变相限定单位或者个人经营、购买、使用其指定的经营者提供的商品"。在行为表现方式上，可以表现为具体行政垄断行为，比如某市教育机关对某中学体育设施安全进行检查，要求只有购买教育机关指定的厂家的健身器材才符合达标条件，是行政机关（某市教育机关）针对特定行政相对人（某中学）作出的行政行为，并对相对人施加了限定其购买指定厂家健身器材的义务，符合前文所述具体行政行为的条件；也可以表现为抽象行政垄断行为，比如政府通过颁布文件、命令等方式限定他人购买（使用）其指定的市场主体的商品（服务），是行政机关以一般的、不特定的事或人为对象，作出抽象的规定，符合抽象行政垄断行为的条件。所以限定交易行为属于具体和抽象行政垄断行为并存。

╾ 案例与解析 ╾

某市××供水公司是某市城区唯一提供城市供水服务的公用企业。某市××供水安装工程有限公司是某市××供水公司的子公司。消费者陈某、甘某向某市市场监督管理局投诉，他们向某市××供水公司申办水表分户时，某市××供水公司限定其只能接受某市××供水安装工程有限公司的安装服务及高价材料，否则

不予办理分户，导致分户收费不合理。

请问：某市××供水公司涉案行为是滥用行政权力排除、限制竞争行为的哪种行为？

解析：是限定交易行为。限定交易行为是指行政主体滥用行政权力，限定他人经营、购买、使用其指定的市场主体的商品（服务），限制该市场主体的自由决策权和其他市场主体的公平竞争权的行为。

2. 禁止妨碍商品在地区之间自由流通

《反垄断法》第41条规定，行政机关和法律、法规授权的具有管理公共事务职能的组织不得滥用行政权力，实施下列行为，妨碍商品在地区之间的自由流通：①对外地商品设定歧视性收费项目、实行歧视性收费标准，或者规定歧视性价格。例如，对外地商品收取行政事业性收费项目标准高于本地商品的标准，使外地商品竞争处于劣势地位，从而限制其进入本地市场。②对外地商品规定与本地同类商品不同的技术要求、检验标准，或者对外地商品采取重复检验、重复认证等歧视性技术措施，限制外地商品进入本地市场。③采取专门针对外地商品的行政许可，限制外地商品进入本地市场。④设置关卡或者采取其他手段，阻碍外地商品进入或者本地商品运出。⑤妨碍商品在地区之间自由流通的其他行为。

【例题与解析】下列行为中，不属于妨碍商品在地区之间自由流通的是（　　　　）。

A. 甲省政府规定，凡外省生产的汽车，经过本省交管部门的技术安全认证，领取省内销售许可证以后，方可在本省市场销售

B. 乙省政府决定在进出本省的交通要道设置关卡，阻止本省生产的猪肉运往外省

C. 丙省政府规定，省内各机关和事业单位在公务接待等活动中消费香烟的，只能选用本省政府指定品牌的香烟，否则财政不予报销

D. 丁省政府规定，外省生产的化肥和农药在本省销售的，一律按销售额加收15%的环保附加费

答案：C

解析：参考《反垄断法》第41条规定。

3. 禁止招投标活动中的地方保护

《反垄断法》第42条规定：行政机关和法律、法规授权的具有管理公共事务职能的组织不得滥用行政权力，以设定歧视性资质要求、评审标准或者不依法发布信息等方式，排斥或者限制经营者参加招标投标以及其他经营活动。本条是禁止行政机关和法律、法规授权的具有管理公共事务职能的组织在招标投标活动中滥用行政权力，搞地方保护的规定。

4. 禁止排斥、限制或强制外地经营者在本地投资或者设立分支机构

《反垄断法》第44条规定，行政机关和法律、法规授权的具有管理公共事务职能的组织不得滥用行政权力，强制或者变相强制经营者从事本法规定的垄断行为。这是对滥用行政权力排斥或者限制外地经营者在本地投资或者设立分支机构的禁止性规定。

5. 禁止强制经营者从事垄断行为

《反垄断法》第40条规定：行政机关和法律、法规授权的具有管理公共事务职能的组织不得滥用行政权力，通过与经营者签订合作协议、备忘录等方式，妨碍其他经营者进入相关市场或者对其他经营者实行不平等待遇，排除、限制竞争。本条是禁止行政机关和法律、法规授权的具有管理公共事务职能的组织，强制经营者从事本法规定的垄断行为的规定。

例如，有些行政主体采取"拉郎配"的手段强制企业合并以制造所谓的大企业，主动出面协调解决经营者之间所谓的价格战，要求经营者集体提高价格或采取统一价格，或者要求本地具有

市场支配地位的经营者给予本地、本部门的经营者不同于其他经营者的差别待遇，等等。

6. 禁止制定含有排除、限制竞争内容的规定

《反垄断法》第45条规定，行政机关和法律、法规授权的具有管理公共事务职能的组织不得滥用行政权力，制定含有排除、限制竞争内容的规定。本条是禁止行政机关以抽象行政行为排除、限制竞争的规定。这条规定把行政性限制竞争行为，从具体行政行为扩展到抽象行政行为。抽象行政行为是指以不特定的人或事为对象制定具有普遍约束力的规范性文件的行为。行政机关以抽象行政行为排除、限制竞争，是指行政机关滥用行政权力，在其发布的有约束力的规范性文件中制定含有排除、限制竞争内容的规定。

三、滥用行政权力排除、限制竞争行为的法律责任

《反垄断法》第61条规定，行政机关和法律、法规授权的具有管理公共事务职能的组织滥用行政权力，实施排除、限制竞争行为的，由上级机关责令改正；对直接负责的主管人员和其他直接责任人员依法给予处分。反垄断执法机构可以向有关上级机关提出依法处理的建议。行政机关和法律、法规授权的具有管理公共事务职能的组织应当将有关改正情况书面报告上级机关和反垄断执法机构。

行政机关和法律、法规授权的具有管理公共事务职能的组织应当在反垄断执法机构规定的时间内完成改正行为，并将有关改正情况书面报告反垄断执法机构。

第六节　反垄断法的实施

一、反垄断法的执法机构

《反垄断法》第12条规定，国务院设立反垄断委员会，负责组织、协调、指导反垄断工作，履行下列职责：①研究拟订有关竞争政策；②组织调查、评估市场总体竞争状况，发布评估报告；③制定、发布反垄断指南；④协调反垄断行政执法；⑤国务院规定的其他职责。国务院反垄断委员会的组成和工作规则由国务院规定。

《反垄断法》第13条规定：国务院反垄断执法机构负责反垄断统一执法工作。国务院反垄断执法机构根据工作需要，可以授权省、自治区、直辖市人民政府相应的机构，依照本法规定负责有关反垄断执法工作。

二、对涉嫌垄断行为的调查

1. 反垄断执法机构的职权

（1）调查检查权。法条规定了"对涉嫌垄断行为的调查"，其中对反垄断执法机构可以采取的具体措施以及调查中的权利义务等都做了详细的规定。

（2）审理裁决权。反垄断执法机构可以对经营者集中等进行审查并作出决定，可以在调查中决定中止或者恢复、终止调查，可以责令改正、停止违法行为等。

（3）罚款处罚权。明确规定了反垄断执法机构可以对违法行为予以罚款的情形。而且规定反垄断执法机构确定具体罚款数额时，应当考虑违法行为的性质、程度和持续的时间等因素。

（4）建议权。《反垄断法》第61条规定：行政机关和法律、法规授权的具有管理公共事务职能的组织滥用行政权力，实施排除、限制竞争行为的，由上级机关责令改正；对直接负责的主管人员和其他直接责任人员依法给予处分。反垄断执法机构可以向有关上级机关提出依法处理的建

议。行政机关和法律、法规授权的具有管理公共事务职能的组织应当将有关改正情况书面报告上级机关和反垄断执法机构。

（5）审核批准权。对经营者集中等的审查就是审查批准权的体现。其中包括了对文件、资料的审查，对禁止集中的决定和准予集中的批准。

（6）调查约谈权。经营者、行政机关和法律、法规授权的具有管理公共事务职能的组织，涉嫌违反本法规定的，反垄断执法机构可以对其法定代表人或者负责人进行约谈，要求其提出改进措施。这是对我国执法机构独特经验的规范化和条文化。

《反垄断法》的第49条强调了对被调查人隐私和个人信息的保护，增加了反垄断执法机构对"个人隐私和个人信息"依法负有保密义务的表述。应该说，这一条的加入非常好地体现了我国以人为本的立法态度。

2. 正式的反垄断调查程序

（1）立案。一是可以由执法机构依职权主动立案。二是根据举报人的举报立案。举报采用书面形式并提供相关事实和证据的，反垄断执法机构应当进行必要的调查。

（2）调查。立案以后，反垄断执法机构应当对涉嫌的垄断行为进行调查、搜集证据，以便作出决定。

（3）决定。反垄断执法机构经过调查，认为构成垄断行为的，应当依法作出处理决定，并可以向社会公布。

3. 反垄断执法机构中止调查权

《反垄断法》第53条规定：对反垄断执法机构调查的涉嫌垄断行为，被调查的经营者承诺在反垄断执法机构认可的期限内采取具体措施消除该行为后果的，反垄断执法机构可以决定中止调查。中止调查的决定应当载明被调查的经营者承诺的具体内容。反垄断执法机构决定中止调查的，应当对经营者履行承诺的情况进行监督。经营者履行承诺的，反垄断执法机构可以决定终止调查。

有下列情形之一的，反垄断执法机构应当恢复调查：①经营者未履行承诺的；②作出中止调查决定所依据的事实发生重大变化的；③中止调查的决定是基于经营者提供的不完整或者不真实的信息作出的。

三、反垄断法的适用除外

关于反垄断法的适用除外制度，我国主要有以下三方面的规定。

（1）《反垄断法》第20条规定，经营者能够证明所达成的垄断协议属于下列情形之一的，不适用本法第17条、第18条第1款、第19条的规定：①为改进技术、研究开发新产品的；②为提高产品质量、降低成本、增进效率，统一产品规格、标准或者实行专业化分工的；③为提高中小经营者经营效率，增强中小经营者竞争力的；④为实现节约能源、保护环境、救灾救助等社会公共利益的；⑤因经济不景气，为缓解销售量严重下降或者生产明显过剩的；⑥为保障对外贸易和对外经济合作中的正当利益的；⑦法律和国务院规定的其他情形。

属于前款第①项至第⑤项情形，不适用《反垄断法》第17条、第18条第1款、第19条规定的，经营者还应当证明所达成的协议不会严重限制相关市场的竞争，并且能够使消费者分享由此产生的利益。

（2）《反垄断法》第68条是关于知识产权方面的适用除外规定。我国在反垄断法中关于知识产权的适用除外制度仅进行了一般性的规定，承认并保护在合理、正当范围内行使知识产权的行为，而对那些法律范围外的滥用知识产权行为则不再给予保护。

（3）《反垄断法》第69条是关于农业方面的适用除外规定。农业生产者及农村经济组织在农产品生产、加工、销售、运输、储存等经营活动中实施的联合或者协同行为，不适用《反垄断法》。

四、反垄断法的域外适用

《反垄断法》第 2 条明确规定，中华人民共和国境内经济活动中的垄断行为，适用本法；中华人民共和国境外的垄断行为，对境内市场竞争产生排除、限制影响的，适用本法。此条规定具有两个层面的内涵：其一，我国的《反垄断法》适用于中华人民共和国境内发生的一切垄断行为；其二，我国的《反垄断法》亦适用于发生在我国境外，但是对境内市场的竞争产生了排除、限制影响的境外垄断行为。

本章小结

《反垄断法》作为维护社会主义市场经济秩序和公平竞争秩序的基本法律制度，是我国经济体制改革的时代产物。这部法律在打击垄断行为、保护市场公平竞争方面取得了积极效果。

新修订的《反垄断法》，有力地回应了新时代全面深化改革与经济高质量发展过程中出现的垄断行为规制需求，有很多重点和亮点值得细梳。此次修订有助于反垄断法律体系的搭建和完善，有助于公平有序的市场竞争环境的科学高效营造，有助于社会主义市场经济体系现代化建设的加快，最终实现社会主义市场经济领域的良法与善治。

综合练习题

第十章 反不正当竞争法

学习目标

通过对本章的学习，了解反不正当竞争法的概念、特征；理解 11 种不正当竞争行为；理解违反《反不正当竞争法》的法律责任；能够运用有关反不正当竞争行为的法律规定和不正当竞争行为的法律责任分析实际案例。

关键概念

反不正当竞争法　不正当竞争行为

引导案例

某区新黑豹建材有限公司销售假冒标称深圳市黑豹建材有限公司生产的"黑豹HB"牌防水涂料，同时张贴了二维码防伪标签，扫描二维码会出现"某区黑豹建材有限公司"公众号链接（"某区黑豹建材有限公司"和"某区新黑豹建材有限公司"是两家不同的企业。"某区黑豹建材有限公司"是业内知名企业，"黑豹HB"商标是"某区黑豹建材有限公司"的注册商标）。

请问：某区新黑豹建材有限公司的行为是否属于不正当竞争行为？

第一节 反不正当竞争法概述

一、反不正当竞争法与不正当竞争

反不正当竞争法是指制止经营者采用欺骗、胁迫、利诱以及其他违背诚实信用原则的手段从事市场交易的各种不正当竞争行为，是为保障社会主义市场经济健康发展，鼓励和保护公平竞争，预防和制止不正当竞争行为，保护经营者、消费者的合法权益或社会公共利益而制定的法律。

> **想一想**
> 反不正当竞争法和相关法律的关系。

不正当竞争行为，是指经营者在生产经营活动中，违反《反不正当竞争法》规定，扰乱市场竞争秩序，损害其他经营者、消费者的合法权益或者社会公共利益的行为。这里所称的经营者，是指从事商品经营或者营利性服务的自然人、法人和非法人组织。

二、反不正当竞争法的特征

> **想一想**
> 不正当竞争与不平等竞争的区别是什么？

1. 反不正当竞争法具有行为法特性

反不正当竞争法是规制不正当竞争行为，维护市场竞争秩序和市场主体合法权益的法律。不同的法律，其规制的角度或侧重点是有所不同的。反不正当竞争法是从市场主体行为规则角度进行法律调整的，属于规范经营者的市场交易行为以及管理者相应的管理行为的法律，具有鲜明的行为法特性。

2. 反不正当竞争法具有补充性

从一定层面而言，反不正当竞争法是为了弥补传统私法，包括知识产权法等法律领域的漏洞或空白而产生的，具有对这些法律拾遗补阙的功能。在反不正当竞争法的调整范围中，不少内容是与其他法律，尤其是与商标法、专利法、著作权法的部分内容相交叉的。尽管它们都禁止他人未经许可擅自使用权利人的专用权利，但知识产权法作为保障权利人的基本制度，却存在一些空白和漏洞。比如，一些尚未达到专利水平的技术或者当事人不愿意申请专利的技术，专利法就无法加以调整，而反不正当竞争法有关商业秘密的制度则可以对其进行保护。

3. 反不正当竞争法具有一定程度的不确定性

反不正当竞争法是从"消极行为"的角度进行的立法，即通过禁止经营者实施一定行为的方式来为市场交易划定合法与违法的标准，但这个标准往往比较抽象、模糊，具有一定程度的不确定性。

比如，反不正当竞争法包含了大量原则性、抽象性的法条，在使用过程中也暴露出操作性相对较弱的特点。相比于传统法律部门，如规范有体物的物权法而言，反不正当竞争法的不确定性较大，但较之反垄断法，其不确定性又较小。

由此，在了解了反不正当竞争法的行为法特性、补充性、不确定性这三个特点后，应该对反不正当竞争法有更深层次的认识。

三、反不正当竞争行为的立法

《反不正当竞争法》自 1993 年正式施行，于 2017 年、2019 年进行了两次修订。2022 年，为贯彻落实党中央、国务院决策部署，进一步完善公平竞争制度，按照《国务院 2022 年度立法工作计划》安排，市场监督管理总局起草了《中华人民共和国反不正当竞争法（修订草案征求意见稿）》（简便起见，如无特别说明，以下均以《反不正当竞争法》指代）。

> **想一想**
>
> 本次修订将立法目的由"制止不正当竞争行为"改为"预防和制止不正当竞争行为"，有什么意义？

第二节　不正当竞争行为

一、混淆行为

经营者不得实施下列混淆行为，以免引人误认为是他人商品或者与他人存在特定联系：①擅自使用与他人有一定影响的商品名称、包装、装潢等相同或者近似的标识或者包装、装潢；②擅自使用与他人有一定影响的市场主体名称（包括简称、字号等）、社会组织名称（包括简称等）、姓名（包括笔名、艺名、译名等）等相同或者近似的标识；③擅自使用与他人有一定影响的域名主体部分、网站名称、页面设计、自媒体名称、应用软件名称或者图标等相同或者近似的标识或者页面；④擅自将他人有一定影响的商业标识设置为搜索关键词，误导相关公众；⑤其他足以引人误认为是他人商品或者与他人存在特定联系的混淆行为。

案例与解析

某市场监督管理局根据举报，发现××电梯有限公司未经商标权利人许可在其电梯上使用SIEMENS标志。经进一步查证，执法人员发现当事人虽然经SIEMENS商标权利人及其授权人同意在电梯上标注"西门子合作伙伴"和"Siemens core components"等字样，但当事人将SIEMENS、siemens、Siemens与其他字母分列两排，且字号明显放大并突出显示SIEMENS、siemens、Siemens，其他字母字号较小易被忽略。

请问：××电梯有限公司的行为属于哪种不正当竞争行为？

解析：混淆行为。当事人未经商标权利人许可在其电梯上突出使用商标权利人的标志，不当利用了商标权利人的市场影响力，误导了公众，让他人对其生产的电梯来源产生混淆。

销售混淆商品，可以单独构成不正当竞争行为，《反不正当竞争法》第7条第2款规定，经营者不得销售构成本条第①款规定的混淆商品，不得为实施混淆行为提供仓储、运输、邮寄、印制、隐匿、经营场所等便利条件。

二、商业贿赂行为

商业贿赂行为会严重损害公平竞争的市场秩序，败坏社会风气，必须予以严厉打击。商业贿赂是一种职权职务性利益交换行为，是指经营者以排斥竞争对手为目的，为争取交易机会，暗中给予交易相对方有关人员和能够影响交易的其他相关人员财物或其他好处的不正当竞争行为。商业贿赂是贿赂的一种形式，但又不同于其他贿赂形式。《反不正当竞争法》第8条规定，经营者不得自行或者指使他人采用财物或者其他手段贿赂下列单位或者个人，以谋取交易机会或者竞争优

想一想

"指使他人"实施商业贿赂行为，单独构成不正当竞争行为吗？

势：①交易相对方或者其工作人员；②受交易相对方委托办理相关事务的单位或者个人；③利用职权或者影响力影响交易的单位或者个人。

经营者在交易活动中，可以以明示方式向交易相对方支付折扣，或者向中间人支付佣金。经营者向交易相对方支付折扣、向中间人支付佣金的，应当如实入账。接受折扣、佣金的经营者也应当如实入账。经营者的工作人员进行贿赂的，应当认定为经营者的行为；但是，经营者有证据证明该工作人员的行为与为经营者谋取交易机会或者竞争优势无关的除外。任何单位和个人不得在交易活动中收受贿赂。

案例与解析

羊某以当事人的名义与某物业管理有限公司南通分公司签订租赁管理合同，用于开设"好得家生活馆"旅游超市。合同终止后，当事人在未办理营业执照、食品经营许可证的情况下，以"好得家生活馆"为名，对外销售食品及其他商品。同时，当事人采取向上海、无锡、南京的5家旅行社及自带团队的导游、驾驶员给付现金的方式，吸引旅行社、导游、驾驶员带旅游团游客过来消费。根据旅游团游客人数，当事人以每人10元或12元的标准支付"人头介绍费"，并按旅游团游客消费总额10%至30%的标准，支付"销售提成"。5家旅行社及自带团队的导游朱某等人则从羊某处以现金方式支取约定的"人头介绍费"及"销售提成"。

请问：当事人利用导游、驾驶员和旅行社对游客的特殊影响力，暗中给付导游、驾驶员、旅行社"人头介绍费"和"销售提成"，吸引导游、驾驶员及旅行社将游客带至"好得家生活馆"进行消费（未如实入账）以谋取交易机会，属于哪种不正当竞争行为？

解析：属于商业贿赂行为。

三、虚假宣传行为

经营者不得对商品或者商品经营者的性能、功能、质量、类别、来源、销售状况、用户评价、曾获荣誉、交易信息、经营数据、资格资质等相关信息作虚假或者引人误解的商业宣传，欺骗、误导相关公众。

商业宣传主要包括通过经营场所、展览活动、网站、自媒体、电话、宣传单等方式对商品进行展示、演示、说明、解释、推介或者文字标注等不构成广告的商业宣传活动。

经营者不得通过组织虚假交易、虚构评价等方式，帮助其他经营者进行虚假或者引人误解的商业宣传，不得为虚假宣传提供策划、制作、发布等服务。

想一想

网购中，刷单制造虚假销量和好评，商品以次充好，组织虚假交易，这些是否属于虚假宣传？

《反不正当竞争法》第30条第2款规定，经营者知道或者应当知道为虚假宣传行为，仍提供策划、制作、发布等服务的，依照前款规定处罚。针对帮助实施虚假宣传行为，明确帮助者的法律责任与直接实施主体的法律责任相当，并区分主观故意。

案例与解析

某市美名科技有限公司开发了"美丽啪"平台，以商品免费试用平台名义上线运营，对外宣传通过免费试用可以帮助电商商家提高店铺信誉，以此吸引商家和用户使用该平台。在商品试用过程中，当事人通过设置试用条件、流程等方式，引导用户前往商家店铺购买试用商品，用户下单后商家发货给用户另一商品（多数为低价值的赠品），即"拍A发B"的交易模式。交易完成后，商家通过"美丽啪"平台将购买商品的货款返还给用户。

请问： 美名科技有限公司开发运营"美丽啪"平台，帮助提高店铺信誉，吸引商家和用户使用该平台，同时指导、协助、审核商家的虚假交易式的商品试用行为，属于哪种不正当竞争行为？

解析： 虚假宣传行为。经营者对其商品的性能、功能、质量、销售状况、用户评价、曾获荣誉等作虚假或者引人误解的商业宣传，欺骗、误导消费者的行为构成虚假宣传行为。

四、侵犯商业秘密行为

商业秘密，是指不为公众所知悉、具有商业价值并经权利人采取相应保密措施的技术信息、经营信息等商业信息。

《反不正当竞争法》第10条规定，经营者不得实施下列侵犯商业秘密的行为：①以盗窃、贿赂、欺诈、胁迫、电子侵入或者其他不正当手段获取权利人的商业秘密；②披露、使用或者允许他人使用以前项手段获取的权利人的商业秘密；③违反保密义务或者违反权利人有关保守商业秘密的要求，披露、使用或者允许他人使用其所掌握的商业秘密；④教唆、引诱、帮助他人违反保密义务或者违反权利人有关保守商业秘密的要求，获取、披露、使用或者允许他人使用权利人的商业秘密。

经营者以外的其他自然人、法人和非法人组织实施以上所列违法行为的，视为侵犯商业秘密。

第三人明知或者应知商业秘密权利人的员工、前员工或者其他单位、个人实施以上所列违法行为，仍获取、披露、使用或者允许他人使用该商业秘密的，视为侵犯商业秘密。

国家推动建立健全商业秘密自我保护、行政保护、司法保护一体的商业秘密保护体系。

案例与解析

A作为某市某电子科技公司的工艺装备部长和原料生产线项目执行人，与公司签订了企业员工保密协议和项目保密协议。协议明确约定，A在任职期内完成的与公司业务相关的发明创造、技术秘密或其他商业秘密信息均为职务成果，公司享有知识产权。A在该公司研发出被列为企业核心商业秘密的原料除杂加工工艺后，为了谋取私利，与该公司的原料供应商Z合伙在江苏连云港建厂，并将其窃取的工艺秘密传授给工厂管理人员S，利用该项工艺生产原料。截至案发，该厂共生产原料200吨，尚未对外销售。

请问： 当事人A为谋取私利，窃取被某市某电子科技公司列为核心商业秘密的原料除杂加工工艺，并与当事人Z、S利用该项工艺生产原料的行为，是否构成侵犯商业秘密的行为？为什么？

解析： 本案当事人A为牟取私利，窃取被某市某电子科技公司列为核心商业秘密的原料除杂加工工艺，并与当事人Z、S利用该项工艺生产原料的行为，属侵犯商业秘密的行为。

五、不正当有奖销售行为

不正当有奖销售行为是指相对于人们的现实收入、购买力水平、消费水平而采取的奖励金额过高的有奖销售行为。《反不正当竞争法》第11条规定，经营者进行有奖销售不得存在下列情形：①所设奖的种类、兑奖条件、奖金金额或者奖品等有奖销售信息不明确，影响兑奖；②采用谎称有奖、虚假设置奖项内容或者故意让内定人员中奖的欺骗方式进行有奖销售；③抽奖式的有奖销售，最高奖的金额超过5万元。

《反不正当竞争法》将"虚假设置奖项内容"列入不正当有奖销售的情形，扩大了待规制的有奖销售不正当竞争行为的范围。同时新增了一款规定，要求经营者在有奖销售活动开始后，不得对所设奖的种类、兑奖条件、奖金金额或者奖品、奖项内容等进行变更，除非该等变更有利于消费者，否则涉嫌构成不正当有奖销售行为。

案例与解析

消费者在某购物超市和某购物中心等商超消费后，收银台附近的珠宝专柜都会主动提醒消费者凭小票参与抽奖，奖项分别为：特等奖，赠送和田金；一等奖，购买珠宝一折；二等奖，购买珠宝二折；三等奖，购买珠宝三折。经调查，珠宝专柜是个体工商户租赁超市经营场所而设置的。珠宝柜台经营户对消费者意愿进行评估后，由后台计算机或人工控制获奖概率，使消费者最后基本都抽中一等奖。从销售票据看，特等奖（赠送和田金）尚未发生，已售出的商品价格基本为200元至400元。

请问： 此行为属于哪种不正当竞争行为？

解析： 属于不正当有奖销售行为。不正当有奖销售行为是指相对于人们的现实收入、购买力水平、消费水平而采取的奖励金额过高的有奖销售行为。

案例与解析

某市鸿地地产投资有限公司对其开发的"小天鹅·望山院墅"（小天鹅南苑）房产项目开展抽奖式有奖销售，即每售出10套别墅（以购房者交纳20万元定金为准）就进行一次抽奖，最高奖为一辆奔驰S系汽车。当事人确定开展上述抽奖促销活动后，委托无锡两家公司印制了包含"每售十套别墅，抽取一次奔驰S系豪车（以交纳20万元定金为准）""为保证抽奖的公平性，活动将全程邀请该市公证处公证人员参与"等内容的广告单页并对外宣传。自当事人开始开展上述抽奖促销活动至案发，共销售别墅15套。当事人组织前10套别墅认购者进行抽奖，并委托该市公证处对此次抽奖活动进行公证。现场一名别墅认购者抽取了价值为92.8万元（不含税费和其他费用）的梅赛德斯奔驰汽车（型号：S320L）。

请问： 当事人在销售其开发的房地产项目时，为促进销售，采用抽奖式的有奖销售行为是否违反了《反不正当竞争法》？为什么？

解析： 违反。抽奖式的有奖销售，最高奖的金额超过5万元，是不正当有奖销售行为。

想一想

诋毁商誉行为有哪些？

六、诋毁商誉行为

《反不正当竞争法》第12条规定，经营者不得编造、传播或者指使他人编造、传播虚假信息或者误导性信息，损害竞争对手或者其他经营者的商业信誉、商品声誉。

案例与解析

某丰田汽车销售服务有限公司作为专业汽车销售公司，主要销售卡罗拉等一汽丰田品牌汽车。市场中，与当事人所售的卡罗拉同档价位、性能的竞争车型主要有大众朗逸、日产轩逸、别克英朗等品牌轿车。当事人在无事实依据的情况下，利用其在汽车之家网站上所拥有的企业网页的新闻资讯栏目，转发了一篇新闻资讯文章《10万元级别家用车为什么只考虑卡罗拉》。在文章中，当事人将其所销售的卡罗拉牌轿车与日产轩逸、别克英朗、广汽丰田雷凌轿车，在产品质量、配置、安全性能等方面进行了贬损性对比，并通过实车配图的形式诋毁日产轩逸、别克英朗和广汽丰田雷凌轿车。

请问：当事人的行为属于哪种不正当竞争行为？请阐述理由。

解析：诋毁商誉行为。经营者编造、传播虚假信息或者误导性信息，损害竞争对手的商业信誉、商品声誉，即构成诋毁商誉行为。

七、互联网不正当竞争行为

经营者利用网络从事生产经营活动，应当遵守《反不正当竞争法》的各项规定。经营者不得利用数据和算法、技术以及平台规则等，通过影响用户选择或者其他方式，扰乱市场公平竞争秩序。

影响用户选择，包括违背用户意愿和选择权、增加操作复杂性、破坏使用连贯性等。

《反不正当竞争法》细化了互联网不正当竞争的具体违法行为种类。规定经营者不得利用技术手段，通过影响用户选择或者其他方式，实施下列妨碍、破坏其他经营者合法提供的网络产品或者服务正常运行的行为，主要行为具体如下：

（1）未经其他经营者同意，在其合法提供的网络产品或者服务中，插入链接、强制进行目标跳转、嵌入自己或者他人的产品或者服务；

（2）利用关键词联想、设置虚假操作选项等方式，设置指向自身产品或者服务的链接，欺骗或者误导用户点击；

（3）误导、欺骗、强迫用户修改、关闭、卸载其他经营者合法提供的网络产品或者服务；

（4）恶意对其他经营者合法提供的网络产品或者服务实施不兼容；

（5）无正当理由，对其他经营者合法提供的产品或者服务的内容、页面实施拦截、屏蔽等；

（6）其他妨碍、破坏其他经营者合法提供的网络产品或者服务正常运行的行为。

《反不正当竞争法》新增排斥、妨碍其他经营者接入和交易条款。《反不正当竞争法》第17条规定，经营者不得利用技术手段、平台规则等，违反行业惯例或者技术规范，不当排斥、妨碍其他经营者合法提供的产品或者服务的接入和交易等，扰乱市场公平竞争秩序。

《反不正当竞争法》明确流量劫持、不当排除其他经营者合法提供的商品接入和交易、不正当获取或使用其他经营者的商业数据、利用算法对交易相对方进行不合理限制等行为属于网络不正当竞争行为，同时第20条对新业态中可能出现的其他网络不正当竞争行为进行了兜底规定。

八、损害公平交易行为

《反不正当竞争法》规定，具有相对优势地位的经营者无正当理由不得实施下列行为，对交易相对方的经营活动进行不合理限制或者附加不合理条件，影响公平交易，扰乱市场公平竞争秩序：①强迫交易相对方签订排他性协议；②不合理限定交易相对方的交易对象或者交易条件；③提供商品时强制搭配其他商品；④不合理限定商品的价格、销售对象、销售区域、销售时间或者参与促销推广活动；⑤不合理设定扣取保证金，削减补贴、优惠和流量资源等限制；⑥通过影响用户选择、限流、屏蔽、搜索降权、商品下架等方式，干扰正常交易；⑦其他进行不合理限制或者附加不合理条件，影响公平交易的行为。

九、恶意交易行为

《反不正当竞争法》将"恶意交易"作为不正当竞争行为的类型，对故意实施恶意交易行为妨碍、迫害其他经营者正常经营行为予以明确禁止。

《反不正当竞争法》第14条规定，经营者不得为了牟取不正当利益，实施下列恶意交易行为，妨碍、破坏其他经营者的正常经营：①故意通过短期内与其他经营者进行大规模、高频次交易、给予好评等，引发相关惩戒，使其他经营者受到搜索降权、降低信用等级、商品下架、断开链接、停止服务等处置；②恶意在短期内拍下大量商品不付款；③恶意批量购买后退货或者拒绝收货；④其他利用规则实施恶意交易，不当妨碍、破坏其他经营者正常经营的行为。

十、侵犯商业数据行为

根据《反不正当竞争法》第 18 条第 2 款规定，本法所称商业数据，是指经营者依法收集、具有商业价值并采取相应技术管理措施的数据。根据商业数据的定义，商业数据的构成要件为：①依法收集；②价值性；③采取技术管理措施。

经营者不得实施下列行为，不正当获取或者使用其他经营者的商业数据，损害其他经营者和消费者的合法权益，扰乱市场公平竞争秩序：

（1）以盗窃、胁迫、欺诈、电子侵入等方式，破坏技术管理措施，不正当获取其他经营者的商业数据，不合理地增加其他经营者的运营成本、影响其他经营者的正常经营；

（2）违反约定或者合理、正当的数据抓取协议，获取和使用他人商业数据，并足以实质性替代其他经营者提供的相关产品或者服务；

（3）披露、转让或者使用以不正当手段获取的其他经营者的商业数据，并足以实质性替代其他经营者提供的相关产品或者服务；

（4）以违反诚实信用和商业道德的其他方式不正当获取和使用他人商业数据，严重损害其他经营者和消费者的合法权益，扰乱市场公平竞争秩序。

十一、通过算法进行差别待遇或者不合理限制行为

经营者不得利用算法，通过分析用户偏好、交易习惯等特征，在交易条件上对交易相对方实施不合理的差别待遇或者进行不合理限制，损害消费者、其他经营者的合法权益和社会公共利益，扰乱市场公平竞争秩序。

《反不正当竞争法》规定了不正当竞争行为的综合考虑因素。第 21 条规定，判断是否构成本法规定的不正当竞争行为，可以综合考虑以下因素：①对消费者、其他经营者合法权益以及社会公共利益的影响；②是否采取强制、胁迫、欺诈等手段；③是否违背行业惯例、商业伦理、商业道德；④是否违背公平、合理、无歧视的原则；⑤对技术创新、行业发展、网络生态的影响等。

第三节　不正当竞争的监督检查

一、不正当竞争的监督检查部门

县级以上人民政府履行市场监督管理职责的部门负责对不正当竞争行为进行查处；法律、行政法规规定由其他部门查处的，依照其规定。

二、监督检查部门的职权

监督检查部门在监督检查不正当竞争行为时，可以行使下列职权。

（1）进入涉嫌不正当竞争行为的经营场所进行检查。

（2）询问被调查的经营者、利害关系人以及其他有关单位、个人，要求其说明有关情况或者提供与被调查行为有关的其他资料。

（3）查询、复制与涉嫌不正当竞争行为有关的协议、账簿、单据、文件、记录、业务函电和其他资料。

（4）查封、扣押与涉嫌不正当竞争行为有关的财物。

（5）查询涉嫌不正当竞争行为的经营者的银行账户和第三方支付账户以及支付记录。

《反不正当竞争法》第23条规定，采取前款第4项、第5项规定的措施，应当向县级以上监督检查部门主要负责人书面报告，并经批准。

监督检查部门调查涉嫌不正当竞争行为，应当遵守《行政强制法》和其他有关法律、行政法规的规定，并依法将查处结果及时向社会公开。

监督检查部门及其工作人员对调查过程中知悉的商业秘密、个人隐私和个人信息负有保密义务。

妨害监督检查部门依照《反不正当竞争法》履行职责，拒绝、阻碍调查的，由监督检查部门责令改正，对个人可以处5万元以下的罚款，对单位可以处50万元以下的罚款，并可以由公安机关依法给予治安管理处罚。

第四节　违反《反不正当竞争法》的法律责任

一、违反《反不正当竞争法》的法律责任的种类

实施不正当竞争行为应承担的法律责任包括民事责任、行政责任和刑事责任。

1. 民事责任

经营者违反《反不正当竞争法》规定，给他人造成损害的，应当依法承担民事责任。

2. 行政责任

《反不正当竞争法》规定的行政责任，要通过监督检查部门对不正当竞争行为的查处来实现。行政责任的主要形式具体如下。

（1）责令停止不正当竞争行为。例如，责令停止虚假广告宣传行为等。

（2）没收非法所得。例如，经营者进行商业贿赂行为的，由监督检查部门没收违法所得。

（3）罚款。对违反规定的有奖销售、侵犯他人商业秘密等不正当竞争行为给予金额不等的罚款。

（4）吊销营业执照。经营者违反《反不正当竞争法》第8条规定贿赂他人的，由监督检查部门没收违法所得，处10万元以上500万元以下的罚款；情节严重的，吊销营业执照。

经营者违反《反不正当竞争法》规定从事不正当竞争，有主动消除或者减轻违法行为危害后果等法定情形的，依法从轻或者减轻行政处罚；违法行为轻微并及时改正，没有造成危害后果的，不予行政处罚。

经营者违反《反不正当竞争法》规定从事不正当竞争，受到行政处罚的，由监督检查部门记入信用记录，并依照有关法律、行政法规的规定予以公示。

3. 刑事责任

刑事责任适用于对其他经营者、消费者和社会经济秩序损害严重、情节恶劣的不正当竞争行为。《反不正当竞争法》只对经营者承担刑事责任作了原则性规定，确定具体的刑事责任要适用《刑法》的相应规定。

经营者违反《反不正当竞争法》规定，应当承担民事责任、行政责任和刑事责任，其财产不足以支付的，优先承担民事责任。

二、违反《反不正当竞争法》的具体法律责任

1. 混淆行为的法律责任

实施混淆行为的，由监督检查部门责令停止违法行为，没收违法所得以及违法商品和生产工具。违法经营额 5 万元以上的，可以并处违法经营额 5 倍以下的罚款；没有违法经营额或者违法经营额不足 5 万元的，可以并处 25 万元以下的罚款；情节严重的，吊销营业执照。

知道或者应当知道他人实施混淆行为，仍销售混淆商品，或者故意为实施混淆行为提供便利条件的，帮助他人实施混淆行为的，适用上述规定处理。销售不知道是混淆商品，能证明该商品是自己合法取得并说明提供者的，由监督检查部门责令停止销售。

经营者登记的市场主体名称违反《反不正当竞争法》第 7 条规定的，应当自处理决定作出之日起 30 日内办理名称变更登记；名称变更前，由原登记机关以统一社会信用代码代替其名称。

案例与解析

舒某在某县经营梦黛绮品牌家纺产品，为节约成本，其在租下原先的盛宇家纺专卖店店面后，沿用原先的装修风格（店铺的门口上方店招、收银台背景墙和店铺门口地垫上都标注有"SHENGYU 盛宇"字样，店铺的货架墙和地板瓷砖上均标注有"盛宇"字样，店铺天花板上粘贴有"盛宇家纺 新品上市"等字样的宣传单），在店铺门口和店堂内发布了包含"SHENGYU 盛宇，不干了"等字眼的广告宣传单。由于"盛宇"是盛宇家纺集团股份有限公司的企业字号，现实中盛宇家纺在该县被相关公众所熟知，具有一定的影响力。

请问： 舒某的行为是否不正当竞争行为？若是，应如何处罚？

解析： 舒某的行为会让消费者误认为盛宇家纺在做促销或舒某经营的产品与盛宇家纺存在某种特定的联系，违反了《反不正当竞争法》第 7 条的规定。某县市场监督管理局应责令舒某停止违法行为，并处以罚款。

2. 商业贿赂行为的法律责任

贿赂他人的，由监督检查部门没收违法所得，处 10 万元以上 500 万元以下的罚款；情节严重的，吊销营业执照。

3. 虚假宣传行为的法律责任

经营者违反《不正当竞争法》第 9 条规定对其商品以及商品生产经营主体作虚假或者引人误解的商业宣传，或者通过组织虚假交易、虚构评价等方式帮助其他经营者进行虚假或者引人误解的商业宣传的，由监督检查部门责令停止违法行为，没收用于违法行为的物品和违法所得，处 10 万元以上 100 万元以下的罚款；情节严重的，处 100 万元以上 200 万元以下的罚款，可以吊销营业执照。

经营者知道或者应当知道为虚假宣传行为，仍提供策划、制作、发布等服务的，依照上述规定处罚。经营者违反《不正当竞争法》第 9 条规定，属于发布虚假广告的，依照《广告法》的规定处罚。

4. 侵犯商业秘密行为的法律责任

经营者以及其他自然人、法人和非法人组织违反《不正当竞争法》第 10 条规定侵犯商业秘密的，由监督检查部门责令停止违法行为，没收违法所得，处 10 万元以上 100 万元以下的罚款；情节严重的，处 100 万元以上 500 万元以下的罚款。

5. 不正当有奖销售行为的法律责任

经营者违反《反不正当竞争法》第 11 条规定进行有奖销售的，由监督检查部门责令停止违法行为，处 5 万元以上 50 万元以下的罚款。

6. 诋毁商誉行为的法律责任

损害竞争对手商业信誉、商品声誉的，由监督检查部门责令停止违法行为、消除影响，处10万元以上100万元以下的罚款；情节严重的，处100万元以上500万元以下的罚款。

7. 互联网不正当竞争行为的法律责任

想一想

诋毁商誉行为要点是什么？

实施网络不正当竞争行为的，由监督检查部门责令停止违法行为，没收违法所得，处10万元以上100万元以下的罚款；情节严重的，处100万元以上500万元以下的罚款。

8. 损害公平交易行为的法律责任

实施不合理限制或者附加不合理条件的，由监督检查部门责令停止违法行为，没收违法所得，处10万元以上100万元以下的罚款；情节严重的，处100万元以上500万元以下的罚款。

9. 恶意交易行为的法律责任

实施恶意交易，妨碍、破坏其他经营者正常经营的，由监督检查部门责令停止违法行为，没收违法所得，处10万元以上100万元以下的罚款；情节严重的，处100万元以上500万元以下的罚款。

《反不正当竞争法》加重部分违法行为的法律责任。总体上提高了罚款的上限，对于侵犯商业秘密、商业诋毁、滥用相对优势地位、恶意交易、网络不正当竞争行为等，其罚款上限提高到500万元人民币。对于情节特别严重，性质特别恶劣，严重损害公平竞争秩序或者社会公共利益的，由省级以上人民政府监督检查部门责令停止违法行为，没收违法所得，处上一年度销售额1%以上5%以下的罚款，并可以责令停业、吊销相关业务许可证或者吊销营业执照等处罚；经营者的法定代表人、主要负责人和直接责任人员对不正当竞争行为负有个人责任的，处10万元以上100万元以下的罚款。

📖 本章小结

《反不正当竞争法》的修订，将有利于进一步完善我国的公平竞争制度，推动建设高效规范、公平竞争、充分开放的"全国统一大市场"。《反不正当竞争法》，一是完善了数字经济领域中的反不正当竞争规则，为规范治理新经济、新业态、新模式发展中出现的扰乱竞争秩序的行为提供了指引；二是针对监管执法实践中存在的突出问题，对现有不正当竞争行为的表现形式进行了补充完善；三是结合目前实践的发展情况，新增不正当竞争行为的类型，填补了法律空白；四是强化并完善了针对不正当竞争行为的法律责任。一方面，《反不正当竞争法》调整了部分违法行为的处罚额度，降低了虚假宣传的处罚下限，提高了商业贿赂行为、侵犯商业秘密行为、商业诋毁行为在情节严重时的罚款起点和处罚上限；另一方面，《反不正当竞争法》对损害公平交易、新兴的网络不正当竞争行为等新增违法行为设定了法律责任。

📖 综合练习题

第十一章　消费者权益保护法

学习目标

通过对本章的学习，了解消费者的含义；能够运用消费者权益保护法的适用范围、消费者权利和经营者义务以及争议的解决和法律责任等规定分析实际案例。

关键概念

消费者　消费者权利　经营者义务

引导案例

居民甲在某商场购得一台多功能食品加工机，回家试用后发现该产品仅有一种功能，遂向商场提出退货。商场答复："该产品说明书未就其性能作明确说明，这是厂家的责任，所以顾客应向厂家索赔，商场概不负责。"

请问：居民甲的权利是否受《消费者权益保护法》的保护？

第一节　消费者权益保护法概述

一、消费者的法律特征

消费者是消费者权益保护法保护的中心主体，也是确定消费者权益的基本依据，更是保护消费者权益的行政机关和司法机关正确而又全面贯彻执行《消费者权益保护法》的关键所在。《消费者权益保护法》虽未直接明确消费者的定义，但第 2 条将"为生活消费需要购买、使用商品或者接受服务"的行为界定为消费者的消费行为，从这一规定可以看出，所谓消费者，是指为满足生活需要而购买、使用商品或接受服务的，由国家专门法律确认其主体地位和保护其消费权益的个人。这一定义不仅符合《消费者权益保护法》保护弱者的立法原则，而且与"保护消费者合法权益的社会团体"的性质相一致（有些单位为职工生活消费购买的商品，最终是要给社会个体成员使用的）。

消费者具有以下五个基本的法律特征。

1. **消费者的主体是购买、使用商品或接受服务的个人**

《消费者权益保护法》的根本目的是保护人们在生活性消费过程中的消费权利不受经营者的侵害。只有自然人才能成为最终消费的主体。自然人作为消费者不受年龄、种族、性别、职业、家庭出身、宗教信仰、受教育程度、财产状况、居住期限、社会地位等条件的限制。也就是说，任何人无论其自身的具体情况如何，都可以成为消费者。消费者包括：一个国家领域内所有的人；一切活着的自然人；居住生活在一个国家的外国人、无国籍人。这些人为了生活需要而购买商品或服务，或使用他人购买的商品，或接受由他人支付费用的服务。例如，在商店购买食品的人，他自己是交易过程中享有各项权利的消费者，同时食用该食品的其子女、亲戚、朋友、同事、学生、老师、战友等也是食用过程中享有各种权利的消费者。这就是说，无论对前者而言，还是对后者来说，一旦他们的权益因食用该食品而受到损害，都有权依照《消费者权益保护法》的规定，要求经营者赔偿损失。

2. 消费者的消费客体包括商品和服务

商品和服务是多种多样的，有的是用于生产消费过程中，有的是用于生活消费过程中。《消费者权益保护法》规定的消费者消费的商品和服务是指用于生活消费的那部分商品和服务。这里的商品是通过流通过程销售的那部分产品，不论是否为经加工制作的产品或天然品，也不论是否为动产或不动产，更不论是否为成品、半成品或原料。这里的服务是指与生活消费有关的，经营者有偿提供的可供消费者利用的任何种类的服务。

由此可以看出，消费者消费的商品和服务范围很广，涵盖了人们的衣、食、住、行、用、医疗、文化、教育、保险等各个方面的生活消费所需要的商品和服务。这里需要特别指出两点：一是商品和服务必须是合法的经营者在法律允许范围之内提供的商品和服务。法律禁止购买、使用的商品和禁止接受的服务，不属于《消费者权益保护法》规定的商品和服务。二是消费者必须通过公开的市场交易购买、使用商品或接受服务。如果是私下交易，即便为生活消费而购买、使用商品或接受服务，也不能作为消费者受到《消费者权益保护法》的保护。因为这种私下交易缺乏公开性，难以用法律进行检查和监督，当产生消费纠纷或经营者侵害消费者利益时是很难举证的。

3. 消费者的消费方式包括购买、使用（商品）和接受（服务）

作为消费者，其消费的商品和服务是自己或其他人通过一定的方式从经营者那里获得的。这里的方式是指消费方式，一般包括购买、使用（商品）和接受（服务）。购买是人们直接有偿获得商品的手段；使用是人们实际消费商品的行为和过程；接受既是人们直接获得服务的手段，也是利用服务的过程。消费的过程一般是通过支付等同于商品、服务价格的货币而实现的。消费者还可以通过付出其他形式的代价（如劳动、提供便利条件等）而实现消费目的，甚至不支付任何代价而由经营者赠与商品或服务，也属于消费者实现消费目的的消费方式。这些消费方式都受《消费者权益保护法》的保护。

想一想

为公司购买办公用计算机的职员小张，能否适用《消费者权益保护法》？

4. 消费者的消费属于生活性消费活动

消费者是指为满足生活需要而购买或使用经营者提供的商品或服务的人。这一定义意味着，任何人只有在其进行消费活动时才是消费者。消费活动的主要内容包括：一是为了生活需要而购买商品；二是为了生活需要而使用商品；三是为了生活需要而接受他人提供的服务。消费者是为了个人生活需要而购买或使用商品与服务的，其目的是满足个人或家庭生活的需要，而不是为了生产经营的需要，这也是消费者与经营者的根本区别。

5. 消费者的权利是由国家专门法律确认其主体地位并得到特定保护的

消费者概念是人类社会发展到一定历史阶段所提出的一个具有特定含义的概念，即在人类社会商品经济发展后出现的具有特定的经济和法律含义的概念。仅仅在经济生活中实际存在着生产经营者与消费者分离的事实，不会出现具有特定法律意义的消费者概念，它必须由国家以专门的法律即消费者权益保护法规定和确认才能出现和存在。因此，消费者与政府、经营者并列构成市场经济运行的三大法律主体。

二、消费者权益保护法的基本原则

消费者权益保护法是对消费者提供特别保护的法律，是有关保护消费者在购买、使用商品或接受服务时应享有的合法权益的法律规范的总称。党的十一届三中全会以来，国家制定了一系列有关保护消费者权益的法律、法规。1993 年 10 月 31 日，第八届全国人民代表大会常务委员会第四次会议通过了《消费者权益保护法》，自 1994 年 1 月 1 日起施行。这是我国第一部保护消费者权益的专门法律，它标志着我国消费者权益保护法制的健全和完善。

《消费者权益保护法》的基本原则如下。

1. 经营者与消费者进行交易，应遵循自愿、平等、公平、诚实信用的原则

自愿，是指经营者与消费者进行交易时，要尊重消费者的意愿，经营者不得强卖或强行提供服务。平等，是商品经济发展的本质要求，经营者与消费者之间法律地位完全平等。公平和诚实信用，体现了普遍的商业道德要求。

2. 国家对处于弱者地位的消费者给予特别保护的原则

从法律地位上说，消费者和经营者属于平等的主体，但实际上消费者在商品交易关系中，相对于经营者来说，大都处于弱者的地位。因此，《消费者权益保护法》确立了向消费者倾斜，国家对消费者权益特别保护的原则。

3. 全社会保护的原则

除国家对消费者提供特别保护外，社会各界都有相应的责任、义务对消费者进行保护。其表现形式有行政监督、社会监督和舆论监督等。

4. 方便消费者诉讼的原则

鉴于消费者诉讼请求金额或纠纷涉及的金额往往很小，即使胜诉，在经济上往往也会导致得不偿失的实际情况，我国目前已有简易程序和集团诉讼等制度以方便消费者提起诉讼。

第二节　消费者的权利

引导案例

小王到一家自称销售名牌运动鞋的商店买鞋，店员说："本店销售的名牌运动鞋，无论穿多久都不会坏。"小王试穿了一下，觉得不合适，想走。售货员却说，既然穿了就得买。售货员气势汹汹地抓住小王不让他走，小王只得高价买下。没想到，刚穿了一天鞋就坏了，还扭伤了脚。小王到店里更换，售货员不认账，还大骂了小王一顿。

请问：小王的哪些权利受到了侵犯？

《消费者权益保护法》赋予消费者 11 项基本权利，以保护消费者的合法权益不受侵害。这 11 项权利如下所述。

一、人身、财产安全权

《消费者权益保护法》第 7 条规定，消费者在购买、使用商品和接受服务时享有人身、财产安全不受损害的权利。消费者有权要求经营者提供的商品和服务，符合保障人身、财产安全的要求。

二、知悉权

《消费者权益保护法》第 8 条规定，消费者享有知悉其购买、使用的商品或者接受的服务的真实情况的权利。消费者有权根据商品或者服务的不同情况，要求经营者提供商品的价格、产地、生产者、用途、性能、规格、等级、主要成分、生产日期、有效期限、检验合格证明、使用方法说明书、售后服务，或者服务内容、规格、费用等有关情况。

三、自主选择权

《消费者权益保护法》第 9 条规定，消费者享有自主选择商品或者服务的权利。消费者有权自主选择提供商品或者服务的经营者，自主选择商品品种或者服务方式，自主决定购买或者不购买任何一种商品、接受或者不接受任何一项服务。消费者在自主选择商品或者服务时，有权进行比较、鉴别和挑选。

四、公平交易权

《消费者权益保护法》第 10 条规定，消费者享有公平交易的权利。消费者在购买商品或者接受服务时，有权获得质量保障、价格合理、计量正确等公平交易条件，有权拒绝经营者的强制交易行为。

五、求偿权

《消费者权益保护法》第 11 条规定，消费者因购买、使用商品或者接受服务受到人身、财产损害的，享有依法获得赔偿的权利。

> **想一想**
>
> 小张在就餐过程中发现自己点的红烧鲤鱼已经变质，在结账时发现使用的餐巾纸也被收费了，在与服务员理论时被另一上菜的服务员手中的热汤烫伤。小张的哪些权利被经营者侵犯了？

~~~ 案例与解析 ~~~

某公司生产销售一款新车，由于该款新车在有些设计上不够成熟，导致某些售出的车辆在行驶中出现故障，甚至导致交通事故。事后，该公司拒绝对故障原因作出说明，也拒绝对受害人进行赔偿。

请问： 该公司的行为侵犯了消费者的哪些权利？

解析： 人身安全权、知悉权、求偿权。该公司生产的汽车因为设计上的缺陷导致行驶故障，造成交通事故，危害了消费者的人身安全权。该公司事后拒绝就故障原因作出说明，侵犯了消费者的知悉权。该公司拒绝对受害人提供赔偿的行为侵犯了消费者的求偿权。

六、结社权

《消费者权益保护法》第 12 条规定，消费者享有依法成立维护自身合法权益的社会团体的权利。

七、受教育权

《消费者权益保护法》第 13 条规定，消费者享有获得有关消费和消费者权益保护方面的知识的权利。消费者应当努力掌握所需商品或者服务的知识和使用技能，正确使用商品，提高自我保护意识。

八、受尊重权

《消费者权益保护法》第 14 条规定，消费者在购买、使用商品和接受服务时，享有人格尊严、民族风俗习惯得到尊重的权利。

> **想一想**
>
> 如何看待超市搜身所涉及的法律问题？

九、监督权

《消费者权益保护法》第 15 条规定，消费者享有对商品和服务以及保护消费者权益工作进行监督的权利。消费者有权检举、控告侵害消费者权益的行为和国家机关及其工作人员在保护消费者工作中的违法失职行为，有权对保护消费者权益工作提出批评、建议。

十、后悔权

《消费者权益保护法》第25条规定，经营者采用网络、电视、电话、邮购等方式销售商品，消费者有权自收到商品之日起7日内退货，且无须说明理由，但下列商品除外：①消费者定做的；②鲜活易腐的；③在线下载或者消费者拆封的音像制品、计算机软件等数字化商品；④交付的报纸、期刊。

案例与解析

母亲节前，张小姐在某网站购买了数盒保健品想送给母亲，隔天她收到货品后送往母亲家，没承想张小姐的姐姐也为母亲购买了同品牌的保健品数盒。张小姐这下发了愁，这么多保健品要吃到什么时候呢，于是便想到了退货。她联系网店店主，而店主却拒绝了张小姐，声称："我们不是七日无条件退换货的店，在本店购物不退不换。"

请问： 张小姐应如何维护自己的合法权益？

解析： 消费者享有七日后悔权，网店必须予以退货。

十一、个人信息保护权

想一想

如果个人信息遭泄露，消费者应如何取证、维权？

《消费者权益保护法》第14条规定："消费者在购买、使用商品和接受服务时，……享有个人信息依法得到保护的权利。"经营者收集、使用消费者个人信息，应当遵循合法、正当、必要的原则，明示收集、使用信息的目的、方式和范围，并经消费者同意。未经消费者许可，获得消费者个人信息的经营者不得使用或传播该信息。

法律虽然赋予消费者种种权利，但是也要求消费者不得滥用权利。法律要求消费者在购买、使用商品或者接受服务时要遵守社会公德，尊重经营者的劳动和服务；在挑选商品时要爱护商品，正确使用；出现问题投诉时，要实事求是，并提供有关的证据。

第三节　经营者的义务

经营者的义务是相对消费者的权利而言的，只有经营者履行了义务才能保障消费者权利的实现。《消费者权益保护法》规定的经营者义务如下。

一、履行法律规定或合同约定的义务

《消费者权益保护法》规定，经营者和消费者有约定的，应当按照约定履行义务，但双方的约定不得违背法律、法规的规定。经营者与消费者的约定，可以是口头形式，也可以是书面形式，一旦约定生效，经营者应当履行承诺。当然，约定内容应是法律、法规许可的事项。如果约定内容违法，比如约定提供毒品，则不受法律保护。

二、听取意见和接受监督的义务

经营者履行听取意见和接受监督的义务是与消费者实现监督权相对应的。它要求经营者应当听取消费者对其提供的商品或者服务在质量、价格、品种、数量、服务态度、售后服务等方面的意见和建议，不断改进经营作风，提高经营水平，更好地服务消费者，同时也达到其赢利的目的。

三、保障安全的义务

《消费者权益保护法》第18条规定，经营者应当保证其提供的商品或者服务符合保障人身、财产安全的要求。对可能危及人身、财产安全的商品和服务，应当向消费者作出真实的说明和明确的警示，并说明和标明正确使用商品或者接受服务的方法以及防止危害发生的方法。

宾馆、商场、餐馆、银行、机场、车站、港口、影剧院等经营场所的经营者，应当对消费者尽到安全保障义务。

〰〰〰 案例与解析 〰〰〰〰〰〰〰〰〰〰〰〰〰〰〰〰〰〰〰〰〰〰〰〰

贺某入住某生态园二楼客房。次日凌晨，贺某从房间内走出，通过通往室外平台的铁门进入二楼平台(一楼屋顶)。在行至二楼平台尽头时，因该平台无护栏，贺某不慎坠落摔伤。后贺某被送到医院治疗，经鉴定构成八级伤残。贺某遂诉至法院，要求该生态园承担损害赔偿责任。

解析： 经营场所的经营者应当对消费者尽到相应的安全保障义务，该生态园应当对贺某承担相应的损害赔偿责任。

〰〰〰〰〰〰〰〰〰〰〰〰〰〰〰〰〰〰〰〰〰〰〰〰〰〰〰〰〰〰〰〰〰〰〰〰

《消费者权益保护法》第19条规定，经营者发现其提供的商品或者服务存在缺陷，有危及人身、财产安全危险的，应当立即向有关行政部门报告和告知消费者，并采取停止销售、警示、召回、无害化处理、销毁、停止生产或者服务等措施。采取召回措施的，经营者应当承担消费者因商品被召回而支出的必要费用。

> **小知识**
>
> 国外某汽车公司宣布在中国召回一款多功能越野车。但是对自行将汽车送往 4S 店的消费者，汽车公司不给予交通补贴、误工补贴以及一定的经济赔偿。《消费者权益保护法》第19条确立了召回加民事赔偿的原则。该汽车公司必须给予消费者交通补贴、误工补贴以及一定的经济赔偿。

四、提供真实情况的义务

经营者应当向消费者提供有关商品或者服务的真实信息，不得进行引人误解的虚假宣传。经营者对消费者就其提供的商品或者服务的质量和使用方法提出的询问，应当作出真实、明确的答复。经营者提供商品或者服务应当明码标价。

采用网络、电视、电话、邮购等方式提供商品或者服务的经营者，以及提供证券、保险、银行等金融服务的经营者，应当向消费者提供经营地址、联系方式、商品或者服务的数量和质量、价款或者费用、履行期限和方式、安全注意事项和风险警示、售后服务、民事责任等信息。

五、标明名称和标记的义务

经营者应当标明其真实名称和标记。租赁他人柜台或者场地的经营者，应当标明其真实名称和标记。

六、出具购货凭证和服务单据的义务

经营者提供商品或者服务，应当按照国家有关规定或者商业惯例向消费者出具购货凭证或者服务单据；消费者索要发票等购货凭证或者服务单据的，经营者必须出具。

七、保证质量的义务

经营者应当保证在正常使用商品或者接受服务的情况下其提供的商品和服务应当具有的质量、性能、用途和有效期限；但消费者在购买该商品或者接受该服务前已经知道其存在瑕疵，且存在该瑕疵不违反法律强制性规定的除外。经营者以广告、产品说明、实物样品或者其他方式表明商品或者服务的质量状况的，应当保证其提供的商品或者服务的实际质量与表明的质量状况相符。

经营者提供的机动车、计算机、电视机、电冰箱、空调器、洗衣机等耐用商品或者装饰装修等服务，消费者自接受商品或者服务之日起 6 个月内发现瑕疵，发生争议的，由经营者承担有关瑕疵的举证责任。

小知识

张先生在某商场促销活动中购买了一台冰箱，使用 2 个月后，冰箱内壁出现了裂痕。商场认为冰箱系张先生人为损坏，不同意免费修理。"谁主张，谁举证"是《民事诉讼法》规定的一般证据规则。然而，因为不掌握相关技术等信息，实践中消费者举证非常困难。根据《消费者权益保护法》，类似情况，将由商家来举证自己的产品无质量问题，此种情况仅适用于耐用品和装饰装修等服务，时限为 6 个月内。

八、质量补救的义务

《消费者权益保护法》第 24 条规定，经营者提供的商品或者服务不符合质量要求的，消费者可以依照国家规定、当事人约定退货，或者要求经营者履行更换、修理等义务。没有国家规定和当事人约定的，消费者可以自收到商品之日起 7 日内退货；7 日后符合法定解除合同条件的，消费者可以及时退货，不符合法定解除合同条件的，可以要求经营者履行更换、修理等义务。依照上述规定进行退货、更换、修理的，经营者应当承担运输等必要费用。

消费者退货的商品应当完好。经营者应当自收到退回商品之日起 7 日内返还消费者支付的商品价款。退回商品的运费由消费者承担；经营者和消费者另有约定的，按照约定。

九、公平交易的义务

《消费者权益保护法》第 26 条规定，经营者在经营活动中使用格式条款的，应当以显著方式提请消费者注意商品或者服务的数量和质量、价款或者费用、履行期限和方式、安全注意事项和风险警示、售后服务、民事责任等与消费者有重大利害关系的内容，并按照消费者的要求予以说明。经营者不得以格式条款、通知、声明、店堂告示等方式，作出排除或者限制消费者权利、减轻或者免除经营者责任、加重消费者责任等对消费者不公平、不合理的规定，不得利用格式条款并借助技术手段强制交易。格式条款、通知、声明、店堂告示等含有上述所列内容的，其内容无效。

案例与解析

张女士在某百货商场购买了一件大衣（商场将其标明为"羊毛大衣"出售），价格为 1 280 元。商场另外标明"换季商品，概不退换"。张女士穿了三天后衣服起满毛球，于是到市质量监督部门检验。鉴定结果证明该大衣所用原料为 100% 腈纶。于是张女士到购买衣服的百货商场要求退货并赔偿因此造成的损失，商场营业员告之：当时已标明"换季商品，概不退换"，所以不同意退货。

请问： 商场（经营者）违反了《消费者权益保护法》的哪些内容？

解析： 商场（经营者）侵犯了消费者的知悉权、求偿权等权利。商场将原料为 100% 腈纶的大衣标明为"羊毛大衣"出售，明显存在与实际不符的情况，侵犯了消费者知悉商品真实情况的权利。商场制定的"换季商品，概不退换"免责条款侵犯了消费者的求偿权，其内容无效。

【例题与解析】下列商场的店堂告示中，没有违反《消费者权益保护法》规定的是（　　　　）。

A. 本商场商品一旦售出概不退换

B. 易碎商品，轻拿轻放

C. 钱物请当面点清，否则后果自负

D. 购买总额在 5 元以下者，请恕本商场不开发票

答案： B

解析： A、C、D 从内容上看都违反了《消费者权益保护法》第 26 条的规定。

十、尊重消费者人格的义务

经营者不得对消费者进行侮辱、诽谤，不得搜查消费者的身体及其携带的物品，不得侵犯消费者的人身自由。

十一、保护消费者信息安全的义务

经营者收集、使用消费者个人信息，应当遵循合法、正当、必要的原则，明示收集、使用信息的目的、方式和范围，并经消费者同意。经营者收集、使用消费者个人信息，应当公开其收集、使用规则，不得违反法律、法规的规定和双方的约定收集、使用信息。经营者及其工作人员对收集的消费者个人信息必须严格保密，不得泄露、出售或者非法向他人提供。经营者应当采取技术措施和其他必要措施，确保信息安全，防止消费者个人信息泄露、丢失。在发生或者可能发生信息泄露、丢失的情况时，应当立即采取补救措施。

经营者未经消费者同意或者请求，或者消费者明确表示拒绝的，不得向其发送商业性信息。如果不是消费者请求或未征得消费者同意，向消费者发送消费者根本不需要的各种商业信息，如发布房屋交易广告、推销理财产品等，都会侵扰消费者。因此，《消费者权益保护法》对此做了以上禁止性规定。

─ 案例与解析 ────────

吴先生在某大酒店预订了婚宴，并留了电话。可是不久，婚庆、旅游等公司的电话便接踵而至，吴先生不堪其扰。吴先生回忆在婚礼操办过程中，唯一留电话号码的就是在预订婚宴环节。于是他找到酒店方，酒店方告知：打电话的婚庆等公司都是酒店的合作方，这是酒店为方便新人而免费提供的增值服务，新人在这些公司可以享受到相应的折扣优惠。对此，吴先生非常气愤，却投诉无门。

请问： 作为经营者，酒店方违反了《消费者权益保护法》中的哪些规定？

解析： 酒店方违反了保护消费者信息安全的规定。

──────────────────────

第四节　消费者组织以及国家对消费者权益的保护

一、消费者组织对消费者权益的保护

消费者协会和其他消费者组织是依法成立的对商品和服务进行社会监督的保护消费者合法权益的社会团体。

《消费者权益保护法》第 37 条规定，消费者协会履行下列公益性职责：①向消费者提供消费信息和咨询服务，提高消费者维护自身合法权益的能力，引导文明、健康、节约资源和保护环境

的消费方式；②参与制定有关消费者权益的法律、法规、规章和强制性标准；③参与有关行政部门对商品和服务的监督、检查；④就有关消费者合法权益的问题，向有关部门反映、查询，提出建议；⑤受理消费者的投诉，并对投诉事项进行调查、调解；⑥投诉事项涉及商品和服务质量问题的，可以委托具备资格的鉴定人鉴定，鉴定人应当告知鉴定意见；⑦就损害消费者合法权益的行为，支持受损害的消费者提起诉讼或者依照本法提起诉讼；⑧对损害消费者合法权益的行为，通过大众传播媒介予以揭露、批评。各级人民政府对消费者协会履行职责应当予以必要的经费等支持。消费者协会应当认真履行保护消费者合法权益的职责，听取消费者的意见和建议，接受社会监督。依法成立的其他消费者组织依照法律、法规及其章程的规定，开展保护消费者合法权益的活动。

《消费者权益保护法》第47条规定，对侵害众多消费者合法权益的行为，中国消费者协会以及在省、自治区、直辖市设立的消费者协会，可以向人民法院提起诉讼。

《消费者权益保护法》第38条规定，消费者组织不得从事商品经营和营利性服务，不得以收取费用或者其他牟取利益的方式向消费者推荐商品和服务。

二、国家对消费者权益的保护

国家制定有关消费者权益的法律、法规、规章和强制性标准，应当听取消费者和消费者协会等组织的意见。

各级人民政府应当加强领导，组织、协调、督促有关行政部门做好保护消费者合法权益的工作，落实保护消费者合法权益的职责。

各级人民政府应当加强监督，预防危害消费者人身、财产安全行为的发生，及时制止危害消费者人身、财产安全的行为。

各级人民政府市场监督管理部门和其他有关行政部门应当依照法律、法规的规定，在各自的职责范围内，采取措施，保护消费者的合法权益。

有关行政部门应当听取消费者和消费者协会等组织对经营者交易行为、商品和服务质量问题的意见，及时调查处理。

有关行政部门在各自的职责范围内，应当定期或者不定期对经营者提供的商品和服务进行抽查检验，并及时向社会公布抽查检验结果。

有关行政部门发现并认定经营者提供的商品或者服务存在缺陷，有危及人身、财产安全危险的，应当立即责令经营者采取停止销售、警示、召回、无害化处理、销毁、停止生产或者服务等措施。

有关国家机关应当依照法律、法规的规定，惩处经营者在提供商品和服务中侵害消费者合法权益的违法犯罪行为。

人民法院应当采取措施，方便消费者提起诉讼。对符合《民事诉讼法》起诉条件的消费者权益争议，必须受理，及时审理。

第五节　消费争议的解决

一、消费争议的解决途径

《消费者权益保护法》第39条规定，消费者和经营者发生消费者权益争议的，可以通过下列途径解决：①与经营者协商和解；②请求消费者协会或者依法成立的其他调解组织调解；③向有关行政部门投诉；④根据与经营者达成的仲裁协议提请仲裁机构仲裁；⑤向人民法院提起诉讼。从该规定看出，消费者可以通过协商、调解、投诉、仲裁、诉讼五种途径来解决消费争议。

1. 与经营者协商和解

与经营者协商和解是指消费者可以直接与销售者、服务者或生产者进行交涉，向其进行索赔并与其和解、达成协议，从而解决纠纷的一种方式。这种解决争议的方式是建立在双方当事人自愿基础上的，一般适用于案情简单、事实清楚、双方争议不大的案件。用这种方式解决纠纷，只要双方愿意，随时随地都可以进行，不像诉讼、仲裁有严格的地点、时间限制和烦琐的程序，因而解决纠纷快捷方便。同时，也不像诉讼、仲裁要交大笔诉讼费或仲裁费，从而减少了解决纠纷的成本，对当事人当然也更为经济。因此，协商和解是广大消费者解决争议首选的途径。但这种途径必须具备一个前提，即消费者和经营者必须在自愿、平等、公平的基础上进行。如果一方当事人不愿协商，就无法采用此方式了。

一般说来，在案情复杂、事实不清、争议较大且双方矛盾尖锐的情况下不宜采用协商方式。加之经营者一般处在相对强势的地位，对消费者提出的协商很可能置之不理，在这种情况下，消费者最好还是选择其他途径，以免错失良机。另外值得注意的是，即使消费者与经营者达成了和解协议，如果一方不履行或反悔，该协议就不能像法院的判决或裁定书那样，可以向法院申请强制执行。在这种情况下，当事人作出的努力就白费了，还得重新选择其他途径。从上述分析可以看出，消费者是否采用协商方式解决争议，要根据实际情况权衡利弊而决定。虽然该方式是消费者首先应该考虑的，但对有些消费者来说并不是最佳途径或必经途径。

🌡 小知识

消费者在确认自己的合法权益受到损害而准备采取协商和解的方式予以解决时，应注意以下几个方面的问题：①准备好翔实、充足的证据和必要的证明材料。②要坚持公平合理、实事求是的原则。在与经营者协商时，要阐明问题发生的事实经过，提出自己合理的要求，必要时可指明所依据的法律条文，以促成问题的尽快解决。③要注意时效性。有些问题的解决具有一定的时效性，不要被经营者的拖延所蒙蔽而一味地等待，像有关食品、饮料的质量问题，一旦超过一定时间，检验机构就无法检验。因此，如果在证据确凿、事实清楚的情况下，经营者还故意推诿、逃避责任，消费者就要果断地采取其他方式来求得问题的解决。

2. 请求消费者协会或者依法成立的其他调解组织调解

消费者和经营者发生消费者权益争议的，可以请求消费者协会或者依法成立的其他调解组织调解。因此，调解必须是双方自愿，即使消费者与经营者达成了协议，该协议也不具有法律强制力，如果当事人对调解协议反悔，还须再选择其他途径解决。

3. 向有关行政部门投诉

如果是因为不公平交易、价格、计量、食品安全等问题引起的争议，消费者可以向市场监督管理等行政部门投诉，这些行政部门具有在各自的职责范围内依法对经营者进行监督管理的职责，这些部门如果查出了经营者有违法行为，可以对其进行行政处罚。这样就为消费者解决纠纷提供了一定的有利条件和证据，有利于对消费者合法权益的保护。但这些行政部门不是司法机关，它们不直接解决消费争议，最多以第三人的身份对当事人进行调解，所以用这种方式解决纠纷的作用也是有限的。

4. 提请仲裁机构仲裁

仲裁是根据当事人之间的协议，由仲裁机构以第三者的身份对双方发生的争议，在事实上作出判断，在权利义务上作出裁决，争议双方有义务执行该裁决，从而解决纠纷的制度。仲裁具有灵活便利的特点，与诉讼相比要快捷；与协商、调解相比，又具有强制性。其强制性表现在，消费争议经仲裁机构的仲裁，当事人必须履行仲裁裁决，否则，另一方可以申请人民法院强制执行。但仲裁也有其局限性。

一是仲裁以自愿为前提。当事人双方自愿达成的仲裁协议是仲裁机构受理消费纠纷的前提和依据，仲裁协议既可以事前达成，也可以事后达成。如果没有仲裁协议，仲裁机构不会受理消费纠纷。可见，不是任何消费争议都可以仲裁的。

二是仲裁实行"一裁终局"的原则。仲裁裁决作出后，当事人就同一纠纷再申请仲裁或向人民法院起诉的不会被受理。在我国，除劳动纠纷通过劳动仲裁机构的仲裁后方能向人民法院起诉外，其他仲裁当事人一旦选择了仲裁就丧失了向人民法院起诉的权利。也就是说，对仲裁不服，再向人民法院起诉，人民法院是不会受理的。同时，仲裁不实行两审终审制，一旦作出仲裁裁决就意味着发生法律效力，不像诉讼还可以上诉。

三是根据《仲裁法》的规定，仲裁委员会设在省（自治区、直辖市）人民政府所在地的市和其他设区的市，县级所在地不设仲裁委员会。广大县、乡所在地的消费者在申请仲裁时，不得不考虑这一因素给自己带来的不便。同时，仲裁收费较高。基于上述原因，目前在我国，消费争议通过仲裁解决的较少。

5. 向人民法院提起诉讼

诉讼是指国家审判机关即人民法院，依照法律规定，在当事人和其他诉讼参与人的参加下，依法解决讼争的活动。它与和解、调解、仲裁不同：诉讼是在代表国家行使审判权利的审判员主持下进行的；和解是由当事人自行协商的；调解是由有关机关或组织主持进行的；仲裁则是由仲裁委员会的仲裁员主持的。

诉讼必须按法定程序进行，一个案子的审结，少则一两个月，多则一年甚至几年，还要耗费大量的人力、物力和财力，因此，诉讼一般是穷尽了前面的途径之后的选择。

二、消费争议的解决方法

消费者在购买、使用商品时，其合法权益受到损害的，可以向销售者要求赔偿。销售者赔偿后，属于生产者的责任或者属于向销售者提供商品的其他销售者的责任的，销售者有权向生产者或者其他销售者追偿。

消费者或者其他受害人因商品缺陷造成人身、财产损害的，可以向销售者要求赔偿，也可以向生产者要求赔偿。属于生产者责任的，销售者赔偿后，有权向生产者追偿。属于销售者责任的，生产者赔偿后，有权向销售者追偿。消费者在接受服务时，其合法权益受到损害的，可以向服务者要求赔偿。

案例与解析

梁某在某百货商店购买独轮车车轮一只。梁某在给车轮打气后将要安装时，车轮轮毂螺丝脱落，导致轮毂飞出将梁某右眼砸伤。梁某受伤后住院，经鉴定构成八级伤残。

请问：梁某所遭受损害应由谁承担赔偿责任？

解析：经营者应当保证其提供的商品或者服务符合保障人身、财产安全的要求；因商品缺陷造成人身、财产损害的，消费者可以向生产者要求赔偿，也可以向销售者要求赔偿。

消费者在购买、使用商品或者接受服务时，其合法权益受到损害，因原企业分立、合并的，可以向变更后承受其权利义务的企业要求赔偿。

使用他人营业执照的违法经营者提供商品或者服务，损害消费者合法权益的，消费者可以向其要求赔偿，也可以向营业执照的持有人要求赔偿。消费者在展销会、租赁柜台购买商品或者接受服务，其合法权益受到损害的，可以向销售者或者服务者要求赔偿。展销会结束或者柜台租赁期满后，也可以向展销会的举办者、柜台的出租者要求赔偿。展销会的举办者、柜台的出租者赔偿后，有权向销售者或者服务者追偿。

案例与解析

在甲公司举办商品展销会期间，消费者张强从标明参展单位为乙公司的柜台买了一台丙公司生产的家用热水器，使用时发现有漏电现象，无法正常使用。由于展销会已经结束，张强先后找到甲、乙公司，方得知展销会期间乙公司将租赁的部分柜台转租给了丁公司，该热水器是丁公司卖出的。

请问：若该热水器漏电使张强触电致残，张强可向谁要求赔偿？

解析：甲公司或乙公司。消费者在展销会、租赁柜台购买商品或者接受服务，其合法权益受到损害的，可以向销售者或者服务者要求赔偿。展销会结束或者柜台租赁期满后，也可以向展销会的举办者、柜台的出租者要求赔偿。展销会的举办者、柜台的出租者赔偿后，有权向销售者或者服务者追偿。

消费者通过网络交易平台购买商品或者接受服务，其合法权益受到损害的，可以向销售者或者服务者要求赔偿。网络交易平台提供者不能提供销售者或者服务者的真实名称、地址和有效联系方式的，消费者也可以向网络交易平台提供者要求赔偿；网络交易平台提供者作出更有利于消费者的承诺的，应当履行承诺。网络交易平台提供者赔偿后，有权向销售者或者服务者追偿。

网络交易平台提供者明知或者应知销售者或者服务者利用其平台侵害消费者合法权益，未采取必要措施的，依法与该销售者或者服务者承担连带责任。

案例与解析

网购手机遭遇欺诈

张先生发现某品牌的手机宣传得很好，于是在一个电商平台上花899元订购了一款。两天后，收到了寄来的快件。打开包装后，张先生发现手机和自己在网站上看到的宣传效果相差甚远。广告上说的钢化外壳变成了塑料外壳，而且号称的多种功能实际上也没有。张先生马上拨了网站电话，告诉对方自己要求退货，遭到拒绝。当张先生再次拨打时，没说上几句对方就直接挂断了电话；再次登录该网站时，却连网页也无法显示了。无奈之下，张先生投诉到当地消协。当地消协与当地经销商联系后，厂家称其全国统一客服电话不是张先生所提供的号码，且现售的几款机型中，没有899元价位的手机。

请问：本案中，消费者张先生如何维护自己的合法权益？

解析：消费者因经营者利用虚假广告提供商品或者服务，其合法权益受到损害的，可以向经营者要求赔偿。广告的经营者发布虚假广告的，消费者可以请求行政主管部门予以惩处。广告的经营者不能提供产品经营者的真实名称、地址的，应当承担赔偿责任。

【例题与解析】某商场使用了由东方电梯厂生产、亚林公司销售的自动扶梯。某日营业时间，自动扶梯突然逆向运行，造成顾客王某、栗某和商场职工薛某受伤，其中栗某受重伤，经治疗半身瘫痪。现查明，该型号自动扶梯在全国已多次发生相同问题，但电梯厂均通过更换零部件、维修进行处理，并未停止生产和销售。关于赔偿主体及赔偿责任，下列选项正确的有（　　　）。

A. 受害人有权请求商场承担赔偿责任

B. 受害人有权请求电梯厂和亚林公司承担赔偿责任

C. 电梯厂和亚林公司承担连带赔偿责任

D. 商场和电梯厂按份额承担赔偿责任

答案：ABCD

广告经营者或发布者设计、制作、发布关系消费者生命健康的商品或者服务的虚假广告，造成消费者损害的，应当与提供该商品或者服务的经营者承担连带责任。

社会团体或者其他组织、个人在关系消费者生命健康商品或者服务的虚假广告或者其他虚假宣传中向消费者推荐商品或者服务，造成消费者损害的，应当与提供该商品或者服务的经营者承担连带责任。

案例与解析

某市的张先生在一个保健品专柜买了富硒酵母片和麦绿素片，他给家人食用该营养品后不久，有朋友提醒这个产品的质量有问题。经过查询后他发现，这两款产品的生产许可证编号对应的产品名称是"糖果（压片糖果）"，而不是"麦绿素片""富硒酵母片"，也就是说，这两款产品属于无生产许可证编号的违法产品。张先生表示，之所以选择该品牌正是因为看中其形象代言人是某知名女演员，该女演员在张先生的印象里一直非常好，才导致自己的误信。

请问： 经营者该行为是否构成虚假宣传？若经营者上述行为确为虚假宣传，造成消费者损害的，消费者是否有权要求代言人或经营者任何一方承担赔偿责任？

解析： 张先生购买的保健品属于关系消费者生命健康的商品，在广告宣传中声称系富硒酵母片和麦绿素片，但生产许可证编号对应的商品却为糖果（压片糖果），经营者该行为或构成虚假宣传。《消费者权益保护法》第 45 条规定了广告经营者、发布者以及社会团体或其他组织、个人在一些情况下的连带责任。某知名女演员为该产品形象代言人，在经营者上述行为确为虚假宣传的情况下，造成消费者损害的，消费者可以要求形象代言人或经营者任何一方承担赔偿责任。

第六节　违反《消费者权益保护法》的法律责任

一、民事责任

1. 侵犯消费者人身权利的民事责任

《消费者权益保护法》第 49 条规定，经营者提供商品或者服务，造成消费者或者其他受害人人身伤害的，应当赔偿医疗费、护理费、交通费等为治疗和康复支出的合理费用，以及因误工减少的收入。造成残疾的，还应当赔偿残疾生活辅助具费和残疾赔偿金。造成死亡的，还应当赔偿丧葬费和死亡赔偿金。

《消费者权益保护法》第 50 条规定，经营者侵害消费者的人格尊严、侵犯消费者人身自由或者侵害消费者个人信息依法得到保护的权利的，应当停止侵害、恢复名誉、消除影响、赔礼道歉，并赔偿损失。

《消费者权益保护法》第 51 条规定，经营者有侮辱诽谤、搜查身体、侵犯人身自由等侵害消费者或者其他受害人人身权益的行为，造成严重精神损害的，受害人可以要求精神损害赔偿。

小知识

张女士到某超市购物，经过出口的防盗磁门时，磁门发出报警声。超市工作人员强行对张女士进行搜身，并未发现其身上藏有超市里的货物。张女士要求超市赔礼道歉，并赔偿 4 000 元的名誉及精神损失费，对方予以拒绝。《消费者权益保护法》中对保护人格尊严和赔偿精神损害的规定，是对《宪法》和《民法典》中有关精神损害赔偿和人格尊严维护原则的进一步确认，超市应对张女士进行精神损害赔偿。

2. 侵犯消费者财产权利的民事责任

经营者提供商品或者服务有下列情形之一的，除《消费者权益保护法》另有规定外，应当依照其他有关法律、法规的规定，承担民事责任：商品或者服务存在缺陷的；不具备商品应当具备的使用性能而出售时未作说明的；不符合在商品或者其包装上注明采用的商品标准的；不符合商品说明、实物样品等方式表明的质量状况的；生产国家明令淘汰的商品或者销售失效、变质的商品的；销售的商品数量不足的；服务的内容和费用违反约定的；对消费者提出的修理、重作、更换、退货、补足商品数量、退还货款和服务费用或者赔偿损失的要求，故意拖延或者无理拒绝的；法律、法规规定的其他损害消费者权益的情形。经营者对消费者未尽到安全保障义务，造成消费者损害的，应当承担侵权责任。

～〔案例与解析〕～

于某在百脑汇二楼某数码影像器材柜台购买苹果6/16GB金色手机一部，双方当场签订《销售合同》，于某支付购机款4 400元。购买后于某发现所购手机包装盒标注内存为64GB，与所购手机实际内存不符，而且手机上存在使用过的痕迹，遂立即返回该数码影像器材柜台协商退货。该数码影像器材柜台不同意退货，于某随后拨打消费者投诉电话。双方到市场监督管理部门进行调解，该数码影像器材柜台同意退还于某购机款4 400元，但不同意于某提出的额外赔偿要求。故于某诉至人民法院。

请问： 经营者应承担何种法律责任？

解析： 于某与某数码影像器材柜台之间签订的《销售合同》系双方当事人的真实意思表示，合法有效，某数码影像器材柜台理应依约履行义务，向于某交付全新的苹果 6/16GB 金色手机。现市场监督管理部门确认该数码影像器材柜台交付的手机为翻新机，其未将手机的真实情况告知于某的行为构成欺诈。故人民法院判决该数码影像器材柜台退还于某购机款 4 400 元，并支付于某赔偿金 13 200 元。

二、行政责任

经营者有违反《消费者权益保护法》规定情形的，除承担相应的民事责任外，其他有关法律、法规对处罚机关和处罚方式有规定的，依照法律、法规的规定执行；法律、法规未作规定的，由市场监督管理部门或者其他有关行政部门责令改正，可以根据情节单处或者并处警告、没收违法所得、处以违法所得 1 倍以上 10 倍以下的罚款，没有违法所得的，处以 50 万元以下的罚款；情节严重的，责令停业整顿、吊销营业执照。

经营者有违反《消费者权益保护法》规定的情形的，除依照法律、法规规定予以处罚外，处罚机关应当记入信用档案，并向社会公布。

～〔案例与解析〕～

辽宁的宋先生春节期间在一家超市购买了一袋有机大米，吃了一半后，宋先生通过新闻得知市场上有些有机食品没有证书，属假冒产品。他赶紧查看了所购大米的包装袋，发现上面虽然有"有机食品"标志，却没有认证机构的标注。随后，宋先生到超市询问并索要证书，超市表示没法提供。因为"有机"二字，宋先生觉得自己花了高价买了假货，心里很不是滋味。

请问： 宋先生应如何维护自己的合法权益？

解析： 宋先生可依法向消协及市场监督管理部门投诉、举报，如核查确实属于假冒伪劣产品的，则该超市不但要受到行政处罚，最终的处罚结果还将被记入信用档案，并向社会公布。

三、刑事责任

经营者违反《消费者权益保护法》规定，提供商品或者服务，造成消费者或者其他受害人死亡的，应当支付丧葬费、死亡赔偿金以及由死者生前扶养的人所必需的生活费等费用；构成犯罪的，依法追究刑事责任。

本章小结

《消费者权益保护法》特别规定了消费者的权利和经营者的义务。另外，社会也承担着保护消费者合法权益的责任。消费者和经营者之间发生的消费者权益争议可以通过多种途径解决。法律对侵害消费者合法权益，尤其是损害其人身和财产权的经营者的法律责任作出了明确的规定。

综合练习题

第十二章 劳动法和社会保障法

学习目标

通过对本章的学习，了解劳动法和社会保障法的基本知识；掌握劳动合同的概念、种类、内容和效力；了解集体合同的概念和订立；了解女职工和未成年工的特殊劳动保护原则；掌握劳动争议处理的程序；了解我国的社会保险法律制度。

关键概念

劳动合同　集体合同　基本养老保险　社会保险　基本医疗保险

引导案例

王某与某有限责任公司签订了为期3年的劳动合同，自2020年2月1日起至2023年2月1日止，双方约定试用期为6个月。2021年6月18日王某向公司提出解除劳动合同，并向公司索要经济补偿金。公司认为王某没有提出解除合同的正当理由，且解除合同未征求公司意见，未经双方协商，因而不同意解除合同，并提出如果王某一定要解除合同，责任自负，公司不但不给予王某经济补偿金，还要求王某赔偿用人单位的损失，即在试用期内培训王某的费用。

请问：

（1）王某提出解除劳动合同时是否需要说明理由？

（2）王某是否可以单方面解除劳动合同？为什么？

（3）用人单位应否给予王某经济补偿金？

（4）王某应否赔偿用人单位的培训费用？

第一节　劳动法概述

一、劳动法的调整对象

劳动法是调整劳动关系以及与劳动关系密切联系的其他社会关系的法律规范的总和。劳动法是以劳动者权益保护为宗旨，融实体法与程序法为一体的独立的法律部门。狭义的劳动法专指《中华人民共和国劳动法》（以下简称《劳动法》），广义的劳动法除了《劳动法》外，还包括《宪法》、法律、行政法规、地方性法规中有关劳动问题的规定。

劳动法调整的对象主要是劳动关系，但并非所有的劳动关系均由劳动法调整。所谓劳动关系，是人们在社会劳动过程中结成的相互之间的一种社会关系。其特征是：①劳动关系的当事人具有限定性，即劳动关系的一方必须是劳动者，另一方则是用人单位；②劳动关系发生在劳动过程中，与劳动有着直接的联系；③劳动关系具有从属性，劳动者是用人单位的职工，用人单位是劳动者的管理者和劳动力的支配者。

另外，劳动法还调整与劳动关系密切联系的其他社会关系，具体包括：①劳动行政主管部门与用人单位之间在劳动力招收、录用方面发生的关系；②劳动者和用人单位之间在劳动力市场相互选择方面发生的关系；③劳动者与用人单位、社会保险机构之间发生的关系；④工会代表劳动者为维护劳动者合法权益与用人单位之间发生的关系；⑤劳动争议处理机构在处理劳动争议时与用人单位、劳动者之间发生的关系；⑥劳动行政主管部门在监督《劳动法》实施过程中与用人单位之间发生的关系。

二、劳动法的适用范围

《劳动法》第 2 条规定："在中华人民共和国境内的企业、个体经济组织（以下统称用人单位）和与之形成劳动关系的劳动者，适用本法。国家机关、事业组织、社会团体和与之建立劳动合同关系的劳动者，依照本法执行。"《劳动合同法》第 2 条规定："中华人民共和国境内的企业、个体经济组织、民办非企业单位等组织（以下称用人单位）与劳动者建立劳动关系，订立、履行、变更、解除或者终止劳动合同，适用本法。国家机关、事业单位、社会团体和与其建立劳动关系的劳动者，订立、履行、变更、解除或者终止劳动合同，依照本法执行。"

依据上述规定，劳动法的适用范围如下：①我国境内的企业、个体经济组织的劳动关系都归劳动法调整。在我国，不论上述企业及组织与劳动者之间是否订立劳动合同，只要劳动者事实上已成为企业或个体经济组织的成员，并为其提供有偿劳动，就适用劳动法。这里所说的劳动者既包括工勤人员，也包括除公务员和参照公务员法管理的工作人员以外的管理人员和专业人员。②国家机关、事业组织、社会团体中，除公务员和参照公务员法管理的工作人员以外的劳动关系归劳动法调整。③国家机关、事业组织、社会团体的非合同劳动关系，即公务员和比照公务员制度的劳动者的劳动关系，以及农村劳动者（乡镇企业职工和进城务工、经商的农民除外）、现役军人和家庭保姆、在我国境内享有外交特权和豁免权的外国人等不适用我国劳动法。

三、劳动法律关系

劳动法律关系是劳动者与用人单位依据劳动法律规范，在实现劳动过程中形成的权利义务关系。它是受国家劳动法律规范调整和保护的劳动关系，是国家干预劳动关系的结果。劳动法律关系是由劳动法律关系主体、劳动法律关系客体和劳动法律关系内容组成的。

1. 劳动法律关系主体

劳动法律关系主体，是指在实现社会劳动过程中依照劳动法律规范享有权利并承担义务的当事人。劳动法律关系主体的一方是劳动者。劳动者是具有劳动能力，以从事劳动获取合法劳动报酬的自然人。依据《劳动法》的规定，凡年满 16 周岁、有劳动能力的公民是具有劳动权利能力和劳动行为能力的人。除法律另有规定外，任何单位不得与未满 16 周岁的未成年人发生劳动法律关系。对有可能危害未成年人健康、安全或道德的职业或工作，就业年龄不应低于 18 周岁，用人单位不得招用已满 16 周岁不满 18 周岁的公民从事过重、有毒、有害的劳动或者危险作业。劳动关系主体的另一方是用人单位，即依法使用和管理劳动者并付给其劳动报酬的单位，包括企业、事业、机关、团体等单位以及个体经营单位。

2. 劳动法律关系客体

劳动法律关系客体，是指劳动法律关系主体的权利义务共同指向的对象。在我国，劳动法律关系客体是劳动者的劳动行为。

保障劳动者在劳动过程中所享有的各项权利，是用人单位的义务；而劳动者应当承担的义务是用人单位在劳动关系存续期间的权利。

3. 劳动法律关系内容

劳动法律关系内容，是指劳动法律关系双方依法享有的权利和应当承担的义务。

劳动者所享有的权利包括以下几项。

（1）平等就业权和选择职业权。这是劳动者的基本权利。平等就业权，是指劳动者就业一律平等，不能因为民族、种族、性别、宗教信仰而受歧视。选择职业权，是指劳动者在就业时，有权根据自己的想法、兴趣选择劳动单位，不受其他外部力量干涉。

（2）获取劳动报酬权。劳动报酬是指劳动者在付出劳动后从用人单位取得的包括工资、奖金、津贴等在内的一切合法收入。

（3）休息休假的权利。休息休假的权利是指劳动者依法享有的在法定劳动时间之余休息的权利。

（4）获得劳动安全和卫生保护的权利。劳动者在劳动过程中有权依法要求用人单位提供保护其生命安全和身体健康的劳动条件。

（5）受教育权。职业技能培训可以增强和提高劳动者技术业务知识和实际操作技能，赋予劳动者这一权利，有利于提高劳动者的文化素质和职业技能水平。

（6）享受社会保险的权利。社会保险是国家为保障劳动者基本生活而依法强制实行的一项物质帮助制度。

（7）提请劳动争议处理的权利。赋予劳动者这项权利，明确劳动者在劳动争议处理中的主动地位，有利于劳动争议的尽快解决及保护劳动者的合法权益。

除此之外，法律、法规也赋予了劳动者其他权利。比如：依法组织和参加工会的权利；参与民主管理的权利；参加社会义务劳动的权利；提出合理化建议的权利；从事科学研究、技术革新、发明创造的权利；依法解除劳动合同的权利；对用人单位管理人员违章指挥、强令冒险作业有拒绝执行的权利；对危害生命安全和身体健康的行为有批评、举报和控告的权利；对违反《劳动法》的行为有进行监督的权利，等等。

根据劳动法律制度的规定，劳动者应承担的义务有如下四点：①完成劳动任务；②提高职业技能；③执行劳动安全卫生规程；④遵守劳动纪律和职业道德。

案例与解析

小张一直从事木材加工制作生意。小张招收了小赵在家中为自己制作木门把手，双方达成口头协议：小赵按小张的关于木门把手制作规格、交付时间等要求加工制作，小张按小赵完成木门把手的数量支付报酬。小赵按口头协议的约定，如期交付了加工制作的木门把手，但小张一直未按协议支付报酬。此后，小赵多次向小张索要欠款，小张都以暂时没有现钱为由拒绝支付。于是小赵将小张诉至法院。

请问：

（1）小张和小赵之间是什么样的法律关系，这种关系是否受到劳动法的调整？

（2）张、赵二人之间的争议是劳动争议吗？

（3）法院是否应受理这个案件？

解析：

（1）二者之间是劳务关系，不应受到劳动法的调整。《劳动法》第2条规定：在中华人民共和国境内的企业、个体经济组织（以下统称用人单位）和与之形成劳动关系的劳动者，适用本法。在本案中，小赵只承揽了制作木门把手的任务，这种承揽关系是劳务关系而不是劳动关系。因此，二人之间的法律关系不是劳动法所调整的劳动关系。

（2）劳动法中的劳动争议，指的是劳动者与用人单位之间因执行法律、法规和执行劳动合同、集体合同所发生的争议。本案中，二人之间的争议不是劳动争议。

（3）由于本案纠纷不属于劳动法的调整范围，也就不需要经过仲裁程序，因此，法院可以直接受理。

第二节 劳动合同

一、劳动合同概述

1. 劳动合同的法律特征

劳动合同，是指劳动者与用人单位之间确立劳动关系，明确双方权利义务的协议。劳动者与用人单位双方订立劳动合同，对于保障双方合法权益，合理使用劳动力，增强企业活力，发挥劳动者主观能动性，提高劳动生产率，都具有重要意义。

劳动合同的法律特征包括：①劳动合同的形式具备要式性，劳动关系是以合同形式建立的。②劳动合同的主体具有特定性，一方是劳动者，另一方是用人单位。劳动者从属于用人单位，用人单位对劳动者有管理权。③劳动合同的内容具有对立统一性，同时规定了劳动者和用人单位的权利和义务。

2. 劳动合同与劳务合同的区别

劳动合同与劳务合同具有以下区别：①合同双方当事人关系不同。劳务合同中双方当事人可以是自然人，也可以是法人，在身份与组织上没有从属性和隶属性；劳动合同中双方当事人主体特定，一方是劳动者，另一方是用人单位，劳动者从属于用人单位。②劳动支配权和劳动风险责任承担不同。劳务合同中劳动支配权在提供劳务者，劳动风险责任亦由提供劳务者自行承担；劳动合同中劳动支配权在用人单位，劳动风险责任由社会、用人单位和劳动者三方共同承担。③报酬性质和支付方式不同。劳务报酬根据劳务市场价格确定，由双方当事人约定，国家无强制性规定，支付方式一般为一次性支付或分批支付；劳动报酬根据劳动的数量和质量确定，由双方当事人约定，但须遵守国家最低工资等强制性规定。④法律调整不同。劳务合同关系由民法调整，劳动合同关系由劳动法调整。

～【案例与解析】～

劳务合同与劳动合同的判别

杨某2022年6月应聘到大维公司工作，并同该公司签订了"劳务协议"，期限为2022年6月16日至2023年6月15日。该协议中约定了杨某的工作岗位是电子工程师，工资为每月5 000元；同时在协议中约定了劳动安全、生产操作规程、规章制度以及保守商业秘密和违约责任等内容。2023年6月10日，大维公司通知杨某劳务协议到期终止，不再续签。杨某认为他与公司存在劳动关系，并签有"劳务协议"，要求该公司按有关规定承担其未提前30日通知终止协议的赔偿责任。大维公司以杨某档案不在该公司和双方签订的是"劳务协议"为由，否认双方存在劳动关系，同时认为"劳务协议"不是劳动合同，拒绝了杨某的要求。杨某不服，向劳动争议仲裁委员会提出申诉。

请问： 该劳务纠纷应该如何解决？

解析： 劳动争议仲裁委员会经审理后认为，界定劳动关系与劳务关系的关键，在于双方当事人是否存在管理与被管理的隶属关系，是否一方向另一方有规律地支付劳动报酬。不能简单地根据双方所签订协议的名称及人事档案是否在用人单位来确定。

本案中，从杨某与大维公司所签"劳务协议"中约定的起止日期、工作岗位、按月支付工资、劳动安全、生产操作规程、规章制度以及保守商业秘密和违约责任等内容来看，杨某受大维公司的约束和管理，有规律地获得公司支付的劳动报酬，且双方履行了劳动关系中的权利和义务。大维公司除能证明杨某人事档案不在该公司外，未能举出杨某尚和其他单位存在劳动关系，以及公司与杨某存在劳务关系的证据。故杨某与大维公司的法律关系应属劳动关系而非劳务关系。另外，杨某与大维公司所签"劳务协议"为双方当事人真实意愿的表示，应属合法有效，杨某与大维公司所签的"劳务协议"，应视为"劳动合同"，该协议的终止日期应视为劳动合同终止日期。故大维公司应对未提前30日通知杨某终止双方的"劳务协议"承担赔偿责任。劳动争议仲裁委员会作出裁决：由大维公司支付杨某25个工作日工资的赔偿金5000余元。

二、劳动合同的种类

《劳动法》规定，按照合同期限的不同，将劳动合同分为固定期限劳动合同、无固定期限劳动合同、以完成一定工作为期限的劳动合同。

1. 固定期限劳动合同

固定期限劳动合同，是指双方当事人明确约定合同有效的起始日期和终止日期的劳动合同。

2. 无固定期限劳动合同

无固定期限劳动合同是指双方当事人只约定合同的起始日期，不约定合同的终止日期的劳动合同。订立无固定期限劳动合同，除法律、行政法规有规定外，双方当事人应当约定变更、解除、终止合同的条件。只要条件没有发生，劳动者就可以在这个单位工作。无固定期限劳动合同对稳定职工队伍、促进企业发展具有重要的意义。

用人单位与劳动者协商一致，可以订立无固定期限劳动合同。根据《劳动合同法》规定，有下列情形之一的，劳动者提出或者同意续订、订立劳动合同的，除劳动者提出订立固定期限劳动合同外，应当订立无固定期限劳动合同。

（1）劳动者在该用人单位连续工作满10年的。连续工作满10年，应当自用人单位开始用工之日起计算，包括《劳动合同法》施行前的工作年限。无论是固定期限劳动合同年限还是以完成一定工作为期限的劳动合同年限，也无论是有书面劳动合同的工作年限还是无书面劳动合同的工作年限，都连续计算。此外，劳动合同期满，因规定医疗期、孕期、产期、哺乳期未满等情况而延续劳动合同的期限，应当计入连续工作年限。

（2）用人单位初次实行劳动合同制度或者国有企业改制重新订立劳动合同时，劳动者在该用人单位连续工作满10年且距法定退休年龄不足10年的。

（3）连续订立二次固定期限劳动合同，且劳动者没有《劳动合同法》第39条和第40条规定的情形，续订劳动合同的。

除此以外，《劳动合同法》还规定，用人单位自用工之日起满1年不与劳动者订立书面劳动合同的，视为用人单位与劳动者已订立无固定期限劳动合同。

案例与解析

订立无固定期限劳动合同

小董于2009年7月10日进入某公司，劳动合同的起止日期是2009年7月10日至2014年7月9日；之后双方续订了劳动合同，起止日期为2014年7月10日至2023年7月9日。小董听说在单位工作满10年就可以签订无固定期限劳动合同，于是在2023年7月找到公司人力资源管理部门要求签订无固定期限劳动合同。

请问：小董的做法是否正确？

解析：根据《劳动合同法》规定及本案案情，企业必须与小董订立无固定期限劳动合同要同时满足两个条件：①劳动者在同一用人单位连续工作满10年；②续订、订立劳动合同时劳动者没有提出订立固定期限劳动合同。本案例中，小董已经满足这两个条件。

3. 以完成一定工作为期限的劳动合同

以完成一定工作为期限的劳动合同，是指双方当事人将完成某项工作或工程之日作为合同终止日期的劳动合同。当该项工程或者工作完成后，劳动合同自行终止。以完成一定工作为期限的劳动合同一般适用于建筑业、临时性、季节性的工作或由于其工作性质可以采取此种合同期限的工作岗位。

三、劳动合同的订立原则

《劳动合同法》第 3 条规定，订立劳动合同，应当遵循合法、公平、平等自愿、协商一致、诚实信用的原则。

1. 合法原则

劳动合同必须依法订立，不得违反法律、行政法规的规定。

合法原则的具体要求如下：①合同主体合法。主体合法即劳动合同的当事人必须具备合法资格。②内容合法。劳动合同的内容是对劳动合同双方当事人劳动权利和义务的具体约定，必须符合国家法律、行政法规的规定。③程序合法。劳动合同订立的过程必须符合法律规定。④形式合法。劳动合同应当采用书面形式。

2. 公平原则

公平原则是指劳动合同的内容应当公平、合理。就是在符合法律规定的前提下，劳动合同双方公正、合理地确立双方的权利和义务。

有些合同内容，相关律、法规往往只规定了一个最低标准，在此基础上双方自愿达成协议，就是合法的，但有时合法的未必公平、合理。如同一个岗位，两个资历、能力都相当的人，工资收入差别很大，或者能力强的收入比能力差的还低，就是不公平。

再比如用人单位提供少量的培训费用培训劳动者，却要求劳动者订立较长的服务期，而且在服务期内不提高劳动者的工资或者不按照正常工资调整机制提高工资。这些都不违反法律的强制性规定，但不合理、不公平。此外，还要注意的是用人单位不能滥用优势地位，迫使劳动者订立不公平的合同。

公平原则是社会公德的体现，将公平原则作为劳动合同订立的原则，可以防止劳动合同当事人尤其是用人单位滥用优势地位，损害劳动者的权利，有利于平衡劳动合同双方当事人的利益，有利于建立和谐稳定的劳动关系。

3. 平等自愿、协商一致的原则

平等原则是指在订立劳动合同的过程中，双方当事人的法律地位平等，不存在命令与服从的关系；自愿原则是指劳动合同的订立及合同内容的达成，完全是当事人自己真实意思的表达，任何一方不得将自己的意志强加于对方，也不允许第三者非法干预；协商一致原则是指经过双方当事人充分协商，达成一致意见，方能签订劳动合同。

4. 诚实信用原则

诚实信用原则是民法的基本原则，也是劳动合同法的基本原则。用人单位应当尽到保护照顾劳动者的义务；劳动者应当诚实信用地订立劳动合同、履行劳动义务，对所属单位忠诚。

四、劳动合同的内容

劳动合同的内容是指劳动合同条款。劳动合同的条款一般分为必备条款和可备条款。

（一）必备条款

必备条款是法律规定的劳动合同必须具备的条款，是劳动合同依法生效的前提。根据《劳动合同法》的规定，劳动合同应当具备以下条款。

（1）用人单位的名称、住所和法定代表人或者主要负责人。

（2）劳动者的姓名、住址和居民身份证或者其他有效身份证件的号码。本项和上一项规定主要是为了确定劳动合同的主体。一旦发生劳动争议并付诸仲裁或诉讼，也方便起诉和送达。

（3）劳动合同期限。劳动合同包括固定期限劳动合同、无固定期限劳动合同和以完成一定工作为期限的劳动合同。

（4）工作内容和工作地点。工作内容是指劳动者提供的劳动的内容和种类，是劳动者应履行的主要义务。工作地点是劳动者履行其劳动义务的地点。一般地，工作地点不同，劳动者的工作环境、劳动权益和福利也不同，因此应当在劳动合同中明确。

（5）工作时间和休息休假。工作时间是法律规定的劳动者在一昼夜或者一周内用于完成本职工作的时间。我国法律对工作时间进行了限制，用人单位安排劳动者工作不能突破此限制。休息休假时间是指劳动者在用人单位任职期间，不必从事生产和工作而自行支配的时间。

（6）劳动报酬。劳动报酬是指用人单位根据国家有关规定和劳动合同的约定，以货币形式直接支付给劳动者的报酬，即通常所说的工资。工资一般包括计时工资、计件工资、奖金、津贴和补助、延长工作时间的工资报酬以及特殊情况下支付的工资等。劳动者与用人单位签订劳动合同时，应当约定工资的具体数额、工资涵盖内容、工资发放时间、工资发放形式、病休假时期工资待遇等内容。

（7）社会保险。我国劳动法律制度把社会保险分为基本养老保险、基本医疗保险、失业保险、工伤保险和生育保险。

（8）劳动保护、劳动条件和职业危害防护。此项规定有利于维护劳动者健康权和其他相关权益。

（9）法律、行政法规规定应当纳入劳动合同的其他事项。

（二）可备条款

可备条款是法律规定的生效合同可以具备的条款。当事人可以协商约定可备条款，缺少可备条款不影响劳动合同的成立。《劳动法》规定的可备条款主要包括以下几种。

1. 试用期条款

劳动合同可以约定试用期，但不得约定违反法律规定的内容。试用期内，劳动者的工资待遇可以与正式职工有所差别，但用人单位不得在劳动法律、法规规定的最低劳动条件和劳动标准之下订立试用期条款。

对试用期，《劳动合同法》作了限制性规定：劳动合同期限在 3 个月以上不满 1 年的，试用期不得超过 1 个月；劳动合同期限在 1 年以上不满 3 年的，试用期不得超过 2 个月；3 年以上固定期限以及无固定期限的劳动合同，试用期不得超过 6 个月。试用期包含在劳动合同期限内。以完成一定工作为期限的劳动合同或者劳动合同期限不满 3 个月的，不得约定试用期。同一用人单位与同一劳动者只能约定一次试用期。劳动合同仅约定试用期的，视为没有试用期，该期限为劳动合同期限。劳动者在试用期的工资不得低于本单位相同岗位最低档工资或者劳动合同约定工资的 80%，并不得低于用人单位所在地的最低工资标准。

2. 保守商业秘密和专有技术秘密条款

劳动合同当事人可以在合同中约定，在劳动关系存续期间，劳动者负有保守用人单位商业秘密和专有技术秘密的义务，也可以约定在终止劳动关系后的一定期限内，劳动者继续负有保守原用人单位商业秘密和专有技术秘密的义务。

3. 竞业禁止条款

双方当事人可以在劳动合同中约定掌握用人单位商业秘密的劳动者在劳动关系存续期间，或者在终止或解除劳动合同后的一定期限内，不能去生产与原用人单位同类产品或经营同类业务且有竞争关系的其他单位任职，也不得自己生产、经营同类产品或业务。用人单位应给予劳动者一定的经济补偿。

4. 培训条款

用人单位为劳动者提供专项培训费用，对其进行专业技术培训的，可以与该劳动者订立协议，约定服务期。

劳动者违反服务期约定的，应当按照约定向用人单位支付违约金。违约金的数额不得超过用人单位提供的培训费用。用人单位要求劳动者支付的违约金不应包括服务期尚未履行部分所应分摊的培训费用。

其他可备条款还有第二职业条款，补充保险、福利条款等。

除以上必备条款和可备条款外，《劳动法》还禁止双方当事人约定诸如用人单位向劳动者收取定金、保证金（物）或抵押金（物）等条款。对违反规定的，由公安部门和劳动行政部门责令用人单位立即退还给劳动者本人。

五、劳动合同的效力

1. 劳动合同的成立与生效

劳动合同的成立，是指当事人双方就劳动合同内容协商一致，劳动合同得以签订。劳动合同的生效，是指劳动合同具有法律约束力。依法成立的劳动合同，即具有法律效力，对当事人双方都有约束力。一般情况下，双方当事人意思表示一致，签订劳动合同，劳动合同就会产生法律效力。但对双方当事人约定须公证方可生效的劳动合同，其生效的时间为公证之日。

2. 劳动合同的无效

无效的劳动合同，是指当事人双方虽然协商订立，但是国家不承认其效力的合同。无效的劳动合同从订立时起就没有法律约束力。劳动合同无效的情形包括：①订立劳动合同的主体不合法，即劳动合同双方当事人不具备法律规定的主体资格；②订立劳动合同的程序或形式不合法；③违反法律、行政法规强制性规定的劳动合同；④用人单位免除自己的法定责任、排除劳动者权利的劳动合同；⑤采取欺诈、威胁等手段订立的劳动合同。值得注意的是，《劳动法》里面的欺诈、胁迫不是可以撤销的行为，而是完全无效的行为。确认劳动合同部分无效的，如果不影响其余部分的效力，其余部分仍然有效。

劳动争议仲裁委员会和人民法院均有权确认劳动合同无效。劳动合同被确认无效以后，当事人可以：①撤销劳动合同。这种情况适用于被确认为全部无效的劳动合同。劳动合同被确认为全部无效，尚未履行的不得履行，正在履行的停止履行。对已经履行部分，劳动者付出劳动的，应当得到相应的报酬和待遇。用人单位对劳动者付出的劳动，可参照本单位同期、同工种、同岗位的工资标准支付劳动报酬。②修改劳动合同。这种情况适用于劳动合同被确认为部分无效及劳动合同因为程序不合法而无效。③赔偿损失。劳动合同无效是一方当事人导致的，若对另一方造成损害，过错方应当承担赔偿责任。

六、劳动合同的解除

（一）解除劳动合同的条件和程序

劳动合同的解除是指当事人在劳动合同期限届满之前，依法提前终止劳动合同关系的法律行为。劳动合同的解除可分为双方协商解除、用人单位单方解除以及劳动者单方解除。

对于双方协商解除劳动合同，根据《劳动合同法》第 36 条的规定，用人单位与劳动者协商一致，可以解除劳动合同。

用人单位单方解除劳动合同，又分为即时辞退、预告辞退和裁员三种情况。

1. 即时辞退

根据《劳动合同法》第 39 条的规定，劳动者有下列情形之一的，用人单位可以解除劳动合同（又称即时辞退）：①在试用期间被证明不符合录用条件的；②严重违反用人单位的规章制度的；③严重失职，营私舞弊，给用人单位造成重大损害的；④劳动者同时与其他用人单位建立劳动关系，对完成本单位的工作任务造成严重影响，或者经用人单位提出，拒不改正的；⑤以欺诈、威胁的手段或者乘人之危，使对方在违背真实意思情况下订立或者变更劳动合同致使劳动合同无效的；⑥被依法追究刑事责任的。

2. 预告辞退

根据《劳动合同法》第 40 条的规定，有下列情形之一的，用人单位提前 30 日以书面形式通知劳动者本人或者额外支付劳动者 1 个月工资后，可以解除劳动合同（又称预告辞退）：①劳动者患病或者非因工负伤，在规定的医疗期满后不能从事原工作，也不能从事由用人单位另行安排的工作的；②劳动者不能胜任工作，经过培训或者调整工作岗位，仍不能胜任工作的；③劳动合同订立时所依据的客观情况发生重大变化，致使劳动合同无法履行，经用人单位与劳动者协商，未能就变更劳动合同内容达成协议的。

3. 裁员

根据《劳动合同法》第 41 条的规定，有下列情形之一，需要裁减人员 20 人以上或者裁减不足 20 人但占企业职工总数 10% 以上的，用人单位提前 30 日向工会或者全体职工说明情况，听取工会或者职工的意见后，裁减人员方案经向劳动行政部门报告，可以裁减人员（又称为裁员）：①依照《企业破产法》规定进行重整的；②生产经营发生严重困难的；③企业转产、重大技术革新或者经营方式调整，经变更劳动合同后，仍需裁减人员的；④其他因劳动合同订立时所依据的客观经济情况发生重大变化，致使劳动合同无法履行的。

裁减人员时，应当优先留用下列人员：①与本单位订立较长期限的固定期限劳动合同的；②与本单位订立无固定期限劳动合同的；③家庭无其他就业人员，有需要扶养的老人或者需要抚养的未成年人的。用人单位依照上述规定裁减人员，在 6 个月内重新招用人员的，应当通知被裁减的人员，并在同等条件下优先招用被裁减的人员。

4. 预告辞职和即时辞职

劳动者单方面解除劳动合同，可分为预告辞职和即时辞职两种情况。对于预告辞职，《劳动合同法》第 37 条规定，劳动者提前 30 日以书面形式通知用人单位，可以解除劳动合同。劳动者在试用期内提前 3 日通知用人单位，可以解除劳动合同。

对于即时辞职，根据《劳动合同法》第 38 条的规定，用人单位有下列情形之一的，劳动者可以解除劳动合同：①未按照劳动合同约定提供劳动保护或者劳动条件的；②未及时足额支付劳动报酬的；③未依法为劳动者缴纳社会保险费的；④用人单位的规章制度违反法律、法规的规定，损害劳动者权益的；⑤以欺诈、威胁的手段或者乘人之危，使对方在违背真实意思情况下订立或者变更劳动合同致使劳动合同无效的；⑥法律、行政法规规定劳动者可以解除劳动合同的其他情形。

此外，《劳动合同法》对劳动者即时解除劳动合同作了如下规定：用人单位以暴力、威胁或者非法限制人身自由的手段强迫劳动者劳动的，或者用人单位违章指挥、强令冒险作业危及劳动者人身安全的，劳动者可以立即解除劳动合同，不需事先告知用人单位。

（二）解除劳动合同的经济补偿

解除劳动合同的经济补偿，是指因解除劳动合同而由用人单位给予劳动者的一次性经济补偿。经济补偿的目的在于从经济方面制约用人单位的解除行为，并给予失去工作的劳动者一定程度的经济补助。

根据《劳动合同法》第 46 条的规定，有下列情形之一的，用人单位应当向劳动者支付经济补偿：①劳动者依照本法第 38 条规定解除劳动合同的；②用人单位依照本法第 36 条规定向劳动者提出解除劳动合同并与劳动者协商一致解除劳动合同的；③用人单位依照本法第 40 条规定解除劳动合同的；④用人单位依照本法第 41 条第 1 款规定解除劳动合同的；⑤除用人单位维持或者提高劳动合同约定条件续订劳动合同，劳动者不同意续订的情形外，依照本法第 44 条第 1 项规定终止固定期限劳动合同的；⑥依照本法第 44 条第 4 项、第 5 项规定终止劳动合同的；⑦法律、行政法规规定的其他情形。

对于经济补偿的计算方式，《劳动合同法》第 47 条规定：经济补偿按劳动者在本单位工作的年限，每满 1 年支付 1 个月工资的标准向劳动者支付。6 个月以上不满 1 年的，按 1 年计算；不满 6 个月的，向劳动者支付半个月工资的经济补偿。劳动者月工资高于用人单位所在直辖市、设区的市级人民政府公布的本地区上年度职工月平均工资 3 倍的，向其支付经济补偿的标准按职工月平均工资 3 倍的数额支付，向其支付经济补偿的年限最高不超过 12 年。本条所称月工资是指劳动者在劳动合同解除或者终止前 12 个月的平均工资。

《劳动合同法》第 44 条规定，有下列情形之一的，劳动合同终止：①劳动合同期满的；②劳动者开始依法享受基本养老保险待遇的；③劳动者死亡的，或者被人民法院宣告死亡或者宣告失踪的；④用人单位被依法宣告破产的；⑤用人单位被吊销营业执照、责令关闭、撤销或者用人单位决定提前解散的；⑥法律、行政法规规定的其他情形。

七、违反劳动合同的赔偿责任

违反劳动合同的赔偿责任，是指当事人自己的过错造成劳动合同的不履行或不适当履行，由此所应承担的相应的赔偿责任。

（1）用人单位应承担的赔偿责任。用人单位违反《劳动合同法》规定解除或者终止劳动合同的，应当依照本法第 47 条规定的经济补偿标准的两倍向劳动者支付赔偿金。

（2）劳动者应承担的赔偿责任。根据《劳动合同法》第 90 条的规定，劳动者违反本法规定解除劳动合同，或者违反劳动合同中约定的保密义务或者竞业限制，给用人单位造成损失的，应当承担赔偿责任。

（3）连带赔偿责任。用人单位招用未解除劳动合同的劳动者，给原用人单位造成经济损失的，除该劳动者承担直接赔偿责任外，该用人单位应当承担连带赔偿责任。其连带赔偿的份额应不低于对原用人单位造成经济损失总额的 70%。

〜〜〜 案例与解析 〜〜〜

张某于 2020 年 5 月被某食品机械厂招为合同制工人，担任厂部技术科化验员。同年 8 月试用期满，双方正式签订劳动合同。有关合同条款如下：合同期限为 3 年，自 2020 年 8 月 5 日起，到 2023 年 8 月 4 日止；实行每周 5 天，每天 10 小时的工作制；张某工作岗位为技术科化验员；每月工资 3 000 元；若双方在合同履行中发生纠纷，应将纠纷交由某区劳动争议仲裁委员会仲裁。

2021 年 3 月，张某提出每日工作 10 小时违反了《劳动法》，要求厂方缩短工作时间。厂方认为既然工作时间不合法，就是无效合同，因此不需再履行。随后安排他人接替张某的工作。张某不服，向区劳动争议仲裁委员会申请仲裁。

区劳动争议仲裁委员会受理此案后经过对双方当事人签订的劳动合同的审查，认为劳动合同中的工作时间条款不符合国家法律规定，应认定为无效劳动合同，裁决劳动合同无效，终止劳动关系。张某不服，诉至区人民法院。

请问：

（1）张某与某食品机械厂签订的劳动合同中的工作时间是否有效？

（2）张某与某食品机械厂签订的劳动合同是否有效？

解析：

（1）张某与某食品机械厂关于工作时间的约定违反了法律的规定，应属无效条款。我国劳动法律制度规定的工作时间为每日工作 8 小时，每周工作 40 小时。本案中劳动合同约定"每周 5 天，每天 10 小时"属于无效条款。

（2）无效的劳动合同，从订立时起，就没有法律约束力。确认劳动合同部分无效的，如果不影响其余部分的效力，其余部分仍然有效。本案中，工作时间不符合《劳动法》的规定，其余条款合法，该不合法的条款不影响其余条款的效力；同时，造成工作时间条款约定无效的原因在于用人单位而不在于劳动者。既然其余条款均符合国家法律规定，除将工作时间的条款改按《劳动法》规定执行外，其余条款仍须继续执行。该劳动合同仍为有效合同，某区劳动争议仲裁委员会的裁决不正确，应予更正。

第三节　集体合同

一、集体合同的特征

集体合同，是指企业与工会签订的以劳动条件为中心内容的书面集体协议。集体合同与劳动合同不同，它不规定劳动者个人的劳动条件，而规定劳动者的集体劳动条件，一般适用于企业行政和全体工人、职员，也有的适用于企业和参加签订集体合同的工会成员。在我国，集体合同主要是由代表劳动者的工会或职工代表与企业或事业单位签订的，没有工会的需要职工代表签订。

集体合同与劳动合同有着明显的区别：①合同的主体不同。集体合同的一方当事人是企业，另一方是职工自愿结合而成的工会，没有成立工会的企业，由职工推举的代表与企业签订；劳动合同的一方当事人是企业，另一方当事人通常是劳动者个人。②合同的内容不同。集体合同规定的是劳动者集体劳动的劳动条件、工作时间、劳动报酬、福利待遇等，明确的是有关企业的整体性措施；劳动合同仅限于规定劳动者个人和企业之间的权利义务。③适用范围不同。集体合同适用于企业的全体职工，即一份集体合同适用于企业的每一名职工；劳动合同只适用于劳动者个人，对企业其他劳动者没有约束力。④法律效力不同。集体合同的法律效力高于劳动合同的法律效力，它是企业订立劳动合同的重要依据，劳动者个人与企业订立的劳动合同的条款的标准不得低于集体合同的规定，两者出现不一致时，应以集体合同规定的条款为准。

集体合同具有以下特征。

（1）集体合同的主体一方是劳动者的团体组织——企事业工会或职工代表，另一方是企业或者实行企业化管理的事业单位。

（2）集体合同以集体劳动关系中全体劳动者的最低劳动条件、劳动标准和全体职工的权利义务为主要内容，其目的是协调用人单位内部劳动关系。

（3）集体合同是要式合同，按照我国劳动法律制度，集体合同必须报送劳动行政部门登记、审查、备案。

二、集体合同的订立和效力

1. 集体合同的订立

集体合同按如下程序订立。

（1）讨论草案。集体合同的双方代表起草决定集体合同草案或专项集体合同草案，协商一致，并提交职工代表大会或全体职工讨论。

（2）通过草案。职工代表大会全体职工代表半数以上或者全体职工半数以上同意，集体合同草案或专项集体合同草案方可获通过。

（3）集体协商双方首席代表签字。集体合同或专项集体合同签订后，应当自双方首席代表签字之日起10日内，由用人单位一方将文本报送劳动行政部门审查。劳动行政部门自收到文本之日起15日内未提出异议的，集体合同或专项集体合同即行生效。

2. 集体合同的效力

集体合同的效力高于劳动合同的效力。生效的集体合同对企事业单位及其工会和全体职工具有约束力。集体合同一经生效，不管职工赞成还是反对，均受合同的约束。集体合同生效后，劳动者与用人单位订立劳动合同时，劳动合同规定的劳动者的个人劳动条件和劳动报酬等标准不得低于集体合同或专项集体合同的规定，否则劳动合同无效。由此可见，集体合同的效力高于劳动合同的效力。

第四节　劳动基准法

劳动基准法，是指劳动法要求用人单位必须遵守的一系列劳动标准，用以保证劳动者权益。劳动基准法主要由规定劳动标准的各项法律制度构成，包括工时标准、最低工资标准以及劳动保护标准等。

一、工作时间和休息休假

1. 工作时间的种类

工作时间又称劳动时间，是指法律规定的劳动者在一昼夜和一周内从事劳动的时间。工作时间包括每日工作的小时数、每周工作的天数和小时数。

工作时间的种类包括标准工作时间、缩短工作时间、延长工作时间、不定时工作时间和综合计算工作时间。

（1）标准工作时间。标准工作时间又称标准工时，是指法律规定的在一般情况下普遍适用的，按照正常作息安排的工作日和工作周的工时制度。我国的标准工时为：劳动者每日工作8小时，每周工作40小时，一周（7日）工作5天。实行计件工作的劳动者，用人单位应当根据每日工作8小时、每周工作40小时的工时制度，合理确定其劳动定额和计件报酬标准。

（2）缩短工作时间。缩短工作时间，是指法律规定的在特殊情况下劳动者的工作时间少于标准工作时间的工时制度，即每日工作少于8小时。缩短工作时间适用于：①从事矿山井下、高山、有毒有害、特别繁重或过度紧张等作业的劳动者；②从事夜班工作的劳动者；③哺乳期内的女职工。

（3）延长工作时间。延长工作时间，是指超过标准工时的工作时间，即每日工作时间超过8小时，每周工作时间超过40小时。延长工作时间必须符合法律法规的规定。

（4）不定时工作时间。不定时工作时间，又称不定时工作制，是指不被固定工作时数限制的工时制度。不定时工作制是针对因生产特点、工作性质特殊需要或职责范围的关系，需要连续上班或难以按时上下班，无法适用标准工作时间或需要机动作业的职工而采用的一种工作时间制度。

（5）综合计算工作时间。综合计算工作时间，又称综合计算工时工作制，是指以一定时间为周期，集中安排并综合计算工作时间和休息时间的工时制度，即分别以周、月、季、年为周期综合计算工作时间。其平均日工作时间和平均周工作时间应与法定标准工作时间基本相同。

2. 休息休假的种类

休息休假是指劳动者为行使休息权在国家规定的法定工作时间以外，不从事生产工作而自行支配的时间。

休息时间的种类包括以下三种。

（1）工作日内的间歇时间，是指在工作日内给予劳动者休息的时间，一般为 1 至 2 小时，最短不得少于半小时。

（2）工作日间的休息时间，是指两个临近工作日之间的休息时间，一般不少于 16 小时。

（3）公休假日，又称周休息日，是劳动者在 1 周（7 日）内享有的休息日。公休假日一般为每周 2 日，一般安排在周六和周日。不能实行国家标准工时制度的企业和事业组织，可根据实际情况灵活安排周休息日，应当保证劳动者每周至少休息 1 日。

休假的种类包括以下三种。

（1）法定节假日。它是指法律规定用于开展纪念、庆祝活动的休息时间。根据《国务院关于修改〈全国年节及纪念日放假办法〉的决定》，我国新出台的法定节假日共 11 天，包括元旦节 1 天、清明节 1 天、劳动节 1 天、端午节 1 天、中秋节 1 天、国庆节 3 天、春节 3 天。

（2）探亲假。它是指职工享有的保留工作岗位和工资而同分居两地，又不能在公休日团聚的配偶或父母团聚的假期。它是职工依法探望与自己不住在一起，又不能在公休假日团聚的配偶或父母的带薪假期。

（3）年休假。它是指职工工作满一定年限，每年可享有的带薪连续休息的时间。《劳动法》第 45 条规定，国家实行带薪年休假制度。劳动者连续工作 1 年以上的，享有带薪年休假。

3. 加班加点的法律规定

加班加点统称为延长工作时间。加班是指劳动者在法定节假日或公休假日从事生产或工作。加点是指劳动者在标准工作时间以外延长工作的时间。

《劳动法》第 41 条规定，用人单位出于生产经营的需要，在与工会和劳动者协商后可以延长工作时间，一般每日不得超过 1 小时；因特殊原因需要延长工作时间的，在保障劳动者身体健康的条件下延长时间每日不得超过 3 小时，但是每月不得超过 36 小时。

在下述特殊情况下，延长工作时间不受《劳动法》第 41 条的限制：发生自然灾害、事故或者因其他原因，威胁到劳动者生命健康和财产安全，或使人民的安全健康和国家资产遭到严重威胁，需要紧急处理的；生产设备、交通运输线路、公共设施发生故障，影响生产和公共利益，必须及时抢修的；法律、行政法规规定的其他情形。

《劳动法》对加班加点的工资标准进行了规定：安排劳动者延长工作时间的，支付不低于工资的 150% 的工资报酬；休息日安排劳动者工作又不能安排补休的，支付不低于工资的 200% 的工资报酬；法定节假日安排劳动者工作的，支付不低于工资的 300% 的工资报酬。

二、工资

1. 工资的形式

工资是指用人单位依据国家法律法规规定和集体合同、劳动合同约定的标准，根据劳动者提供劳动的数量和质量，以货币形式支付给劳动者的劳动报酬。

我国的工资形式主要有以下几种。

（1）计时工资。计时工资是指根据职工的工作时间，按照工资标准、等级计算和支付的工资。常见的计时工资有小时工资、日工资和月工资。

（2）计件工资。计件工资是指根据职工完成的劳动数量和按事先规定的计件单价计算和支付的工资。计件工资是计时工资的转化形式。

（3）奖金。奖金是指对劳动者提供的超额劳动所支付的报酬，是实现按劳分配的一种补充形式。包括月奖、季奖和年奖；经常性奖金和一次性奖金；综合奖和单项奖等。

（4）津贴。津贴是补偿职工在特殊条件下的劳动消耗及生活费额外支出的工资补充形式，包括岗位津贴、保健性津贴、技术性津贴等。

（5）补贴。补贴是为了不使劳动者的生活水平受到特殊因素影响而支付给劳动者的工资形式。它与劳动者的劳动没有直接联系，其发放主要根据国家有关政策规定，如物价补贴、边远地区生活补贴等。

（6）特殊情况下的工资。特殊情况下的工资是对非正常工作情况下的劳动者依法支付工资的一种工资形式。特殊情况下的工资主要有加班加点工资，事假、病假、婚假、探亲假等工资以及履行国家和社会义务期间的工资等。

2. 最低工资保障

《劳动法》明确规定，国家实行最低工资保障制度，用人单位支付给劳动者的工资不得低于当地的最低工资标准。最低工资应以法定货币支付。最低工资的确定遵循政府、工会、企业三方代表民主协商的原则，主要根据本地区低收入职工收支状况、物价水平、职工赡养系数、平均工资、劳动力供求状况、劳动生产率、地区综合经济效益等因素确定，另外，还要考虑对外开放的国际竞争需要及企业的人工成本承受能力等。当上述因素发生变化时，应当适时调整最低工资标准，每年最多调整一次。

最低工资标准中不包括加班加点工资，夜班、高温、低温、井下、有毒有害等特殊工作环境、条件下的津贴，以及国家法律法规、政策规定的劳动者保险、福利待遇和企业通过补贴伙食、住房等支付给劳动者的非货币性收入等。

用人单位支付给劳动者的工资低于最低工资标准的，由当地人民政府劳动行政部门责令其限期改正；逾期未改正的，由劳动行政部门对用人单位和责任者给予经济处罚，并根据其欠付工资时间的长短向劳动者支付赔偿金。

第五节　女职工和未成年工的特殊劳动保护

一、女职工的特殊劳动保护

女职工的特殊劳动保护，是指为了减少和解决女职工在劳动中因生理特点造成的特殊困难，保护女职工健康，而在其劳动过程中所采取的特殊保护措施。包括禁止或限制女职工从事一些作业、女职工"四期"保护等特殊保护。

（1）禁止女职工从事的工作。劳动法律规定，禁止安排女职工从事矿山井下作业、国家规定的第四级体力劳动强度的劳动和其他禁忌从事的劳动。

（2）女职工"四期"保护。第一，月经期保护。不得安排女职工在经期从事高处、低温、冷水作业和国家规定的第三级体力劳动强度的劳动。第二，怀孕期保护。不得安排女职工在怀孕期间从事国家规定的第三级体力劳动强度的劳动和孕期禁止从事的劳动；对怀孕 7 个月以上的女职工，不得安排其延长工作时间和夜班劳动。第三，生育期保护。女职工生育享受不少于 90 天的产假，难产者增加 15 天。第四，哺乳期保护。不得安排女职工在哺乳未满 1 周岁的婴儿期间从事国家规定的第三级体力劳动强度的劳动和哺乳期禁忌从事的其他劳动，不得安排其延长工作时间和夜班劳动。

二、未成年工的特殊劳动保护

未成年工是指年满 16 周岁未满 18 周岁的劳动者。未成年工的特殊劳动保护是指国家为保护未成年工健康成长而在保护他们劳动特殊权益方面的法律规定。对未成年工特殊劳动保护的措施主要有：用人单位应对未成年工上岗前进行有关的职业安全卫生教育、培训；用人单位不得安排未成年工从事矿山井下、有毒有害、国家规定的第四级体力劳动强度和其他禁忌从事的劳动；用人单位应对未成年工定期进行健康检查。

案例与解析

王志2007年5月出生，于2022年3月到当地李某开的一家花店工作，因为是临时工，所以二人没有签订书面劳动合同。2023年4月，王志在工作中发生劳动安全事故，花架倒塌，致使王志下身瘫痪。王志的家人要求李某按照工伤进行赔偿，但被李某以双方并未签订劳动合同为由拒绝。王志的父母遂将李某诉至法院。

请问：

（1）李某的行为是否合法？

（2）李某是否应当支付王志的医药费？

解析：

（1）王志在进入花店工作时年龄尚不足 16 周岁，《劳动法》禁止除特定单位以外的单位招收未满 16 周岁的童工，李某雇用王志是法律禁止的行为。

（2）未成年工患病或者受伤的，用人单位应当负责将其送到医疗机构治疗，并负担治疗期间的全部医疗和生活费用。用人单位还应当一次性地对伤残的未成年工、死亡未成年工的直系亲属给予赔偿，赔偿金额按照国家工伤保险的有关规定计算。

第六节　劳动争议的处理和解决

劳动争议又称劳动纠纷，是指劳动关系双方当事人因执行劳动法律、法规或履行劳动合同、集体合同发生的纠纷。劳动争议发生在劳动者与用人单位之间，双方只要存在事实劳动关系，即使没有书面劳动合同，也按照劳动争议处理。

一、劳动争议的范围

《劳动争议调解仲裁法》规定，我国境内用人单位与劳动者发生的下列劳动争议，适用本法：①因确认劳动关系发生的争议；②因订立、履行、变更、解除和终止劳动合同发生的争议；③因除名、辞退和辞职、离职发生的争议；④因工作时间、休息休假、社会保险、福利、培训以及劳动保护发生的争议；⑤因劳动报酬、工伤医疗费、经济补偿或者赔偿金等发生的争议；⑥法律、法规规定的其他劳动争议。

二、劳动争议的处理机构

劳动争议调解委员会、地方劳动争议仲裁委员会和地方人民法院是劳动争议的处理机构。

发生劳动争议，当事人不愿协商、协商不成或者达成和解协议后不履行的，可以向调解组织申请调解；不愿调解、调解不成或者达成调解协议后不履行的，可以向劳动争议仲裁委员会申请仲裁；对仲裁裁决不服的，除法律另有规定的外，可以向人民法院提起诉讼。

1. 劳动争议调解委员会

用人单位内部可以设立劳动争议调解委员会，调解本单位发生的劳动争议。职工代表和企业代表组成劳动争议调解委员会。职工代表由工会成员担任或者由全体职工推举产生，企业代表由企业负责人指定。企业劳动争议调解委员会主任由工会成员或者双方推举的人员担任。

2. 劳动争议仲裁委员会

劳动争议仲裁委员会按照统筹规划、合理布局和适应实际需要的原则设立。省、自治区人民政府可以决定在市、县设立；直辖市人民政府可以决定在区、县设立。直辖市、设区的市也可以设立一个或者若干个劳动争议仲裁委员会。劳动争议仲裁委员会不按行政区划层层设立。

劳动争议仲裁委员会由劳动行政部门代表、工会代表和企业方面代表组成。劳动争议仲裁委员会组成人员应当是单数。

劳动争议由劳动合同履行地或者用人单位所在地的劳动争议仲裁委员会管辖。双方当事人分别向劳动合同履行地和用人单位所在地的劳动争议仲裁委员会申请仲裁的，由劳动合同履行地的劳动争议仲裁委员会管辖。

劳动争议仲裁公开进行，但当事人协议不公开进行或者涉及国家秘密、商业秘密和个人隐私的除外。

3. 人民法院

我国各级人民法院的民事审判庭负责审理劳动争议案件。

劳动者对仲裁裁决不服的，可以自收到仲裁裁决书之日起 15 日内向人民法院提起诉讼。

三、劳动争议的解决方式

《劳动法》第 77 条规定，用人单位与劳动者发生劳动争议，当事人可以依法申请调解、仲裁、提起诉讼，也可以协商解决。据此，我国处理劳动争议有四种方式：协商、调解、仲裁和诉讼。

1. 协商

双方通过协商方式自行和解，应当是当事人解决争议的首选。协商解决是以双方自愿为基础的，不愿协商或者经过协商不能达成一致的，当事人可以选择调解程序或仲裁程序。

2. 调解

当事人可以向用人单位所在地劳动争议调解委员会申请调解。调解是自愿的，只有双方当事人都同意进行调解，劳动争议调解委员会才能受理该案件。当事人可不经过调解而直接申请仲裁。工会与用人单位因履行集体合同发生争议，不适用调解程序的，当事人应直接申请仲裁。

3. 仲裁

若经过调解，双方达不成协议，当事人也可以直接申请仲裁。仲裁程序适用于各类争议，但因签订集体合同发生的争议，应由劳动部门会同有关方面进行协调处理，不适用仲裁程序。对其他争议，仲裁程序是强制性的必经程序，也就是说，只要有一方当事人申请仲裁，且符合受案条件，劳动争议仲裁委员会即予受理；当事人如果要起诉至人民法院，必须先经过仲裁程序，未经过仲裁程序的劳动争议案件，人民法院不予受理。

4. 诉讼

当事人如果对仲裁裁决不服，可以向当地基层人民法院起诉。人民法院是由民事审判庭依民事诉讼程序对劳动争议案件进行审理，实行两审终审制。也就是说当事人若不服一审判决，可向上级人民法院上诉。人民法院审判程序是劳动争议处理的最终程序。

案例与解析

小李大学毕业后在一家出版社找了一份文字校对的兼职工作。工作时间自由，也没有固定工作量要求。有一份校对书稿上交已经数月，出版社却一直未给其支付报酬。小李致电询问，出版社不予理睬。小李向当地劳动争议仲裁委员会申请仲裁。

请问：劳动争议仲裁委员会是否应受理本案？

解析：本案中，小李从事兼职校对工作，没有受到出版社的管理，双方形成的是劳务关系而非劳动关系。由于双方的争议不属劳动争议，故小李不能通过劳动争议仲裁委员会维护自身权益，只能向人民法院提起民事诉讼。

第七节　社会保险法律制度

社会保险是社会保障体系的重要组成部分，在整个社会保障体系中居于核心地位。社会保险是一种缴费性的社会保障，资金主要是用人单位和劳动者本人缴纳的，政府财政给予补贴并承担最终的责任。劳动者只有履行了法定的缴费义务，并在符合法定条件的情况下，才能享受相应的社会保险待遇。

社会保险是一种为丧失劳动能力、暂时失去劳动岗位或因健康原因造成损失的人员提供收入或补偿的社会和经济制度。社会保险主要包括基本养老保险、基本医疗保险、工伤保险、失业保险、生育保险。

一、基本养老保险法律制度

1. 基本养老保险的形式

基本养老保险是指劳动者在达到法定退休年龄或者完全丧失劳动能力后，从政府和社会得到一定经济补偿、物质帮助和服务的社会保险制度。国有企业、集体企业、外商投资企业、私营企业和其他城镇企业及其职工，实行企业化管理的事业单位及其职工必须参加基本养老保险。

我国职工基本养老保险有三种形式：①退休。退休是指职工因年老或者病残而完全丧失劳动能力，退出生产和工作岗位，获得一定物质帮助的制度。②离休。离休是指中华人民共和国成立前参加革命工作的老干部到达一定年龄后退职休养的制度。③退职。退职是指职工不符合退休条件但完全丧失劳动能力而退出职务和工作岗位进行休养的制度。

2. 基本养老保险的领取条件

职工按月领取基本养老保险的条件有：达到法定退休年龄，并且已经办理退休手续；所在单位和个人依法参加了基本养老保险并履行了基本养老保险的缴费义务；个人缴费至少满15年。

我国企业职工法定退休年龄为：男年满 60 周岁，女年满 50 周岁；从事管理和科研工作的女干部年满 55 周岁；自谋职业者、个体工商户男年满 60 周岁，女年满 55 周岁；从事井下、高空、高温、特别繁重体力劳动或其他有害身体健康工作的，退休年龄为男年满 55 周岁、女年满 45 周岁；因病或非因工致残，由医院证明并经劳动鉴定委员会确认完全丧失劳动能力的，退休年龄为男年满 50 周岁、女年满 45 周岁。

3. 基本养老保险的给付

基本养老保险的给付分为用人单位给付和保险人给付两种方式。其规定如下：①基本养老保险由社会保险经办机构从基本养老保险统筹基金和个人账户存储额中开支，一般按月发放，直到被保险人死亡；对于连续工龄（或缴费工龄）较短者，宜在退休时一次性发放。被保险人死亡时，其个人账户中的余额可由其供养的家属或者其他法定继承人依法继承。②其他基本养老保险待遇一般由用人单位给付。

二、基本医疗保险法律制度

基本医疗保险是为了补偿劳动者因疾病风险造成的经济损失而建立的一项社会保险制度。通过用人单位与个人缴费，建立医疗保险基金，参保人员患病就诊发生医疗费用后，由基本医疗保险机构对其给予一定的经济补偿。

基本医疗保险主要包括以下内容：①基本医疗保险以职业病以外的普遍疾病和工伤以外的负伤为保险事故；②基本医疗保险除了以劳动者为被保险人以外，还包括劳动者有供养义务的亲属；③基本医疗保险以提供医疗服务为基本内容。

1. 基本医疗保险的覆盖范围

基本医疗保险覆盖城镇所有用人单位及其职工。所有企业、国家行政机关、事业单位和其他单位及其职工必须履行缴纳基本医疗保险费的义务。

2. 基本医疗保险基金的构成

基本医疗保险基金主要来源于用人单位和职工共同缴纳的基本医疗保险费。用人单位的缴费比例为工资总额的 7.5%，个人缴费比例为本人工资的 2%。单位缴纳的基本医疗保险费一部分用于建立统筹基金，一部分划入个人账户；个人缴纳的基本医疗保险费计入个人账户。统筹基金和个人账户分别承担不同的医疗费用支付责任。统筹基金主要用于支付住院和部分慢性病门诊治疗的费用，统筹基金设有起付标准、最高支付限额；个人账户主要用于支付一般门诊费用。

3. 基本医疗保险待遇的内容和给付

基本医疗保险待遇所需费用的支付，按基本医疗保险有关规定执行。按照基本医疗保险制度改革的目标模式，应当按规定比例从基本医疗保险统筹基金和个人账户中支付，其余部分由个人负担，但个人负担部分应低于未退休者。

职工享受基本医疗保险待遇，除完全丧失劳动能力外，只限于规定的医疗期。医疗期的长度根据职工本人连续工龄和在本单位的工龄分档次确定，最短不少于 3 个月，最长一般不超过 24 个月；难以治愈的疾病，经医疗机构提出，本人申请，劳动行政部门批准后，可适当延长医疗期，延长期限最多为 6 个月。

基本医疗保险待遇主要表现为医疗服务，包括药品、诊疗、住院等项目。提供基本医疗服务的定点医疗机构和定点药店，由基本医疗保险经办机构根据中西医并举，基层、专科和综合医疗机构兼顾，方便职工就医的原则具体确定，并与其签订合同，允许被保险人选择若干定点医疗机构就医、购药，也允许被保险人持处方在若干定点药店购药。只有各个领域规定的基本医疗服务，其医疗费用才可以从基本医疗保险基金中支付。

职工患病或非因工负伤，停止工作满 1 个月以上的，停发工资，由用人单位按其工龄长短给付相当于本人工资一定比例的疾病津贴。

三、工伤保险法律制度

（一）工伤保险的特征

工伤保险，又称职业伤害保险，是通过社会统筹的办法，集中用人单位缴纳的工伤保险费，建立工伤保险基金，对劳动者在生产经营活动中遭受意外伤害或职业病，并由此造成死亡、暂时或永久丧失劳动能力时，给予劳动者及其实用性法定的医疗救治以及必要的经济补偿的一种社会保障制度。这种补偿既包括劳动者医疗、康复所需的费用，也包括保障其基本生活的费用。

工伤保险的特征有：①工伤保险的设立基础是对工伤职工的赔偿责任；②工伤保险是由用人单位承担全部责任的一种社会保险；③工伤保险实行无过错责任原则；④工伤保险的被保险人范围包括全体职工，不论是正式职工还是临时工，不论是学徒工还是试用期职工，都平等享受工伤保险待遇；⑤工伤保险的目的不仅在于对受伤害者的事后救济，而且还注重对职业伤害的预防。

（二）工伤保险事故的界定

工伤，即因工负伤。"工"，是指职工在劳动过程中执行职务（业务）的行为，既可能实施于工伤地点和工伤时间内，也可能实施于其他地点或时间；"伤"，是指职工在劳动过程中所受到的各种急性伤害，包括负伤、致残乃至死亡。

职工有下列情形之一的，应当认定为工伤：①在工作时间和工作场所内，因工作原因受到事故伤害的；②工作时间前后在工作场所内，从事与工作有关的预备性或者收尾性工作受到事故伤害的；③在工作时间和工作场所内，因履行工作职责受到暴力等意外伤害的；④患职业病的；⑤因工外出期间，由于工作原因受到伤害或者发生事故下落不明的；⑥在上下班途中，受到非本人主要责任的交通事故或者城市轨道交通、客运轮渡、火车事故伤害的；⑦法律、行政法规规定应当认定为工伤的其他情形。

职工有下列情形之一的，视同工伤：①在工作时间和工作岗位，突发疾病死亡或者 48 小时之内经抢救无效死亡的；②在抢险救灾等维护国家利益、公共利益活动中受到伤害的；③职工原在军队服役，因战、因公负伤致残，已取得革命伤残军人证，到用人单位后旧伤复发的。属于第①和第②项情形的，按有关规定享受工伤保险待遇；属于第③项情形的，按照有关规定享受除一次性伤残补助金以外的工伤保险待遇。

职工有下列情形之一的，不得认定为工伤或视同工伤：①故意犯罪的；②醉酒或者吸毒的；③自残或者自杀的。

职工发生工伤，经治疗伤情相对稳定后存在残疾、影响劳动能力的，应当进行劳动能力鉴定。劳动能力鉴定是指劳动功能障碍程度和生活自理障碍程度的等级鉴定。劳动功能障碍分为十个伤残等级，最重的为一级，最轻的为十级。生活自理障碍分为三个等级：生活完全不能自理、生活大部分不能自理和生活部分不能自理。劳动能力鉴定由用人单位、工伤职工或者其直系亲属向设区的市级劳动能力鉴定委员会提出申请，并提供工伤认定决定和职工工伤医疗的有关资料。

（三）工伤保险待遇

1. 工伤医疗待遇

根据《工伤保险条例》的规定，职工因工作遭受事故伤害或者患职业病进行治疗，享受工伤医疗待遇。其主要内容包括医疗待遇、福利待遇、护理待遇三种。

2. 工伤致残待遇

职工因工致残享受的待遇主要包括一次性支付的伤残补助金、按月支付的伤残津贴、一次性工伤医疗补助金和伤残就业补助金等，按照被鉴定的伤残等级的不同，享受的待遇也有所不同。

3. 因工死亡待遇

职工因工死亡，其直系亲属享受从工伤保险基金领取丧葬补助金、供养亲属抚恤金和一次性工亡补助金的待遇。

四、失业保险法律制度

1. 失业保险概述

失业保险，是指劳动者在失业期间，国家和社会给予一定的物质帮助，保障其基本生活并促进其再就业的社会保险制度。失业保险有三个特征：①失业保险的保险事故仅限于职工非自愿失业，而不包括职工自愿失业和未曾就业者失业；②失业保险的物质帮助，不仅限于失业保险金，还包括组织生产自救、专业训练等其他形式；③失业保险具有双重功能，既保障失业者的基本生活，又促进失业者再就业。

2. 失业保险待遇的条件

享受失业保险需要同时具备下列条件。

（1）所在单位和个人已按规定履行缴费义务满1年。

（2）非本人意愿中断就业的，包括：①终止劳动合同的；②被用人单位解除劳动合同的；③被用人单位开除、除名和辞退的；④因用人单位以暴力、威胁或者非法限制人身自由的手段强迫劳动，与用人单位解除劳动合同的；⑤因用人单位未按照劳动合同约定支付劳动报酬或者提供劳动条件，与用人单位解除劳动合同的；⑥法律法规另有规定的。

（3）已办理失业登记，并有求职要求的。

失业人员在领取失业保险金期间有下列情形之一的，停止领取失业保险金，并同时停止享受其他失业保险待遇：①重新就业；②应征服兵役；③移居境外；④享受基本养老保险待遇；⑤无正当理由，拒不接受当地人民政府指定的部门或者机构介绍的工作；⑥法律、行政法规规定的其他情形。

3. 失业保险待遇的期限

失业人员只能在法定期间内享受失业保险待遇，该期限因失业前用人单位和劳动者本人累计缴纳失业保险费的时间不同而有所区别。失业人员失业前所在单位和本人累计缴费满1年不足5年的，领取失业保险金的期限最长为12个月；累计缴费时间满5年不足10年的，领取失业保险金的期限最长为18个月；累计缴费10年以上的，领取失业保险金的期限最长为24个月。重新就业后，再次失业的，缴费时间重新计算。再次失业领取失业保险金的期限可以与前次失业应领取而尚未领取的失业保险金的期限合并计算，但是最长不得超过24个月。

4. 失业保险待遇的内容和给付

我国现行立法所规定的失业保险待遇的主要内容有：失业保险金、医疗补助金、丧葬补助金和抚恤金，以及接受职业培训、职业介绍的补贴等。我国失业保险待遇的给付分为货币给付和非货币给付。非货币给付，一般是指由某种就业服务机构或职业培训机构向失业者提供特定的非货币的失业保险待遇（如培训），其费用由失业保险经办机构从失业保险基金中开支。

申领失业保险金没有次数限制。失业人员失业保险待遇的申请与失业人员就业期间履行缴费义务相对等。履行缴费满 1 年即可享受失业保险待遇。只要符合法律法规中规定的失业保险金的领取条件，就可以领取失业保险金，而不管劳动者领取的次数多少。

案例与解析

赵某于2017年3月进入某企业工作，自工作时起，该企业一直为赵某缴纳失业保险费。2022年3月，因效益下降，该企业停止为职工缴纳失业保险费。2023年5月，该企业破产倒闭，赵某因此失业，并办理了失业登记。

请问：

（1）赵某是否符合领取失业保险金的条件？

（2）赵某最多能领取多长时间的失业保险金？

解析：

（1）赵某符合领取失业保险金的条件。失业人员领取失业保险金的条件为：按照规定参加失业保险，所在单位和本人已按照规定履行缴费义务满 1 年的；非本人意愿中断就业的；已办理失业登记，并有求职要求。

（2）赵某领取失业保险金的最长时间为 12 个月。

五、生育保险法律制度

生育保险是指通过国家立法规定，在劳动者因生育子女而导致劳动力暂时中断时，由国家和社会及时给予物质帮助的一项社会保险制度。我国生育保险待遇主要包括两项，一是生育津贴，二是生育医疗待遇。我国生育保险仅以女职工为被保险人。生育保险的保险事故包括怀孕、分娩和流产等。

（一）享受生育保险的条件

职工享受生育保险待遇，应当同时具备下列条件：①用人单位已为职工缴纳一定时间的社保；②已办理参保备案，并在当地生育；③当地人社局要求的其他条件。

（二）生育保险的内容和给付

1. 生育医疗费

以生育保险基金支付女职工生育的检查费、接生费、手术费、住院费和药费。超出规定的医疗业务费和药费（含自费药品和营养药品的药费）由职工个人负担。

女职工生育出院后，因生育引起疾病的医疗费，由生育保险基金支付；其他疾病的医疗费，按照基本医疗保险待遇的规定办理。女职工产假期满后，因病需要休息治疗的，按照有关病假待遇和基本医疗保险待遇规定办理。

2. 生育津贴

女职工依法享受产假期间的生育津贴，按本企业上年度职工月平均工资计发，由生育保险基金支付。

本章小结

劳动法是调整劳动关系以及与劳动关系密切联系的其他社会关系的法律规范的总和。劳动合同指劳动者与用人单位之间确立劳动关系，明确双方权利义务的协议。劳动合同的订立、变更、解除和终止应当遵循一定的程序和原则。当事人违反劳动合同，应当承担相应的责任。集体合同对用人单位和该单位全体职工都具有约束力。劳动者个人与用人单位订立的劳动合同中的条件和报酬等标准不得低于集体合同的规定。劳动基准法可以保障劳动者基本权益的实现。女职工和未成年工需要特殊保护。我国处理劳动争议一般采用协商、调解、仲裁、诉讼等多种形式。职工社会保险是社会保障体系的重要组成部分。我国现行的职工保险制度包括基本养老保险、基本医疗保险、工伤保险、失业保险和生育保险等内容。

综合练习题

主要参考文献

[1]崔建远，2020. 合同解释论：规范、学说与案例的交互思考. 北京：中国人民大学出版社.

[2]范健，王建文，2020. 证券法. 3版. 北京：法律出版社.

[3]范圣兵，纪富强，2020. 债券违约问题实务解析与操作指引. 北京：中国法制出版社.

[4]孔祥俊，2019. 反不正当竞争法新原理：总论. 北京：法律出版社.

[5]刘海燕，2020. 税收筹划. 重庆：重庆大学出版社.

[6]刘剑文，2020. 财税法——原理、案例与材料. 4版. 北京：北京大学出版社.

[7]刘运宏，2022. 独立董事制度的理论与实践:怎样做一个合格的上市公司独立董事. 北京：中国人民大学出版社.

[8]刘泽海，薛建兰，2020. 经济法. 7版. 南京：南京大学出版社.

[9]宁立志，2021. 专利的竞争法规制研究. 北京：中国人民大学出版社.

[10]乔新生，2018. 消费者权益保护法总论. 北京：中国检察出版社.

[11]荣国权，2020. 财税法概论. 北京：中国政法大学出版社.

[12]施天涛，2020. 商法学. 6版. 北京：法律出版社.

[13]汪勇，于世忠，2020. 网络时代的知识产权刑法保护问题研究. 厦门：厦门大学出版社.

[14]王浩云，2020. 应用型企业经济法教程. 北京：中国政法大学出版社.

[15]王建文，2021. 证券法研究. 北京：中国人民大学出版社.

[16]魏婷婷，2020. 反垄断法域外效力研究. 北京：中国政法大学出版社.

[17]吴汉东，2020. 无形财产权基本问题研究. 4版. 北京：中国人民大学出版社.

[18]杨春平，2021. 劳动争议调解仲裁法学. 重庆：重庆大学出版社.

[19]岳彩申，盛学军，2020. 金融法学. 3版. 北京：中国人民大学出版社.

[20]张江莉，2020. 反垄断法在互联网领域的实施. 北京：中国法制出版社.

更新勘误表和配套资料索取示意图

说明1：本书配套资料在人邮教育社区（www.ryjiaoyu.com）本书页面内下载。注册后即可下载的资料为学习参考资料；其他不能下载资料为教学资料，恕不能向同学们开放下载权限。

说明2：下载本书配套教学资料受教师身份、下载权限限制，教师身份、下载权限需网站后台审批，参见示意图。

说明3："用书教师"，是指学生订购本书的授课教师。

说明4：本书配套教学资料将不定期更新、完善，新资料会随时上传至人邮教育社区本书页面内。

说明5：扫描二维码可查看本书现有"更新勘误表""意见建议记录表"。如发现本书或配套资料中有需要更新、完善之处，望及时反馈，我们将尽快处理。

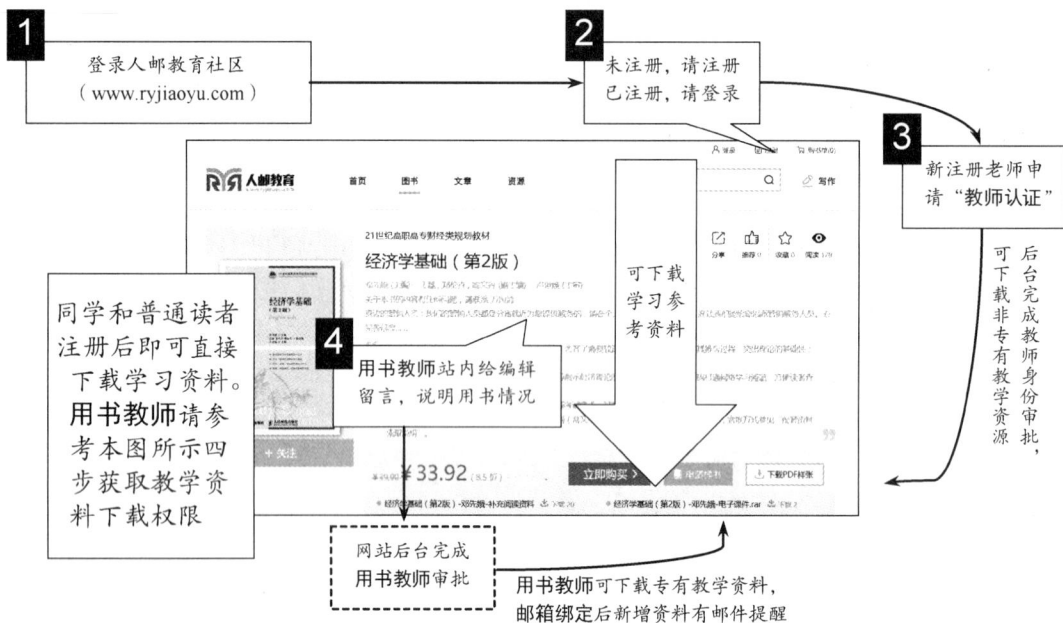

咨询QQ：602983359。